创新创业“十三五”系列规划教材



CULTURAL CREATIVITY
AND
ENTREPRENEURSHIP

# 文化创意与创业教程

潘旭伟　主　编
竺照轩　章周炎　张义玲　吴　蓉　副主编

北京师范大学出版集团
BEIJING NORMAL UNIVERSITY PUBLISHING GROUP
北京师范大学出版社

**图书在版编目（CIP）数据**

文化创意与创业教程/潘旭伟主编．—北京：北京师范大学出版社，2019.9
ISBN 978-7-303-24765-3

Ⅰ.①文…　Ⅱ.①潘…　Ⅲ.①大学生－创业－教材
Ⅳ.①G647.38

中国版本图书馆 CIP 数据核字（2019）第 110559 号

营 销 中 心 电 话　010-57654738　57654736
北师大出版社高等教育与学术著作分社　http://xueda.bnup.com

WENHUA CHUANGYI YU CHUANGYE JIAOCHENG
出版发行：北京师范大学出版社　www.bnup.com
北京市西城区新街口外大街 12-3 号
邮政编码：100088
印　　刷：天津旭非印刷有限公司
经　　销：全国新华书店
开　　本：787 mm×1 092 mm　1/16
印　　张：14.25
字　　数：230 千字
版　　次：2019 年 9 月第 1 版
印　　次：2019 年 9 月第 1 次印刷
定　　价：49.80 元

策划编辑：周　粟　　　　责任编辑：林山水
美术编辑：李向昕　　　　装帧设计：李向昕
责任校对：段立超　陈　民　　责任印制：马　洁

# 编委会

## 主编

潘旭伟

## 副主编

竺照轩　章周炎　张义玲　吴蓉

## 编委（以拼音序）

黄巧玲　李远煦　李昭　施海肖
王凌飞　王宇　徐惠敏　许联
许鲁挺　曾平江　曾伟

# 目　录

# 第一章　文化创意与创业概述

## 第一节　文化创意的概念与特征

### 一、文化的含义与特征

#### （一）文化的含义

什么是文化？从广义上讲，文化是人类在社会历史发展过程中所创造的物质财富和精神财富的总和。一定文化（即当作观念形态的文化）是一定社会政治和经济的反映，又作用于一定的政治和经济。从洪秀全的金田起义、康梁的维新变法、何子渊的教育革新，到孙中山的民主革命，中国共产党的社会主义革命无一不是推动社会向前发展的动力。而从狭义上讲，文化指意识形态所创造的精神财富，包括宗教、信仰、风俗习惯、道德情操、学术思想、文学艺术、科学技术、各种制度等。文化是人类生活的反映，是人类活动的记录，是社会历史的沉淀，是人们对生活的需求、理想和愿望，是人们的高级精神生活，是人们认识自然、思考自己、使人的精神得以寄托的框架。它包含一定的思想和理论，是人们对伦理、道德和秩序的认定与遵循，是人们赖以生存的方式方法和准则。思想和理论是文化的核心、灵魂，任何一种文化都有其特定的思想与理论。

#### （二）文化的特征

文化是由人类创造并传承的。人在生存发展的过程中不断地与自然交换能量和信息，并将自己的主观世界与客观世界逐步地紧密融合，形成了特有的生产与生活方式、行为与思维模式，创造出了独特的人类习惯、风俗、语言、文字、宗教、艺术。文化的本质特征就是“人化”，人是文化的主体。文化具有以下特点。

1. 地理性

人类活动的开展离不开一定的地理环境。愈是在遥远的古代，人类愈是依赖于周围的环境，仰仗大自然的赐予来维持生存。西方的地理环境决定论，就认为人类社会的发展受到了地理环境的绝对影响，认为地理环境决定了人们的性格、生理和心理特征乃至精神气质，由不同性格、不同生理和心理特征的人共同决定了不同的社会发展速度，形成了不同的文化。

中西方文化的差异某种程度上源于它们不同的气候与地理环境。欧洲文明发源地基本以半岛和岛屿为主，欧洲各地距离海洋都不远，海洋化的生存环境使得人与自然形成相互对立的关系，而中华文化衍生于肥沃的黄河、长江流域，土地资源丰富，人与自然和谐相处便是中国文化的核心。同样，中国东西南北文化的巨大差异也与对应的地理环境有直接关系。

2. 主观性

文化是人类独有的智慧成果，是人类主观对外界客观认识的结果。文化是人的主观认识和投射，是包括兴趣、审美、思想和价值观念在内的主观意识的物质表达。意识不能直接创造出物质，引起客观事物的变化，但在人类的变迁发展中，意识与外在客观结合后形成了许多实体的介质，比如文字、图画、雕塑、建筑以及各种各样的表现文本。这些人类主观意识的外在物质表现既是人类创造行为的结果，也是人类走向文明的重要手段和文明构成的重要内容。

主观性是人类特有的能力。外界压力是激发主观能动性的最有效动力，从早期的图画中，我们可以看到主观能动性的文化生成形态。而进入信息社会以后，以计算机、微电子和通信技术为主要的生产手段，图像信息技术、物联网技术的普及，从根本上改变了人们的行为方式和价值观念，创造出了电影、电视以及电子商务等全新的文化样态，塑造出人类与自然界互动的全新模式。显而易见，作为人类物质与精神表征的一切社会遗存和现存，都是人类主观能动性的伟大成果。

3. 创造性

创造性是指个体产生新奇独特的、有社会价值的产品的能力或特性，是由人的意识、创造性思维和创造性活动构建的观念工程。所有人类社会生活都是人的创造性思维的结晶和集中体现。

文化具有创造性，是人的一系列连续的、复杂的、高水平的心理活动以及表现，其行为表现具有三个特征：第一，独特性。对事物具有独特见解，是一种从平常中发现异常的高智力行为。第二，变通性。人的思维能随机应变，举一反三，产生超常的构想，提出新的观念。第三，多样性。人类能同时调动触觉、嗅觉、味觉、视觉和听觉及时、全面地与外界接触并交换信息；能够在较短的时间内进行判断和决定，表达出较多的观念。

从历史发展进程来看，文化就是人类的创造与发明的集合，是人类持续不断的创新与创造。人类为了适应不同时间、环境、群体和事物，时刻保持敏锐的观察力，高度集中的注意力，高效持久的记忆力和灵活自如的操作力，还包括掌握和运用创造的原理、技巧和方法的能力，创造出各类形态、性质，以及不同内容的表现物。文化产品在人类不断进化的创造力中越来越丰富多彩起来。从原始人类简单的图形、符号到信息时代的服装、建筑和影像，文化在人类创造力的推动下走向繁荣。

4. 超时空性

文化时空是指文化的时间和空间特征。它由变化中的时间与空间综合构成，包括纵向和横向两个维度。纵向性指历史性的时间领域，横向性指地域性的空间领域，二者共同构成动态的文化体系。具体来讲，一是文化具有明显的历史传统特性。不同民族、国家或地区的文化之所以不同，是因为它是与本民族、国家或地区的历史发展密不可分的，作为一种传统的精神意识，文化形成后又反过来影响着这一民族、国家或地区的未来发展。二是指文化具有区域特征。不同民族、国家和地区的文化是不同的，而不同的文化也代表着不同的民族、国家或地区，它们之间表现出明显的区域差异性。比如东方文化与西方文化的不同，中国文化和美国文化、日本文化的不同，等等，都是文化区域性特征的体现。一个民族、国家之所以能形成，就是因为它们的人民有着自己赖以相处和生存的共同的文化。共同的习俗观念和生活行为把独立的个人和家庭联结在一起，组成了一个共同的民族、国家或者社会。

从另一个角度来看，人类与其他生物的不同之处在于人类具有抽象的理性思维能力，借助抽象思维，人类可以在收集整理大量感性材料的基础上进行事物本质、内部联系和事物自身规律的认识。在感性认识的基础上，把所获得的感性材料，经过分析，去粗取精、去伪存真，从而形成关于某种事物现象的高级认识，从概念、判断到推理、决断。理性不仅能够让人们更好地生活在自然世界中，还能够让人们生活在自己所创造的精神世界中。换句话说，人类的理性超越了其生存的客观世界。

由此可见，文化兼具感性与理性的特点，是人类的社会实践行为与生活状态，也是人类的思想、意识、观念和制度，当它们以各种方式被表达或记载下来的时候，会随着记载工具的变化而变化，因此具有超时空性特点。各种具体的文化形态，其含义与载体因技术的不断增强而超越传统与现代，并且呈现出趋同的倾向。

文化既是一种感性的社会行为表现，也是一种理性思维的结果，它具有跨时空的普遍性，这种跨时空的普遍性可以构成不同形态的文化之间比较研究、相互交流、相互沟通并相互融合的基础。

5. 框架性

文化是一种认知以及建立在认知基础上的行为结果，是人类对客观的主观解释与思考。人们倾向于按照自己的认知框架去感悟和体验现实，并根据这种感悟和体验来建构现实。文化哲学把文化结构区分为物质文化、制度文化、精神文化。物质文化指人在物质生产活动中所创造的带有主观性特征的全部物质产品，以及创造这些物品的手段、工艺、方法等。制度文化是人们为反映一定的社会关系，并对这些关系进行整合而建立的规范体系。精神文化也被称为观念文化，是以心理、观念、理论形态存在的文化。它包括两个部分：一是存在于人心中的文化心态、心理、观念、思想、信念等。二是已经理论化、对象化的思想理论体系，即客观化了的思想。所以，文化是人类向客观世界学习的结果，是主观对客观的规定和选择性利用，或者说文化是人类的一种约定俗成。

### （三）文化的作用

文化一旦形成就会产生巨大的规范作用。英国人类学家马林诺夫斯基在《文化论》中认为，任何一种文化现象，不论是抽象的社会现象，如社会制度、思想意识、风俗习惯等，还是具体的物质现象，如手杖、工具、器皿等，都有满足人类实际生活需要的作用，即都有一定的功能。不同的文化功能构成不同的文化布局，文化的意义依它在人类活动体系中所处的地位，所关联的思想，以及所有的价值而定。帕森斯的结构功能主义理论认为，文化是社会结构体系的工具，文化体系不仅决定人的价值观念，也构成人的行为准则。美国哲学家杜威在《文化与自由》一书中说："每一种文化都有它自己的样式，其组织的力量有它自己独特的安排。"

文化起着塑造个人人格，实现社会化的功能。人格是个体特有的特质模式及行为倾向的统一体，又称个性，是一个人在社会化过程中形成和发展的思想、情感及行为的特有统合模式，这个模式包括了个体独具的、有别于他人的、稳定而统一的各种特质或特点的总和。人格作为一种内在的结构与组织，是人在社会化过程中个体遗传与环境交互作用下的产物。美国心理学家班杜拉的学习理论认为，人的行为，特别是人的复杂行为主要是后天习得的。行为的习得既受遗传因素和生理因素的制约，又受后天经验环境的影响。班杜拉认为行为习得有两种不同的过程：一种是通过直接经验获得行为反应模式的过程，班杜拉把这种行为习得过程称为直接经验的学习；另一种是通过观察示范者的行为而习得行为的过程，即我们所说的间接经验的学习。班杜拉学习理论揭示出文化因素在人格塑造中发挥着巨大作用。

文化对目标、规范、意见和行为起着整合的作用。文化的整合是指单一或地域式的人类文化通过交流、沟通而产生的融合。在历史的进程中，不同地域中的人常常通过经济贸易进行沟通与交流，在实现资源交换的同时，形成某种程度的共识，而采取比较一致的行为实现共同的目标。文化整合功能是社会构建的基础。一个民族，由于共享一种文化，不论人们是否居住在 起，或者是否生活在同样的社会制度之中，都会有民族的认同感和在心理上、行为上的一致性特征。

文化的整合作用主要体现在以下几个方面。

第一，价值观的整合。任何社会中的人们在价值观上都会有差异，但要实现共同的目标则需要确立为一个社会所普遍遵从和认可的共享价值观，以使其他的社会价值观不偏离共享价值观的轨道。统一的文化熏陶下的群体必然会形成在社会生活的基本方面大体一致的观念。

第二，规范的整合。文化本身是一种日常生活，是一种习俗和习惯，是各种规矩和定制。当人们在生产生活中逐渐形成各种各样的约定俗成后，规范就形成了。规范可以表现为习俗、制度，也可以是各种显在的物质形态。人类社会早期祭祀的各种图腾、人物、仪式以及行为就是一种表达自己个人经验的协调和约定的规范，包括宗教图腾、雕塑、建筑等。

第三，结构的整合。结构主义理论认为，世界是由许多“状态”构成的总体，每一个“状态”是一条众多事物组成的锁链，它们处于确定的关系之中，这种关系就是这个“状态”的结构。而任何事物都是一个复杂的统一整体，其中任何一个组成部分的性质都不可能孤立地被理解，而只能把它放在一个整体的关系网络中，即把它与其他部分联系起来才能被理解。同样，社会是由众多互相分离而又互相联结的部分和单位组成的，是一个多元结构的系统，每一个部分和单位都具有自己的功能，但这种功能的发挥，必须和其他部分的功能联结起来才能实现，才能产生整合的作用和整体的功能。一个复杂的多元社会，由于统一文化的作用，使社会结构成为一个协调的功能体系。

第四，教育与引导。文化研究学者阿诺德认为文化有四个含义：文化是知识，是“世界上最好的思想和言论”，知识以及把知识运用于“心灵和精神的内在修养”，因此“文化也是一种对美好事物的追求和对美好事物的创造”。阿诺德在分析19世纪西方社会的变化时说教育会赋予工人群体以“文化”，用文化纠正粗鲁、低俗以及无政府行为；教育使得人们变得有教养、不狭隘，使社会获得秩序和权威。美国社会学家默顿认为，社会的机会结构是一种文化安排，这种机会结构使一部分人通过合法的方式去追求自己的目标，而使另一些人通过非法的方式去追求自己的目标，这正是文化的正向整合和负向整合功能的表现，正向功能保持社会体系的均衡，负向功能则破坏这种均衡。

## 二、创意的含义、类型与特点

### （一）创意的含义

创意的英文是creative，创意活动是creativity，中文也可译作创造。在古希腊，创造关乎人的精神和思维，是人类独有的能力。柏拉图曾说：“创作的意义是极为广泛的。无论什么东西从无到有中间所经过的手续都是创作。所以，一切技艺的创造都是创作，一切手艺人都是创作家。”

世界创意产业之父、英国经济学家约翰·霍金斯曾说过：“如果我仅仅是一种数据，我也许会为生活在信息社会而感到自豪。但作为有思想、有情感、有创造力的人——至少在状态不错的时候——我们需要更好的东西。我们需要信息，但是我们更需要活跃的思想、智慧和对这个信息的不断的挑战。我们需要创新、质疑和好辩精神，我们常常执着并偶尔也会碰壁——一句话，创意。”约翰·霍金斯对“创意”的阐释：“创意可以被简单地定义为‘有新点子’。有四个标准来衡量一个新创意：它必须是个人的、独创的、有意义的和有用的。”他认为“个人性、独创性和有意义”是创意的三个基本条件。第一个条件是个人的在场，创意需要个人观察某些表面或深层的东西，并在头脑中让它们成形。第二个条件是独创性，创意可能是全新的，也可能是对已存在的东西的再造；前者是“无中生有”，而后者则是“赋予既有事物某种特色”。第三个条件是有意义，即必须有某样东西以一种有意义的方式展现我们的创意，哪怕只是个人的琐碎的意义，否则我们就不足以判断这一东西是否有创意。

美国广告大师詹姆斯·韦伯·扬在20世纪60年代提出“旧元素，新组合”这个理念，指出创意不是发明创造，创造是无中生有，而创意是将一些司空见惯的元素以常人意想不到的方式展现给消费者，从而令消费者与品牌之间建立某种关系；一条创意其实就是常规要素的一个新的组合。他认为创意的生产过程和福特汽车的生产过程颇为相像：创意的生产也是在一条流水线上进行的，在这一生产过程中，思维适用一套可以被学习与掌握的操作技巧，它的有效应用与其他任何工具的有效应用一样，只不过是件技巧训练的事情。创意必须符合具体条件或者实际要求，才可发挥作用，为了让大多数创意能够符合具体条件或者实际要求，需要十分耐心地琢磨它，否则许多很好的创意就会“夭折”。

爱因斯坦谈到他自己的思维过程时写道：“写下来的词句或说出来的语言在我的思维机制里似乎不起任何作用。那些似乎可用来作为思维元素的心理实体，是一些能够‘随意地’使之再现并且结合起来的符号和多少有点清晰的印象。……在创造性思维同语词或其他可以与别人交往的符号的逻辑构造之间有任何联系之前，这种结合的活动似乎就是创造性思维的基本特征。”

中国学者陈放在《创意学》中指出：“创意起源于人类的创造力、技能和才华，创意来源于社会又指导着社会发展。人类是在创意、创新中诞生的，也要在创意、创新中发展。”

《现代汉语词典》给“创意”赋予了两层含义：一是有创造性的想法、构思等，二是提出创造性的想法、构思等。

概而言之，创意就是具有新颖性和创造性的想法，而且能够通过创意，创造出更大的效益，包括物质的和精神的效益。它是人的一种创造性的、突破传统的、神奇的思维活动，它经济价值巨大，它源于社会生活又促进社会发展。

### （二）创意的类型

从创意的产生过程和表现形式来看，我们可将创意分为原创型创意、再创型创意和集成型创意三种类型。

1. 原创型创意

原创是指独立完成的创作，不依赖于既有存在进行的完善、提升、改编或模仿、变异。原创是源自作者灵感而产生的全新的存在。原创型创意则是指创意从构思到产生、从内容到形式均为创意者独家原创，其独有内容体现着创意者特有的风格或内涵。在文化创意产业中，原创型创意大多在广播电影电视业、出版业等产业中出现，如原创音乐及歌舞、原创影视剧本、独家报道等。它们都属于内容创意的范畴，丰富的文化资源是其生生不息的源头活水。

要产生原创型创意，以独具特色的作品吸引受众，首先需要深厚的文化积淀，唯有拥有更广泛的积累才能从每个资源中把握住机会。其次还需要设计新颖的表现形式，全新的事物可激发中脑区域强烈的活动。

2. 再创型创意

顾名思义，再创即在一定基础上对现有作品或项目进行加工再创造。再创型创意则是基于一定的创意原型，通过“脱胎换骨”，使之成为具有全新创意价值的创意产品。如将传统文化故事改编为影视节目，或在某些既有软件的基础上开发提升新功能等。再创型创意强调的是对创意原型的创新、完善和丰富，需要创意者对各类资源的价值具有高度的敏锐性和精湛的化用能力。

3. 集成型创意

集成，英文为integration，意为融合、综合、整合、一体。有学者认为，集成就是把复杂事物的各个方面综合起来，形成集成效应。也有学者提出，集成的本意就是把独立的若干部分结合在一起成为一个整体。还有学者指出，集成是一种创造性的糅合过程，即在各要素的结合过程中，注入了创造性的思维在里面。集成的主要特征就在于若干要素的集合。

所谓集成型创意，即创意的集大成者，是各类创意元素的集合、整合、融合。集成型创意并不是对资源的简单拼凑与组装，而是一种拓展型的价值再造，通过集成手段形成新的集成体，实现“价值增量”。

### （三）创意的特点

1. 关联性

创意就是在看起来不相关的事物之间寻找具有全新意味的内在联系，并使之切题、可信、新颖和易于理解。创意都是有明确目的的，它必须与创意目的、主体、对象密切相关，因此，找到它们的关联性，是形成创意的重要前提，也是创意的必需环节，正如著名广告人詹姆斯·韦伯·扬所说，每种产品与某些消费者之间都有其各自相关联的特性，这种相关联的特性就可能产生创意。

有一个著名的广告创意案例正好体现了创意的关联性特点。莎碧娜航空公司有一条由北美直达布鲁塞尔的航线，尽管之前已投放了很多关于该航线食物精美、服务上乘的广告，但其营运仍长期不见起色。经过多方调研，发现问题症结并非航空公司本身，而是在当时，比利时还未被公认为旅游胜地。那么，如何才能吸引到欧洲游玩的北美旅客乘坐该航线到比利时？通过《米其林旅游指南》，广告创意者发现，比利时有五个特别值得一游的“三星级城市”，而当时已被国际认可的著名旅游胜地——荷兰的阿姆斯特丹也是一个“三星级城市”。于是一个震撼人心的创意产生了：“在美丽的比利时境内，有五个阿姆斯特丹。”

2. 赋予性

创意首要的、最本质的特征是赋予事物前所未有、闻所未闻的全新意义。它揭示了思维破旧立新的过程。赋予新意义、创造新价值是事物得以发展的动力，是人类赖以生存和发展的主要手段，正如歌德所言：“现在最有独创性的作家，原来并非因为他们创造出了什么新东西，而仅仅是因为他们能够说出一些好像过去还从来没有人说过的东西。”

3. 衍生性

创意的衍生性即指创意是有生命力的，可衍生、延展，好的创意可以引发系列效应。以广告为例，单独的一则广告很难形成持久的力量，而现代广告相当注意同一主题下的系列化累积印象，如此，商业广告则可降低费用且效果倍增。因此，一个好的创意应当可以从不同的角度、层面反复阐述，便于拓展。

4. 多元性

创意的多元性又指思维的多维度，是指主体处于一种开放性的思维状态，善于从事物的多侧面、多环节、多因素、多层次来进行思考，善于从不同角度考虑问题，因而它具有一种发散机制和辐射机制。多元性并不要求我们完全按照事物的逻辑结构来思考问题，它强调思维过程的跳跃性和敏锐性。创意的多元性不仅可以体现在主题的确定、语言的妙用、表现的设计等方面，还可以体现在战略战术的制定、媒体的选择搭配、广告的推出方式等每一个与创意活动有关的细节和要素上。

## 三、文化创意的含义

### （一）文化创意的概念

文化创意是指在创意过程中，包括生产资源、生产条件和生产环境等均包含文化元素，将这些资源整合，运用多学科、多载体来创新再造文化理念和文化产品。其中文化是内容、创意是支柱，简而言之，文化创意即对文化再创造的思维过程。文化创意主要依赖个人的才华，通过思维创造、技术创新等实现人对物质世界的改造和精神世界的完善，其最终目标在于在更高程度上满足人类的物质体验和精神追求。

由于一切文化要素均具有创造、再创造的潜力，因此所有文化资源均可进行创意设计，而任何一种创意设计活动，都要在一定的文化背景下进行。无论是来自传统文化或历史遗产，或是高科技元素、数字媒体技术，基于人和人的生产生活的一切存在方式和表现形态都可能作为文化创意的素材。将这些素材通过创意活动进行创造或再创造，赋予其内容和实体形式，形成文化作品，实现文化创意的最终价值。如文学作品与数字影视技术组合再创造，成为电影；动漫人物和故事与游乐设施相结合，成为主题游乐园区。

### （二）文化与创意的关系

文化与创意有着天然的紧密联系，从某种意义上说，人类的创意与人类的文化是同时产生的。

1. 文化有助于创意的实施

首先，文化为创意提供素材。由于文化具有地理性、主观性，即创意的核心内容，因此文化的多样性与可诠释性为创意提供了想象空间。其次，文化为创意提升品质。文化具有创造性，可以使创意内容更丰满，更具有传世价值。最后，文化保障创意原创性。文化的独特性保障了创意的原创元素，使其有可能成为独一无二的经典之作。

2. 文化需要创意予以保护和传承

第一，创意可以转化文化价值。产业意义下的创意势必要实现经济价值的最大化，其创造的价值越多，意义也就越大。所以文化离不开创意，只有独特的创意加上成功的策划才能实现文化的经济价值最大化，产生最大的经济效益和社会效益。

第二，创意可以更好地开发文化资源。利用文化进行创意可以更好地整合文化资源，采取文化手段针对某一项目或某一活动进行系统的文化整合与筹划，使该项目或活动顺利实现预期目标和效果。

第三，创意有助于实现文化整合。文化整合源于西方文化学，指一种文化变为整体的或完全的过程，也指某一文化作为整体的或完全的状态。经过创意，可更好地将潜藏的、分散的、互不相干的文化资源进行系统整理、协调组合，以便达到最优化的整体效果。

## 第二节　文化创意产业

从 20 世纪 90 年代末开始，文化创意产业由于其自身的特点，被许多国家公认为 21 世纪全球最有前途的产业之一，呈现出前所未有的发展前景。

### 一、文化创意产业的含义和特征

#### （一）文化创意产业的含义

“文化创意产业”又称“文化产业”“创意经济”“创意工业”，是指依靠创意人的智慧、技能和天赋，借助高科技对文化资源进行创造与提升，通过对知识产权的开发和运用，产生出高附加值的产品，形成具有创造财富和就业潜力的产业。无论是“文化产业”还是“文化创意产业”，追根溯源是一个外来概念。

如果从源头来看，德国法兰克福学派的重要代表人物瓦尔特·本雅明在 1926 年出版的《机械复制时代的艺术》一书中最早使用了“文化产业”这个概念，但当时并没有引起太大的反响。20 年后，同样是法兰克福学派的另两位重要学者霍克海默和阿多诺 1947 年合著出版了《启蒙的辩证法》一书，提出“文化工业”理论。他们对文化工业持有强烈的批判态度，认为文化工业只是现代资本主义国家操控意识形态的一种形式，并在商业力量操纵下丧失了艺术价值。他们的观点受到了西方各国学者的广泛认同。由于“工业”和“产业”在英文中都使用同一个词“industry”，所以人们普遍认为是霍克海默和阿多诺最先提出了“文化产业”的概念。

而创意产业的概念最早是由英国人提出的，约翰·霍金斯在《创意经济》一书中首次提出了“创意产业”的概念，将其界定为“其产品都在知识产权法的保护范围内的经济部门”。1998年，英国政府出台《英国创意产业路径文件》，将“创意产业”定义为“源于个人创造力、技能与才华，通过知识产权的生成和取用，可以创造财富并提供就业机会的产业”，包括广告、建筑设计、艺术品与文物、电子游戏、音乐、出版、广播电视等13个门类。在政府的引导和推动下，英国创意产业成为英国增速最快的产业，居各产业之首。

美国哈佛大学凯夫斯教授从文化经济学角度定义创意产业，并力图构建一门新的创意产业的文化经济学。他认为创意产业是那些提供与文化的、艺术的、娱乐的附加价值相联系的商品与服务的产业。按照凯夫斯的分类，创意产业包括：书刊出版、视觉艺术、表演艺术、录音制品、电影电视，甚至时尚、玩具和游戏。

联合国教科文组织把文化产业定义为：“按照工业标准生产、再生产、储存及分配文化产品和服务的一系列活动。”

此外，我国的一些学者也对文化创意产业的概念进行了探索和界定。如王缉慈从创意产业的主要来源出发，认为创意产业是那些“具有自主知识产权的创意性内容密集型产业”。金元浦认为，创意产业是全球化条件下，以消费时代人们的精神文化娱乐需求为基础，以高科技技术手段为支撑，以网络等新传播方式为主导，以文化艺术与经济的全面结合为自身特征的跨国、跨行业、跨部门、跨领域重组或创建的新型产业集群。它是以创意为核心，向大众提供文化、艺术、精神、心理、娱乐产品的新兴产业。强调一种主体文化或文化因素依靠个人(团队)通过技术、创意和产业化的方式开发、营销知识产权的行业。

总之，文化创意产业的概念已经被越来越多的国家和地区的政府所采用，并被纳入了这些国家和地区的相关政策，从而促进了文化创意产业的长足发展。

### （二）文化创意产业的特征

文化创意产业一般具有如下特征：

1. 高知识性

文化创意产业属于知识密集型产业，它不同于传统制造业等依靠机器、厂房、资源和劳动力的劳动密集型产业，而是依靠文化创意资源、知识资源、创意群体的高文化、高技术、高知识、高管理的智慧型产业。其核心——文化创意产品，以文化、创意理念为内涵，是人的知识、智慧和灵感在特定行业的物化表现。它不同于传统产业生产的物质产品，文化创意产业的产品可以是有形的商品，也可以是无形的服务。另外，文化创意产业经营方式灵活多变，需要不断地探寻新的想法、新的合作者和新的市场，其发展与信息技术、传播技术和自动化技术等的广泛应用密切相关，呈现出高知识性、智能化的特征。

文化创意产业的高知识性还体现在人才需求层次高。区别于传统产业以自然资源和物质生产活动为基础，文化创意产业的兴起和发展依赖的核心资源为创意人才：文化水平高、科技素养高、管理能力强、创意水平高的高端人才。创意人才决定着文化创意产业的发展空间。创意的产生并非知识的简单叠加或智能的机械化运用，而需要运用人类智慧将其综合以产生“1＋1＞2”的效果。创意人才主要是知识型工作者，他们具有丰厚的知识储备与灵动的思维能力，其培养过程不同于传统产业中的技术型人才。

2. 高附加值性

文化创意产业的高附加值主要体现在传统产业的文化附加值与文化产业的创意附加值。文化创意产业是一个文化、科技、信息高度融合的产业，它与传统产业的最大区别在于创意，可以以较少的物质资源消耗，迅速将独特创意转化为具有知识产权的成果、设计或产品，在一些领域形成市场竞争力，是一个集文化、科技、信息高度融合的高附加值产业，提升传统产品的商业机制，成为传统产业转型升级的重要手段。文化创意产业的高附加值还体现在对资源的节约和环境的保护方面。不同于传统的产业，文化创意产业处于技术创新和研发等产业链的高端环节，所提供的产品或服务的核心资源为文化、创意、知识，传统产业在生产过程中要消耗大量的物质资源、能源，而文化创意产品最重要的投入要素是无形的文化和创意，无论是前期的创作生产，还是后期的推广营销，都不会大量耗费自然资源，对环境的影响也很小。

3. 高融合度与强关联性

产业经济学研究表明，随着经济的发展，原来泾渭分明的产业界限开始模糊，由此派生出很多新的产业形态，产业融合现象日趋增多，尤其是源于数字技术的出现而导致的信息行业之间的相互交叉。产业融合对于经济增长和社会发展起着越来越重要的作用，不同的产融结合模式会产生不同的经济绩效和增长曲线。

文化创意产业中文化资源与其他生产要素紧密结合，是一种文化、科技与经济相互渗透、相互交融、互为条件、优化发展的经济模式。文化创意产业作为一种新兴的产业，它是经济、文化、技术等相互融合的产物，具有高度的融合性、较强的渗透性。文化创意产业的产业融合主要表现在产品的供需方面，文化创意产业的产品可以成为其他产业的生产要素，同时，其他产业的产品也会被其作为生产要素来使用。在产业的技术供给方面，文化创意产业的生产需要其他产业为其提供技术水平层次相当的生产手段，同时，它的发展也推动了其他关联产业的技术进步，从而使整个产业的技术水平不断向更高层次推进发展。文化创意产业可以拉动多个相关行业的发展，有利于产业的延伸，不断拓展、延长市场链条，形成多元化、多层次的赢利模式，全面提升人民群众的文化素质。

4. 高风险性

文化创意产业也是高风险的行业，主要在于文化创意产品的市场需求是不断变化、难以确定的。相对于实体产业来说，文化创意产业的产品不是生活必需品，需求弹性大。文化创意产品包含有精神、文化、娱乐等诸多元素，主要是满足人类的精神需求。文化的差异、时尚潮流、宣传策略、社会环境等不确定因素对受众的选择会产生很大的影响。

同时，文化产品属于体验性产品，只有在消费后才能判断产品的好坏，而消费者的满意度也相对主观，其成功与否，很少能够根据过去的经济发展形势判断，这使文化生产的供给和需求之间存在着较为普遍的信息不对称。如某些经过严密的前期市场调研，然后投入巨资拍摄、制作、宣传的影片，进入院线后仍成为不受市场欢迎的“烂片”。因此，从文化产业需求方来看，它表现出一定的随机性和选择性，很难确定消费者如何评价新推出的文化产品，其不确定因素很大。

另外，文化创意生产机制和产品利润回流方式的特殊性以及创意载体化产品的非保值性，使得其创意产品缺乏风险分摊机制，也导致了文化创意产业的高风险性。

## 二、文化创意产业的理论基础

文化创意产业作为朝阳产业，具备广阔的发展前景，这与其理论基础的支持密不可分。其主要的理论基础包括产业集群理论与价值链理论。

### （一）产业集群理论

迈克尔·波特认为，产业集群是指在某一特定领域中，大量产业联系密切的企业以及相关的支撑机构，如行业协会、金融机构、职业培训和科研机构等在空间上集聚形成的有机整体。

迈克尔·波特强调，在经济全球化进程中，一些区域内由于产业集聚而出现的产业集群可以从三方面影响企业和区域的竞争：一是提高企业的生产率；二是指明创新方向和提高创新速度；三是促进新企业的建立，从而扩大和加强集群本身。

随着文化创意产业的飞速发展，产业的集聚程度大大增加，出现了许多以城市为集聚点的产业集聚现象。“创意城市”概念之父查理斯·兰德瑞认为，文化创意产业的空间集聚对城市环境引力的作用主要体现在两个方面：一是强化城市外在影响提升的吸引力，从而“重塑城市形象”；二是催生城市内在布局优化的牵引力，从而“重绘城市”。另一个由产业集聚延伸出的概念是由理查德·佛罗里达在其《创意阶层的崛起》一书中提出的“创意阶层”。他认为，当具有新鲜想法的创意阶层以组织或区域的形式聚集时，价值和财富随即产生，这些资源就形成了区域的“决定性竞争优势”。理查德·佛罗里达进一步将文化创意产业集群定义为一个完整的产业群体，其核心是从事自然科学和工程、建筑和设计、教育、艺术、音乐、文学及其他知识型专业的人才。

### （二）价值链理论

1985 年，迈克尔·波特在《竞争优势》一书中首次提出“价值链”概念，“每个企业都是在设计、生产、销售、发送和辅助其产品的过程中进行种种活动的集合体。所有这些活动可以用一个价值链来表明”。企业的价值创造是通过一系列活动构成的，可分为基本活动和辅助活动两类，基本活动包括内部后勤、生产作业、外部后勤及市场和销售、服务等；而辅助活动则包括采购、技术开发、人力资源管理和企业基础设施等。这些互不相同但又相互关联的生产经营活动，构成了一个创造价值的动态过程，即价值链。产业价值链不仅存在于单个企业的生产经营活动中，而且也存在于不同企业的相互协作之中，特别是随着产业内部分工不断地向纵深发展，不同企业围绕价值创造活动形成了相互协作的上下游关系。文化创意产业价值链是由文化创意产业的各个增值环节所构成的有机联系的整体。在现代信息技术不断发展以及人们对多样性文化产品和服务需求日益强烈的情况下，文化创意产业所包含的相关行业逐渐突破了传统的发展领域，产业功能不断延伸，推动了文化创意产业融合的过程，为文化创意产业的价值链整合创造了条件。

## 三、文化创意产业的范围

文化创意产业的范围广泛，各国在推动文化创意产业发展的过程中，通常会列举本国文化创意产业的范围。从世界范围看，文化创意产业从组织结构上基本可以划分为三类：一是生产与销售以相对独立的物态形式呈现的文化产品的行业(如生产与销售图书、报刊、影视等行业)；二是以劳务形式出现的文化服务行业(如戏剧、舞蹈、体育、娱乐、策划、经纪业等)；三是向其他商品和行业提供文化附加值的行业(如装潢、装饰、形象设计、信息咨询、文化旅游等)。

对此最早做出清晰界定的是联合国教科文组织，其定义文化产业就是按照工业化的生产标准，经过生产、复制、流通和传播等主要环节的一系列活动，强调其知识产权的属性。联合国教科文组织从文化产品的工业标准化生产、流通、分配和消费的角度对文化产业进行了科学界定，据此将其分为八个领域：文化和自然遗产、表演和庆祝活动、视觉艺术和手工艺、书籍和报刊、音像和交互媒体、设计和创意服务、旅游业、体育和娱乐。

而各国对此具体划分却不尽相同，如表 1-1 所示：

**表 1-1　不同国家文化创意产业的结构和内容**

| 国家 | 名称 | 结构和内容 |
|---|---|---|
| 美国 | 版权产业 | 核心版权产业(书籍、报刊、音乐音像、广播电视和计算机软件等)；部分版权产业(服装、珠宝、家具、玩具和游戏等)；边缘支撑产业(为发行版权产品的一般批发与零售、一般运输产业、电话与互联网产业)；交叉版权产业(如电视机、计算机等) |

续表

| 国家 | 名称 | 结构和内容 |
| --- | --- | --- |
| 加拿大 | 文化创意产业 | 信息文化产业与艺术(出版业、电影和录音业、广播、互联网出版和广播、电讯业、互联网服务提供、其他信息服务等)，娱乐和消遣(表演艺术、体育比赛和相关的行业、古迹遗产机构、游乐、赌博和娱乐业等)两大类 |
| 英国 | 创意产业 | 广告、建筑、艺术及古董市场、工艺、设计、流行设计与时尚、电影与录像带、休闲软件游戏、音乐、表演艺术、出版、软件与电脑服务业、电视与广播共十三类 |
| 澳大利亚 | 创意产业 | 音乐与表演艺术，电影、电视与广播，广告与营销，软件开发与互动内容，写作，出版与平面媒体，建筑、设计与视觉艺术等 |
| 日本 | 内容产业 | 电影、音乐、游戏、电视节目、小说、动漫、数据库、商业软件等 |
| 韩国 | 文化内容产业 | 广播电视、报纸、杂志、互联网、广告音像、演艺、漫画、动画、游戏、电影、出版、工艺、旅游等 |

根据《国民经济行业分类》，中国文化创意产业主要包括以下 10 大类别：文化艺术、新闻出版、广播电视电影、软件网络及计算机服务、广告会展、艺术品交易、设计服务、旅游、休闲娱乐、其他辅助服务，范围上涵盖了设计研究、生产制造和传播销售等各个环节的相关行业，包含了从上游到下游的产业链全过程，在范围上跨越了二、三产业的传统分类。另外，按行业类别分，文化及相关产业分为文化制造业、文化批零业和文化服务业。按活动性质分，文化及相关产业分为两部分：一是“文化产品的生产”，指以文化为核心内容，为直接满足人们的精神需要而进行的创作、制造、传播、展示等文化产品(包括货物和服务)的生产活动，如新闻出版服务、广播电视电影服务、文化艺术服务、文化信息传输服务、文化创意和设计服务、文化休闲娱乐服务、工艺美术品的生产等；二是“文化相关产品的生产”，指为实现文化产品生产所必需的辅助生产活动、作为文化产品实物载体或制作(使用、传播、展示)工具的文化用品的生产活动(包括制造和销售)、为实现文化产品生产所需专用设备的生产活动(包括制造和销售)。

## 四、文化创意产业链

产业链是产业经济学中的一个概念，其理论来源最早可以追溯到西方古典经济学家亚当·斯密提出的分工思想。马克思和恩格斯在亚当·斯密的基础上对分工思想进行了进一步研究；赫希曼 1958 年在《经济发展战略》一书中从产业前后向联系的角度论述了产业链的概念；迈克尔·波特 1985 年在《竞争优势》一书中首次提出价值链的概念。综合来看，产业链是指各个产业部门之间基于一定的技术经济关联，并依据特定的逻辑关系和时空布局关系客观形成的链条式关联关系形态。

文化创意产业价值链的发展是价值不断创造和增值的过程，包括创意的生成、文化产品的设计和生产、供应链管理、消费者服务等。从文化产品及服务的生产到最终经济效益以及社会效益的实现，这是一个环环相扣的链条。

文化创意产品的市场价值不仅体现在生产企业将该产品推向市场，从消费者那里得到的市场交易价值(直接价值或效益)，还体现在产品的溢出价值(间接价值或效益)上。文化创意产品更多地作为一种承载精神或理念的产品，其消费的模式与物质产品及传统服务业产品消费的模式有很大差异。物质产品消费时，消费者同时占有该产品的所有权和使用权，消费过程同时也是物质消耗过程。而精神产品消费是消费者仅占有该产品的所有权，产品使用权可能要与他人分享，并且这种分享不会造成精神产品价值的损耗。

文化创意产品被消费后，其产品的主体价值不但不会被消耗，还可能在消费的过程中不断提升或扩展(产品线的长度、广度与深度)，形成价值再开发，甚至产生新的文化创意产品。文化创意产品中最具价值的部分即创意，同时创意又可以用于各类产品，能够在不同的产品开发中占据核心位置，这样就给文化创意产业提供了巨大的增值空间，可以多次使用，重复获利。按照约翰·霍金斯的观点，创意经济的价值等于创意产品的价值与交易次数的乘积。如世界知名魔幻小说《哈利·波特》被开发应用于多种产品的生产和销售中，衍生出巨大的经济链条。

当今社会，知识、科技、文化等资源已取代原有的生产要素在经济发展中发挥重要作用，文化创意产业虽是凝聚着众多知识和创意的产业，但其产品同样要面对消费者，接受市场的检验，所以，文化创意产业的价值链与传统产业类似，其产业链上、中、下游分别对应创意研发阶段、生产制造阶段和营销传播阶段，以及之后的消费者终端售后阶段和进一步的产业链延伸阶段，如图 1-1 所示。

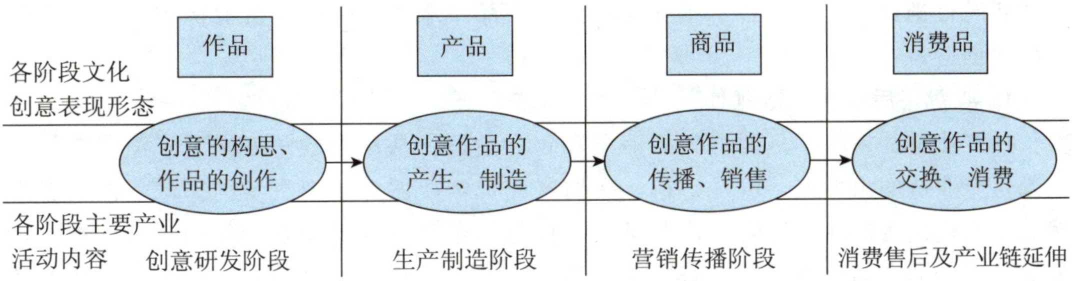


**图 1-1　文化创意产业链示意图**

各个阶段的具体内容说明如下。

1. 创意研发阶段

文化创意产业的上游为创意研发阶段，这是文化创意产品的源头。创意不是模仿、不是复制、不是抄袭。文化产品的设计理念、包装、研发等过程都需要创意在其中起着主导作用，因文化产品的特性，大量同质化、无新意的产品不会被市场接受，创意工作者需要一个闪光点来融入产品，使其具有独特性、吸引力和推广性。创意阶段对整个价值链起着至关重要的作用，即使之后的生产、推广都做到系统化，劣质创意的引入也很难赢得市场。毫不夸张地说，创意阶段的吸引力基本上已经决定了该文化产品的市场价值空间。这部分的价值创造与增值关键在于文化内容提供者具有原创性的内容创新，如艺术家、设计师、策划者的灵感或艺术创造。

2. 生产制造阶段

任何优秀的创意只有与现实结合，与生产结合，才能产生价值。文化创意产业制造阶段的关键在于将传统艺术、优秀创意、文化符号与科技手段相结合，创造出独特的文化产品。现代高新技术的使用为文化产品的制造注入了全新的元素，使其更富有表现力和推广性，尤其电影、电视等广播传媒行业。如3D技术的应用使电影产业踏上了另一个高峰，为观众带来全新的体验。从价值链条整体分析，制造阶段对于现代科技设施和条件的依赖较大，其产品价值很大程度上取决于制造技术的价值。不过，文化产品可以通过不同的载体形式表现同一创意内容，通过不断改进和提高其文化服务的价值，实现产品的边际效用递增，进而满足消费者不同层次和不同喜好的文化需求。

3. 营销传播阶段

在文化创意产业链的下游，文化创意产品的价值增加必须通过市场才能实现，这其中就需要完善、先进的营销手段和传播、销售发行渠道。“酒香不怕巷子深”的年代已经过去，面对不确定的市场需求，文化产品也需要花费大量的资金和资源进行推广和营销，以扩大知名度，让更多的人了解和认识。例如，好莱坞“大片”的宣传营销费用就占到整个影片成本的20%。此外，树立品牌是营销的一个重要手段，文化创意产品公司可以凭借品牌的优势进行各种营销活动，获取巨大的经济利益。在这一环节，主要的市场参与主体是营销策划、经纪人、媒体中介等，通过他们进行各种市场营销传播和发行销售，文化产品才能顺利转化为商品或服务，在产业价值链中完成价值的转移和创造。

4. 消费售后及产业链延伸

在产业链的末端，是消费者的消费和售后阶段。从产业的角度来看，消费者的需求既是产业链的出发点，也是归宿，一切产品都需要服务于消费者的需求。消费者虽然处于文化创意产业链的终端，但对整个价值链条具有反馈和互动作用，直至影响价值链条顶端的产品内容创意。而衍生产品的开发是文化产业链的延伸，也是文化产业发展所应重视的环节。一个文化创意应该挖掘该创意的不同载体形式，满足消费者不同的内容需求，实现价值最大化。

## 五、文化创意产业的成长模式

文化创意产业作为以创造力为核心的新兴产业，主要有五种成长模式，分别为政府引导型、市场主导型、传统文化保护型、创意阶层集聚型、社区合作型。

1. 政府引导型

政府引导型指由政府积极推动文化创意产业发展的类型。这一类型中，政府在文化创意产业的产生和成长中发挥重要作用，对其进行多方面的支持和引导，代表国家有英国、日本、韩国、新加坡等，这其中又以英国最为典型。

从英国的经验分析，英国创意产业的蓬勃发展与政府的极力推动关系密切，政府对创意产业的高度重视和提供相关的政策支持为创意产业的迅速发展铺平了道路。1997 年，为了振兴经济，英国政府提出发展创意产业的策略，首相布莱尔上任后，亲自担任创意产业特别小组主席，积极推动文化创意产业的相关工作，把其作为振兴英国经济的重要内容。明确提出了文化创意产业的概念和产业分类，提出政府为支持文化创意产业而在从业人员的技能培训、企业财政扶持、知识产权保护、文化创意产品出口等方面应做出积极努力。相比较而言，英国政府的创意产业政策，是目前国际上产业架构最完整的文化创意产业政策。

从产业发展实践效果来看，英国政府的良苦用心得到了丰厚回报，创意产业成为英国多年来发展最快的产业之一。从 1997 年开始的十多年来，英国经济总量增长了大约 70%，而创意产业增速则达到 94%，为英国提供了 198 万个工作岗位，雇用了全国 4.3%的人口，使得创意产业成为英国就业人口的第一大产业和产值仅次于金融服务业的第二大产业。

与大多数传统产业的成长模式不同，文化创意产业承载了经济利益之外的职能，同时作为一种新兴产业，对于大多数国家和地区来讲，十分需要政府从宏观的层面给予积极的引导，同时通过各种政策予以大力扶持，健全产业运作体系，规范市场秩序，帮助微观主体合理有效地配置资源，这是产业成长中的内在需求，也是政府角色定位的正常领域。

2. 市场主导型

与政府主导型产业发展模式不同，在文化创意产业发展相对发达的经济体中，市场的力量得到更多的强调和重视。市场主导型产业发展模式是指市场在文化创意产业的生成中起着关键作用的模式。在这种类型的文化创意产业的发展过程中，市场是实施主体和主要推动者，产业相关方普遍遵循贸易自由和市场开放的理念，这其中以美国版权产业的发展最具代表性。

第二次世界大战后美国迅速崛起并一举成为世界头号强国，无疑与其对市场的极力推崇有着密切的关系，当前，美国的市场经济已高度发达，交易平台和相关的制度也较完善，资金、人才、信息等关键要素自由流动，为文化创意产业提供了良好的环境。资金雄厚的企业选择投资文化创意产业，以市场为主导，就会迅速带动区域经济的发展，从中获取高额的商业利润和良好的品牌效益。迪士尼、时代华纳以及好莱坞等企业的市场运作都极为典型和成功，美国电影产量仅占全球的 6%，而市场占有率却高达80%。

需要特别提出的是，政府与市场的关系一直是经济学界争论的焦点问题之一，也是各经济体在长期实践中很难把握的问题。即便是在当今世界自由度最高的经济体——美国，凯恩斯主义的积极干预思想也从来就没有消失过，其文化创意产业的高度繁荣也并非纯粹的市场自发行为；而英国的政府引导型发展模式突出的是“引导”二字，市场仍然是产业成长的主体。因此，文化创意产业在发展中对政府和市场的双重依赖是无法避免的，而政府的行为空间或许更多地取决于其长期的行为习惯和市场的完备程度。

3. 传统文化保护型

文化作为一种产业的发展历史并不长，但文化本身却是与人类社会的进步相伴而存在的，甚至可以说人类发展史就是一部人类文化发展史。对于人类自身来说，如何保护地区的多元文明与历史遗产，已经超越了国家或民族的单一行为，成为全世界和人类文明的共同重大议题。文化创意产业发展中的传统文化保护型模式，即是依据本地区的传统文化、建筑、工艺与人文资源等进行传统艺术或遗产文明的保护性移植、复制与传承发展起来的。

在这一模式中，地区原有的文化艺术、传统、人文建筑、自然景观等文化符号在其中起到关键性作用，法国就是这一类型的典型国家。众所周知，法国是世界上著名的旅游国家，具有悠久的历史，深厚的文化底蕴。卢浮宫、埃菲尔铁塔、巴黎圣母院、凯旋门等诸多历史名胜吸引着无数游客奔向这个富有浪漫气息的国度，可以说，文化休闲旅游业是法国文化创意产业中最为成熟的行业之一，其价值链就是以丰富的文化资源为依托，带动吃、住、行、游、购等一系列相关产业庞大的经济收益链条。

中华民族有着五千多年文明史，这片近千万平方千米的国土上所拥有的文化遗产难以计数。改革开放以来，漓江、敦煌、平遥等文化地域每年都吸引大量的国内外游客，依托这些传统文化资源，在保护的基础上积极发展创意经济新形态，不仅对保护中华传统文明这种不可复制的人文资源有着重要作用，而且也是我国产业结构调整优化的重要突破口。

4. 创意阶层集聚型

通过“创意阶层集聚”这种方式成长起来的文化创意产业是原生态的经济形态，创意工作者在其中起着主导作用。创意工作者出于创作或资金的考虑，往往选择废弃的厂房、仓库等地区作为创作地点。他们多以个人画廊、工作室为主，进行艺术创作、作品展示、技艺交流、作品售卖。这种富有激情和自由的氛围吸引了艺术商人的青睐和特色酒吧、餐厅、画廊、书店的落脚入驻，随着时间的推移，特色的文化氛围和生机勃勃的艺术家街区逐步形成，并对周边经济发展起着积极的推动作用。

创意阶层集聚型的主要代表是闻名于世的美国纽约的SOHO区。SOHO并不是一个独立的社区，而是与西村、格林威治村以及小意大利合在一起的区域，曼哈顿岛的第二区。今天的SOHO是个商业区，有近600家各具特色的百货服装店、饰品店。以SOHO中心区的百老汇大道为例，特色店有50余家，经营范围包括珠宝、服饰、化妆品、家居用品、文具及百货等；各式餐馆逾100家，囊括了世界各地的风味美食和高级主题餐厅。世界最知名品牌如PRADA（普拉达）、CHANEL（香奈儿）、LOUIS VUITTON（路易威登）早已登陆这块黄金商业区。

与欧美发达国家相比，中国的文化创意产业发展历程相对较短，甚至可以说刚刚起步，能够追赶世界潮流的艺术家数量还比较有限，而能够引领时代的创意人群更是凤毛麟角。但这并不意味着创意阶层聚集型的发展模式在中国没有用武之地，近几年在国内出现的上海苏州河艺术仓库区、昆明创库、北京的大山子798等，都是中国的艺术家在本土尝试这一模式的先声，我们相信勇于探索就会有成绩。

5. 社区合作型

在区域文化创意产业发展中，无论是政府、市场、社会团体还是艺术家阶层，其单方面的力量都是有限的，社区合作型模式是一种将多种主体凝聚在一起共同推动产业发展的模式。具体来讲，社区合作型是指在公共发展的区域政策指导下，调动财政、税收、金融、补贴、科研、规划等政府力量的同时，充分发挥市场、社会、企业等各方力量，制订出可持续发展与提升区域竞争力的计划，并通过改善基础设施，促进交通，吸引各国各地创意阶层共同参与，形成复合型的区域创新商业模式。

在这种发展形态中，20世纪90年代以来东柏林旧城区的成功改造最具代表性。柏林政府在重新规划东柏林旧区时，充分调动民众的积极性，鼓励民众参与到城市的发展规划当中来。政府不断引导民间各种力量共同完成城市更新，让工会、中介组织、工业团体、金融机构、艺术群体协商解决各种发展中的问题，联合起来共同建设了这座新的城市。这样做目的在于让更多的社会力量主动地参与进来，通过自我组织、自我改造、自我聚居，自行制订出本地区的发展战略与区位形象。这一模式成为旧城改造、新城建设与创意社区发展的成功路径。

## 拓展阅读

### 中国文化创意产业的发展

1988年，文化部在体制改革中新成立了文化产业司，这标志着中国政府正式承认文化创意产业。此后，中国的文化事业单位开始向市场经济转轨，文化事业单位逐渐转为企业化经营，文化市场逐渐繁荣。

2000年10月，中国共产党第十五届五中全会通过了《中共中央制定国民经济和社会发展第十个五年计划的建议》，中国政府第一次在重要文件中正式提出了“文化产业”

的概念。

2001 年 12 月，中国加入 WTO。中国政府在加入 WTO 的相关文件中，对音像制品、电影、图书、报刊、旅游等领域，在文化产品和服务市场准入等方面正式作出承诺，允许外资参与音像制品的分销，允许外资参与影剧院的改造，对外开放图书报刊批发和零售市场。允许外资饭店进入中国市场等。这些内容其实是中国政府正式承认“文化产业”的法律性规定。

2002 年，中国共产党十六大报告明确提出：“积极发展文化事业和文化产业”。此后，各地方政府纷纷制定本地文化产业发展规划，学术界对文化产业的研究空前活跃，文化体制改革开始取得实质性进展，我国的文化产业进入快速发展时期。

2003 年，中共中央宣传部牵头成立了由国家统计局、文化部、国家广电总局、新闻出版总署、国家文物局、国家发改委、财政部、国家税务总局、国家工商行政管理总局等单位参加的“文化产业统计研究课题组”。

2004 年，国家统计局正式发布了《文化及相关产业分类》标准，这是目前我国对文化产业进行定义、对文化及相关产业进行划分、对文化及相关产业活动范围进行界定的权威性文件。

2006 年国务院公布了《国家“十一五”时期文化发展规划纲要》，纲要中明确提出了中国发展文化创意产业的主要任务和措施，之后，全国各大城市也都推出相关政策支持和推动文化创意产业的发展。全国的文化创意产业得到了突飞猛进的发展。

2009 年，国务院颁布了首部《文化产业振兴规划》，标志着文化产业已成为我国国民经济体系中的一个先导性、战略性产业。当年，财政部注资 100 亿元成立中国文化产业投资基金，鼓励引导有条件的文化企业通过主板和创业板上市融资，通过深化文化体制改革推动文化资源向优势企业适度集中。这表明国家对该产业的政策支持已迈入实质性阶段。

2014 年 10 月召开的中国共产党十八届四中全会审议通过了《中共中央关于全面推进依法治国若干重大问题的决定》，《决定》指出要制定《文化产业促进法》，把行之有效的文化经济政策法定化，健全促进社会效益和经济效益有机统一制度规范。2015 年 9 月 6 日，文化部牵头在京召开文化产业促进法起草工作会，正式启动文化产业促进法起草工作。

2017 年，中国共产党十九大报告明确指出，推动文化事业和文化产业发展。满足人民过上美好生活的新期待，必须提供丰富的精神食粮。健全现代文化产业体系和市场体系，创新生产经营机制，完善文化经济政策，培育新型文化业态。

国家对文化创意产业的政策支持，尤其是财政、税收、金融支持政策的不断完善与创新，对于加强我国文化创意产业总体战略和规划，加快产业对外开放，提高文化创意企业整体竞争力发挥了重要作用。2016 年全国文化及相关产业增加值为 30254 亿元，占 GDP 的 4.07%。

# 第三节　文化创意与创业

在“大众创业、万众创新”的新时代，日新月异、高速发展的外部世界吸引着大批具有激情与活力、富有超越精神与创新意识的群体，他们投入到创业大军中，尝试着改变自己、改变未来。

## 一、创业概述

### （一）创业的定义

“创业”一词的起源可追溯至200多年前，法国经济学家理查德·坎蒂隆(Richard Cantillon)1755年首先在其著作《商业性质概论》中提出创业者“Entrepreneur”的概念，为后来创业定义的发展奠定了基础。在《柯林斯英语大辞典》中，“创业”(Entrepreneurship)被解释为“创业是成为创业者的一种状态或与成为创业者相关的各种活动”，创业与创业者两个概念密不可分，所以创业是创业者打造一个新企业的过程，也是一种创业者管理企业的能力。

学者们对创业的定义因所研究方向和领域不同而有所差异。国外，大多数学者把创业的概念与创办企业联系在一起。被誉为现代管理学之父的彼得·德鲁克在其著作《创新与创业精神》中道：“创业是一种行为，而不是个人性格特征。只有那些能够创造出一些新的、与众不同的事情并能创造价值的活动才是创业，它与管理是一体两面。”百森商学院派代表杰弗里·蒂蒙斯在《创业创造》一书中定义：创业是一种思考、推理结合运气的行为方式，它为运气带来的机会所驱动，需要在方法上全盘考虑并拥有和谐的领导能力。

后来，创业的定义由早期的“开创公司”演变为哈佛商学院教授霍华德·史蒂文森提出的“创业是不拘泥于你当前资源条件下的限制对机会的追寻，将不同的资源组合以利用和开发机会并创造价值的过程”。这意味着，一个创业者看到了机会，即使他们目前没有资源去实现它，也要去创造性地整合资源，把商机变成价值。

在强调创办企业的同时，国外从事创业研究的学者从政治、文化等更广义的内涵方面对创业进行了肯定。都灵国际培训中心马努(G. Manu)将“enterprise”拆分为由该单词首字母重新组成的10个单词或词组来进行释义，分别为Energy(精力)、Need to achieve(完成任务的需要)、Task oriented(任务导向)、Empathy(换位思考)、Resourcefulness(足智多谋)、Planning(计划)、Risk-taking(承担风险)、Innovation(创新)、Skills(技能)、Endurance(坚持)，这些创业的内涵并不仅仅限于创办企业，它们同样适用于经济以外的政治、文化等相关领域。

当前，国内不少学者对创业一词的界定倾向于广义内涵，广义上来讲创业就是创业者在自己拥有一定的人力、资金、技术等资源的基础上，以社会需求和个人兴趣为依据，来实现自己的人生价值的具有创新性的社会活动。因此，创业的核心是创新，创业行为的范围也不只有经济领域，在社会其他领域的创新开拓行为都是创业，而创业的价值在于为社会发展开辟新空间，承担着一定的社会责任。

### （二）创业的特点

创业作为一项不同于传统的择业方式，具有以下特点：

1. 创新性

创业在本质上是人们的一种创新性实践活动。创业有时表现为将新发明、新产品、新服务推向社会，有时是一种新的市场模式，有时甚至是一个创造新的市场需求的过程。

2. 学习性

创业的过程就是不断学习的过程，除了过硬的专业知识以外，还需要具备一定的非专业知识，即必要的商务知识，如经营管理知识、财务管理知识、法律知识等。创业者还需要有与时俱进的精神，时常关注政府政策、行业动态、技术革新等相关消息，可以说，创业是一项需要“活到老、学到老”的事业。

3. 复杂性

对于一个真正的创业者来说，创业需要对自己所掌握的所有资源，如资金、人才、技术、人脉、场地、项目等进行有效整合，在不断降低成本的基础上实现利润最大化。对外，创业需要直接面对瞬息万变的市场，与同行进行激烈的竞争；对内，需要管理好团队、掌控好财务、完善企业运行机制、维系有效的营销体系。

4. 风险性

创业过程中具有许多不确定因素，因此不可避免会遇到风险。技术不过关有风险，产品质量不好有风险，除此之外还有财务风险、用人风险、市场风险等，可以说，创业过程中时时处处都在与风险博弈。然而，风险与收益并存，风险大的行业或项目，其潜在的收益可能很大。

5. 持久性

创业之初，创业者需要投入大量的精力和时间。创业企业成型或稳定后，还需要不断根据市场的变化进行技术创新、产品更新、管理创新等。创业作为一项持久性活动，只有跟随变化的市场需求而不断变化，才能在行业赛跑中保持领先。

### （三）创业的一般过程

创业过程是由包括创业者从产生创业想法到创建新企业或开创新事业并获取回报，涉及识别机会、组建团队，寻求融资等一系列活动组成的流程，通常分为以下六个步骤：

1. 产生创业动机

创业动机是创业机会识别的前提，是创业的原动力，它推动创业者去发现和识别市场机会。创业活动的主体是创业者，创业活动首先取决于个人是否希望成为创业者。当然，不少人是因为看到了创业机会，由于潜在收益的诱惑，才产生了创业动机，进而成为一名创业者或创业团队人员。一个人能否成为创业者，会受三方面因素的影响：个人特质、创业机会、创业的机会成本。就个人特质而言，每个人都可能具有创业精神，但其创业精神的强度不同，强度的大小有遗传的成分，更受环境的影响。比如，温州人的创业意愿相对强烈，其中环境起到了很大的作用。就创业机会而言，创业机会的增多会形成巨大的利益驱动，促使更多的人尝试创业。社会经济转型、技术进步等多方面的因素在使创业机会增多的同时，也会降低创业门槛，进而促成更大的创业热潮。就创业的机会成本而言，人们能从其他工作获得高收入和满足需求，创业意愿就低。比如，科学家独立创业的少，是因为科学家已经谋得了一份收入相对丰厚而且稳定的工作，就较少愿意去冒创业的风险。

2. 识别创业机会

识别创业机会是创业过程的核心环节。识别创业机会包括发现机会来源和评价机会价值。一般应澄清四个基本问题：第一，机会何来？创业者应该找到创业机会的来源在哪里。第二，受何影响？创业者应该找到影响创业机会的相关因素。第三，有何价值？创业者应该找到创业机会所具有的并能被评价的价值。第四，如何实现？创业者应该明了能通过什么形式或途径使机会变成实际价值。围绕这些问题，创业者在识别创业机会阶段需要采取行动多交流、多观察、多获取、多思考、多分析，从而最终抓住创业机会。

3. 整合有效资源

整合资源是创业者开发机会的重要手段。一般情况下，创业者可以直接控制的可用资源往往很少，创业者几乎都会经历白手起家，从无到有的过程。对创业者来说，整合资源意味着需要借船出海，要善于尝试依靠盘活别人掌握的资源来帮助实现自己的创业目标，人、财、物都是开展创业活动所必需的基本生产要素。所谓创业者需要整合的资源，包括组建团队，凝聚志同道合的人以及进行有效的创业融资。

另外，要有创业的基础设施，包括创业活动的场地和平台。创业是在创业者面对资源约束情况下开展的具有创造性的工作，一定会面临很大的不确定性，所以，创业者在创业初期乃至新企业成长的很长一段时间里，都要把主要精力放在资源的获取上，以解决公司和企业的生存问题。此外，创业者还需要围绕创业机会设计出清晰的有吸引力的商业模式，有时还需要制订详细的创业计划，以此向潜在的资源提供者陈述和展示，以获取更多的资源支持。

4. 创建创业企业

新企业的创建是创业者的创业行为最为直接的标志。创建新企业包括公司制度设计、企业注册、经营地址的选择，确定进入市场的途径，以及选择完全新建企业还是采取加入或收购现有企业等。值得注意的是，许多创业者在创业初期迫于生存的压力，以及对未来缺乏准确预期，往往容易忽视这部分工作，结果给以后的发展留下了隐患。

5. 提供市场价值

创业者识别机会、整合资源、创建新企业的目的是为了实现自己的创业目标。但真正能促成创业目标最终实现的是看创业者能否提供市场价值。这是创业过程中的重要环节，关系新企业的生存与成长。因此，创业者必须面对挑战，采取有效措施，使创业的市场价值得到充分涌流和实现，不断地让客户受益，从而获得企业的长期利润，逐步把企业做活、做好、做大、做强。

6. 收获创业回报

收获回报是创业活动的主要目的，对回报的获取有助于促进创业者的事业发展。回报可能是多种多样的，对回报的满意程度在很大程度上取决于创业者的创业动机。调查发现，创业者的创业动机不同，对收获创业回报的态度和想法也有所不同。对多数年轻创业者来说，获取回报最为理想的途径之一，是把自己创建的企业尽快发展成为一家快速成长企业，并成功上市。

### （四）创业的意义

创业作为一项为社会不断创造出更多价值的生产性活动，它具有十分深远的意义。

1. 创业是最好的就业

一个创业项目的诞生必将为社会创造出新的就业岗位。在当前就业压力不断增加的形势下，主动创业可以大刀阔斧地为自己开辟一条新出路。创业者可以在自己愿意奋斗的事业上从事真正感兴趣的工作，在职场上收获更多的成就感。就业是民生之本，关系到居民生活水平和社会稳定，青年人群的就业问题更是全社会关注的热点。创业带动就业，经验表明初创企业不仅是推动创新的引擎，还是增加就业的引擎。

2. 有助于提升自身各方面的素质和能力，实现人生价值最大化

创业对于创业者的要求可谓是全方位的，它不仅要求具备专业知识方面的技能，还要求具备一定的非专业知识方面的技能，如组织能力、管理能力、创新能力、策划能力、公关能力等。创业者在创业过程中往往要独自面对不断出现的新问题，在运用自己的智慧和各种资源去解决问题的过程中，往往会带来事业与个人能力的双向提升。而创业正是发挥个人价值最有效的途径，它可以让创业者做自己人生的主人，循着心中那张蓝图去描绘新的生活轨迹。

3. 创业是应对经济新常态的需要

当前一段时间，我国经济步入新常态，转变经济发展方式势在必行，发展的主要动力要逐步转向依靠转型升级和开拓创新。创业有利于推动和激发每个社会成员、社会组织的活力和智慧，使创业者、发明家、科学家不断涌现，有利于培养和催生经济社会发展的新动力，实现我国经济的平稳持续增长和产业结构的转型升级。

## 二、文化创意与创业的关系

### （一）从产业视角认识文化创意与创业的关系

文化创意与创业机会的关系是在文化创意作为一个产业的基础上形成的。文化创意作为一个产业集合，具备生产性、商品性的特点，而具备了生产性和商品性，文化创意产业便具有了获利的可能性，即通过生产产品和提供服务获得尽可能多的经济收益，以实现产业的发展。文化创意之所以能被产业化运作，其根本动力就是产业的求利性，具体表现在对知识产权的收益上。没有产权的激励，没有利益的保障，就没有创意、创新和创造。只有文化创意被产业化，获得利益后，才能不断激发新创意；也只有具备了盈利的可能性，文化创意自身才有被产业化的愿望，才能以自己为核心，吸引资本、劳动力等其他产业要素的支持，实现产业化。文化创意产业的形成是创意阶层兴起的动力，只有文化创意具有了盈利的可能性，文化创意从业者才会真正从单纯的艺术家群体中脱离出来，进而形成文化创意阶层。创业过程即是对文化创意产业的机会进行识别、开发、利用的过程。

文化创意产业与创业具有一致性、互动性。

1. 文化创意产业与创业之间存在一致性

文化创意产业与创业之间的一致性主要体现为以下三个共生关系：

一是文化共生。文化创意产业与创业都根植于区域文化。前者是将区域文化资源通过产业方式转换成产品或服务提供给消费者，后者是运用个体灵活的创意思维力量将某种文化形式提炼成新型的文化理念、产品或服务。

二是精神共生。文化创意产业和创业的精神内涵都是创新，二者通过创新文化，为社会提供喜闻乐见的精神产品和服务，开拓市场，丰富和完善市场经济。

三是经济共生。文化创意产业和创业都作用于城市经济的发展，文化创意产业是城市经济的新业态，孕育了大量的创业机会，本身就是创业的主要实践载体。而创业引导资源优先进入门槛低、效益好的产业领域，两者共同促进经济的繁荣。

2. 文化创意产业与创业具有互动性

首先，文化创意产业对创业具有培育作用。竞争战略之父迈克尔·波特曾提到：“基于文化的优势是最根本的、最难以替代和模仿的、最持久的和最核心的竞争优势。”文化是企业发展的关键，是整个产业兴盛的基础，创业更需要把握一定的文化内核。文化创意产业日渐成为创业者最爱的产业，也体现出当前消费市场对该领域的多层次、多样化需求。而在文化创意产业中，各个细分系统中没有出现巨量的企业，说明未来文化创意产业领域的创业机会还有很多。所以，文化创意产业正是创业的新天地。

其次，创业对文化创意产业具有助推作用。创新创业成为文化领域新动能的重要加速器，是培育新经济的重要孵化器，是文化创新发展的重要助推。文化创意产业的发展需要更多的创新和创意，而创业正是借助文化，产生新思路、产生新形势的有效途径。文化创意产业是典型的“大脑经济”、“智慧经济”、生活型经济、文化型经济，而以知识分子、文化人创业为特色的“和谐创业”在文化创意产业上得到了集中体现。可以说，文化创意产业是知识分子特别是文化人创业的典范，发展文化创意产业就是打造“和谐创业”模式。

### （二）文化创意产生可触发创业机会

在文化创意的创业过程中，对创业机会的识别源自创意的产生，在创意没有产生之前，创业机会的存在与否意义并不大。有价值潜力的文化创意一般会具有以下基本特征：

1. 独特、新颖，难于模仿

创业的本质是创新，创意的新颖性可以是新的技术和新的解决方案，可以是差异化的解决办法，也可以是更好的措施。另外，新颖性还意味着一定程度的领先性。不少创业者在选择创业机会时，关注国家政策优先支持的领域就是在寻找领先性的项目。不具有新颖性的想法不仅将来不会吸引投资者和消费者，对创业者本人也不会有激励作用。新颖性还可以加大模仿的难度。

2. 客观、真实，可以操作

有价值的创意绝对不会是空想，而要有现实意义，具有实用价值，简单的判断标准是能够开发出可以把握机会的产品或服务，而且市场上存在对产品或服务的真实需求，或可以找到让潜在消费者接受产品或服务的方法。

3. 具备对用户的价值

文化创意的市场价值特征是根本，好的创意要能给消费者带来真正的价值，文化创意的价值要靠市场检验，好的创意需要进行市场测试。

4. 具备对创业者的价值

好的文化创意必须给创业者带来价值，这是创业动机产生的前提。

### （三）文化创意具有创业指向性

创意是具有创新性的想法，它是有创业指向的。文化创意为产品和服务注入新的文化要素，如观念、感情和品味等因素，为消费者提供与众不同的新体验，从而提高产品与服务的观念价值，文化艺术的核心是求善和求美。所谓文化创意的指向性，通俗地说就是培育具有文化创意的“中枢神经系统”，用文化创意去设计自己的品牌，开发自己的市场，从而指挥创业“躯体”，在全社会范围组织资源的配置和产品的生产制造。

有意创业或正在创业的人在产生创意后，会很快甚至同时就把创意发展为可以在市场上进行检验的商业概念。商业概念既体现了顾客正在经历的也是创业者试图解决的种种问题，还体现了解决问题所带来的顾客利益和获取利益所采取的手段。

看到机会、产生创意并发展成清晰的商业概念意味着创业者识别到机会，至于发展出的商业概念是否值得投入资源开发，是否能成为有价值的创业机会，需要认真地评估论证。

# 第二章　文化创意中的创新思维

## 第一节　创新与创新素质

### 一、创新及其基本原理和原则

#### （一）什么是创新

中文“创新”一词，最早见于《魏书》：“革弊创新者，先皇之志也。”（《魏书》卷六十二）后世古籍中又数次出现“创新”一词，都大抵与“革新”同义，主要是指改革制度。“创”是“始造之也”，首创、创始之义；“新”是“初次出现，与旧相对”，才、刚之义。“创新”有三层含义，一是抛开旧的、创造新的；二是在现有的基础上改进更新；三是指创造性、新意。

美国经济学家熊彼特于 1912 年最先在德文版《经济发展理论》一书中提出了“创新理论”，成为创新理论研究的鼻祖。他认为：“所谓创新，就是建立一种新的函数，也就是把一种从来没有过的关于生产要素和生产条件的组合引入生产系统。”从总体上看，熊彼特侧重从经济发展视角论述创新在生产中的重要意义，但是创新概念的提出为学者们进一步对“创新”研究奠定了基础。“现代管理学之父”彼得 · 德鲁克在《创新与企业家精神》一书中提出，创新是一个过程，是一项“有组织、有系统且富有理性的工作；创新是企业家展现其创业精神的特定工具，是赋予资源一种新的能力使之成为创造财富的活动，创新本身就创造了资源”。其关于创新的定义强调创新的意义和效果，认为创新需要改变现存的资源及财富创造的方式。

国际社会认同的特指“创新”的英文是“Innovation”，有别于“创造”（英文为 Creation）和“发明”（英文为 Invention）。当前国际社会对于“创新”的定义比较权威的有两个：一是 2000 年联合国经合组织在“学习型经济中的城市与区域发展”报告中提出的：“创新的含义比发明创造更为深刻，它必须考虑在经济上的运用，实现其潜在的经济价值。只有当发明创造引入到经济领域，它才成为创新”；二是2004年美国国家竞争力委员会向政府提交的《创新美国》计划中提出的：“创新是把感悟和技术转化为能够创造新的市值、驱动经济增长和提高生活标准的新的产品、新的过程与方法和新的服务”。

国内学者对于创新的定义多是综合性的，主要有以下几种观点：一是从创新主体的主观反映和行动分析，认为创新是“一种推陈出新、追求创意的鲜明意识；一种勇于思索、积极探求的心理取向；一种善于把握机会的机敏和灵性；一种积极改变自己及改变环境的应变能力”。二是从创新的目的性分析，提出创新是“主体为了生存和发展，在处理和客体的关系中弃旧图新、破旧立新的独创性活动”。三是从创新的哲学内涵分析，指出创新即“人的存在方式，在不断地创新活动中，改造自然，创造自我，从而推动社会的进步”。四是从创新的发展性、时代性分析，“认为创新作为一个时代性概念不是既有的传统概念的人为泛化和人为宣传之运用，而是反映了人们对社会发展的某种本质性把握，是人们对错综复杂的时代流程进行理论梳理的结果”。

### （二）创新的基本原理

1. 创新的第一原理：创新是人脑的一种机能和属性——与生俱来

比尔·盖茨说：“人与人之间的区别主要是脖子以上的区别——大脑决定一切。”由此可见，脑力劳动是人类社会的主要劳动形式，许多学问均来自人们大脑的认知、创新与驾驭。

大脑是创新的源泉。人的一切心理现象或者创新意识、创新精神等都是人脑的一种基本功能，是与人类自身进化而同步形成的客观天赋。创新的过程即是人类脑力劳动的过程。

2. 创新的第二原理：创新是人类自身的本质属性——人人皆有

人们往往认为那些天资聪颖、考试成绩优异的人有望成为创新人才，而那些学习成绩平平者不可能成为杰出的发明家。事实是，天生其人必有才，天生其才必有用；扬长避短，人人成材。

创新是不分时间地点的，只要有创新思维，并将想法付诸实践，就可以进行创新。而创新思维是可以通过培养取得的，从这个角度说，人人都可以拥有创造性思维，都可以创造，所以人人都是创造之人。创新是人的本性，创新是人类的本质，创新是人类与自然交互影响中形成的一种自然禀赋。

3. 创新的第三原理：创新是可以被激活或教育培训引发的一种潜在的心理品质——潜力巨大

创新能力是每个正常人所具有的自然属性与内在潜能，普通人与天才之间并无不可逾越的鸿沟。创新并不是高不可攀的事，每个人都有创新的能力。人的潜在创新能力一旦被某种因素激活或教育引导，都可能导致巨大创新能量的爆发。创新能力与其他能力一样，是可以通过教育、训练而激发出来，并在实践中不断得到提高发展的，它是人类共有的可开发的财富，是取之不竭，用之不尽的“能源”。

### （三）创新的原则

创新原则就是开展创新活动所依据的法则和判断创新构思所凭借的标准。

1. 遵守科学原理原则

创新必须遵循科学技术原理，不得有违科学发展规律。任何违背科学技术原理的创新都不能获得成功。比如，近百年来，许多才思卓越的人耗费心思，力图发明一种既不消耗任何能量，又可源源不断对外做功的“永动机”。但无论他们的构思如何巧妙，结果都逃不出失败的命运。其原因在于他们的创新违背了“能量守恒”的科学原理。为了使创新活动取得成功，在进行创新构思时，必须做到以下几点。

（1）对发明创造设想进行科学原理相容性检查

创新的设想在转化为成果之前，应该先进行科学原理相容性检查。如果关于某一创新问题的初步设想，与人们已经发现并获实践证明的科学原理不相容，则不能够获得最后的创新成果。因此与科学原理是否相容，是检查创新设想有无生命力的根本条件。

(2)对发明创新设想进行技术方法可行性检查

任何事物都不能离开现有条件的制约。在设想变为成果时，还必须进行技术方法可行性检查。如果设想所需要的条件超过现有技术方法可行性范围，则在目前该设想只能是一种空想。

（3）对创新设想进行功能方案合理性检查

任何创新的新设想，在功能上都有所创新或有所增强。但一项设想的功能体系是否合理，关系到该设想是否具有推广应用的价值。因此，必须对其合理性进行检查。

2. 市场评价原则

创新设想要获得最后的成果，必须经受市场的严峻考验。爱迪生曾说：“我不打算发明任何卖不出去的东西，因为不能卖出去的东西都没有达到成功的顶点。能销售出去就证明了它的实用性，而实用性就是成功。”

创新设想经受市场考验，实现商品化和市场化要按市场评价的原则来分析。其评价通常是从市场寿命观、市场定位观、市场特色观、市场容量观、市场价格观和市场风险观六个方面入手，考察创新对象的商品化和市场化的发展前景，而最基本的要点则是考察该创新的使用价值是否大于它的销售价格，也就是要看它的性能是否优良、价格是否优惠。在现实生活中，估计一种新产品的生产成本和销售价格不难，而要估计一种新发明的使用价值和潜在意义则很难，这需要在市场评价时把握住评价事物使用性能最基本的几个方面，然后在此基础上做出结论。评价事物使用性能的基本方面具体如下：解决问题的迫切程度，功能结构的优化程度，使用操作的可靠程度，维修保养的方便程度，美化生活的美学程度。

3. 相对较优原则

创新产物不可能十全十美。在创新过程中，不可盲目追求最优、最佳、最美、最先进。人们利用创造原理和方法获得的创新设想各有千秋，此时，就需要人们按相对较优的原则，对设想进行判断选择。具体原则如下：

（1）从创新技术先进性上进行比较

从创新设想或成果的技术先进性上进行各自之间的分析比较，尤其应将创新设想同解决同样问题的已有技术手段进行比较，选择相对领先和超前的设想。

（2）从创新经济合理性上进行比较选择

经济的合理性也是评价判断一项创新成果的重要因素。所以对各种设想的可能经济情况要进行比较，选择相对合理和节省的那种。

（3）从创新整体效果性上进行比较选择

技术和经济应该相互支持、相互促进，这两者的协调统一构成了事物的整体效果性。任何创新的设想和成果，其使用价值和创新水平主要通过自身的整体效果体现出来。因此，人们应该对各种设想的整体效果进行比较，选择更为全面和优秀的设想。

4. 机理简单原则

在现有的科学水平和技术条件下，如果不对实现创新方式和手段的复杂性加以限制，那么创新的设想结果就很可能毫无使用价值，人们为此所付出的代价将远超出合理程度。在科技竞争日趋激烈的今天，结构复杂、功能冗余、使用烦琐已成为技术不成熟的标志。因此，在创新的过程中，要始终贯彻机理简单原则。为了使创新的设想或结果更符合机理简单的原则，需要进行的检查包括：新事物所依据的原理是否重叠，超出应有范围；新事物所拥有的结构是否复杂，超出应有程度；新事物所具备的功能是否冗余，超出应有数量。

5. 构思独特原则

我国古代军事家孙子在其名著《孙子兵法·兵势篇》中指出："凡战者，以正合，以奇胜。故善出奇者，无穷如天地，不竭如江河。"所谓"出奇"，就是"思维超常"和"构思独特"。创新贵在独特，创新也需要独特。在创新活动中，关于创新对象的构思是否独特，可以从以下几个方面来考察：创新构思的新颖性；创新构思的开创性；创新构思的特色性。

6. 不轻易否定，不简单比较原则

不轻易否定，不简单比较原则是指在分析评判各种产品创新方案时应注意避免轻易否定的倾向。在飞机发明之前，科学界曾从"理论"上进行了否定的论证；过去也曾有权威人士断言，无线电波不可能沿着地球曲面传播，无法成为通信手段。显然，这些结论都是错误的，这些不恰当的否定之所以出现是由于人们运用了错误的"理论"，还有一部分不应该出现的错误否定，则是由于人们根据自身主观意志，武断地给某项发明规定了用常规思维分析证明无法达到的技术细节的结果。

在避免轻易否定倾向的同时，还要注意不要随意在两个事物之间进行简单比较。不同的创新，包括非常相近的创新，原则上不能以简单的方式比较其优势。不同创新不能简单比较的原则，带来了相关技术在市场上的优势互补，形成了共存共荣的局面。创新的广泛性和普遍性都源于创新具有的相融性。如市场上常见的钢笔、铅笔就互不排斥，即使都是铅笔，也有普通木质的铅笔和金属或塑料杆的自动铅笔之分，它们之间也不存在排斥的问题。

与创新构想相比，否定与批评要简单容易得多。因此，应在尽量避免过高地估计自己的设想的同时，注意珍惜别人的创意和构想。

以上是在创新活动中要注意并切实遵循的创新原则，它是提升一个人的创新能力的基本要素，与此同时，又体现了创新的规律和性质，有利于创新活动安全、可靠、快速地运行。

## 二、创新素质

### （一）创新必备的心理素质

创新必备的心理素质包括以下五个方面。

1．积极的人生态度

积极的人生态度是指一个人健康的人生观和积极的处世态度，在追求进步和真理时有一种坚定的信念并有为之做出贡献甚至牺牲的使命感。积极的人生态度有利于创造性人格的塑造，更是不断追求创新的动力。

2．肯定的自我意识(良好的自信)

如果一名创新者没有积极的自我肯定，缺乏自信，就会看不到自己的优势和能力，将自己的创新思维扼杀掉。因此，在平日的学习和生活中要树立良好的自信，积极地进行自我承认和自我肯定，充分肯定自我潜能的存在并最大限度地挖掘和利用它。

3．较高的动机水平

动机分为内在动机和外在动机，它是一个人坚持去做某件事和不做某件事的直接原因。内在动机包括好奇心、求知欲和兴趣等；外在动机则由外部刺激引起。一个拥有创新能力的人必定具有较高的动机水平即高成就动机，以下是高成就动机的具体特征：把成就看得比任何东西(包括金钱)都更重要；能克服困难取得成就并从中得到快乐；认为报酬仅仅是衡量自己成就大小的工具；强烈的进取精神和事业心；敢冒风险；能与环境保持一种和谐关系(能及时摆脱不利于创造的负面影响)；是积极进取的现实主义者。

4．创造性的认知风格

创造性认知是创新的前提。创造性认知的特征：

第一，感知敏锐：善于发现问题，能够看出别人看不出的问题；好奇心、观察力、注意力集中，兴趣趋于强化。

第二，感知全面、客观。

第三，思维流畅：能够对信息迅速产生连锁反应；善于把握事物的内在联系；记忆准确、广阔。

第四，思维灵活：注意力与思路能够适时转换；不受常规答案左右，不循规蹈矩；和别人看同样的事物却能看出不同。

第五，思维开放：宽容对待各种设想和不同甚至对立的想法，从对立中看出新的价值；具有浪漫精神和超现实感；允许暂时实现不了的想法存在。

第六，认识具有独立性：有独立见解，不迷信书本和权威，认识的客观性强而社会性弱。

第七，富有想象力和幽默感：能够略去细节，抓住本质；异中求同，把两个相去甚远的东西联系在一起。

5. 保持积极的情绪状态

创新过程需要保持积极的情绪情感。创新者需要经常保持快乐、良好的心境，对事物的高度热情以及适当的情绪激活水平等。过分的紧张、忧愁、沮丧会导致记忆力、理解力和自制力的下降，反之，过分的松弛也难以产生创新的成果。

## （二）创新的知识结构

一个人创新能力的大小并不完全以阅读量为标准，知识的积累与创新有着不同的规律。一般来讲，知识渊博的人，创造性智能发展程度相对较高。但知识基础并不绝对等同于创造性智能。创新需要在以往知识的基础上进行突破。

知识结构是指一个人所拥有的知识体系的构成情况与结合方式。合理的知识结构主要包括：基础知识、专业知识和复合知识。创新知识结构模式主要有以下几种：

1. 塔型知识结构

塔型知识结构把基础理论知识形象地比喻为塔的底部，然后从下往上依次为专业基础知识、专业知识、学科前沿知识。塔的顶部是创新目标。这种创新知识结构有三个主要特点：一是侧重于基础知识的广博性和宽厚性；二是侧重于专业知识的精深性；三是强调创新目标的明确性。塔型知识结构容易把宽厚的知识集于一点，突破创新目标，取得创新成果。

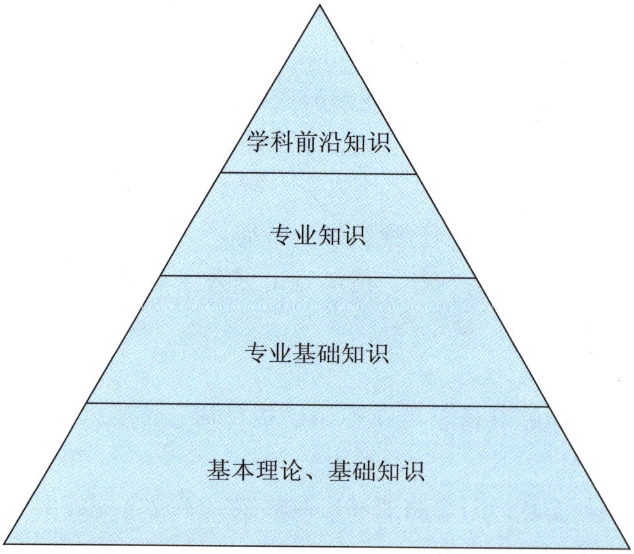


**图 2-1　塔型知识结构**

2. T 型知识结构

对于大学生来说，大学是打基础的阶段，有别于一个有实践经验的创新者。由日本学者提出的 T 型知识结构是一种适应性较强，在创新领域有较广应用的知识结构。在 T 型知识结构中，竖杠是指专业知识，横杠是指一般知识和基础理论知识。其特点是既强调基础知识的宽厚，又强调专业知识的精深。这种知识结构对于大学生来说是比较容易构建的。

3. 网型知识结构

网型知识结构由三部分组成：第一部分是以自己本学科的专业知识为网的中心；第二部分是把专业知识相近、直接与专业知识相关的学科知识作为网的结；第三部分是把离专业知识较远，间接影响专业的基础理论、一般知识作为网的外围。其主要特点：一是侧重于专业知识的核心地位；二是侧重于广泛知识的互相联系，强调发挥整体知识的协调作用。

这种知识结构模式比较形象、直观，易为人们所理解，尤其有利于大学生通过图解，发现自己知识结构的直观缺陷，随时调整学习不同知识的时间和精力，保证专业知识的核心作用，在较大范围内吸取营养，充分发挥创新潜力。

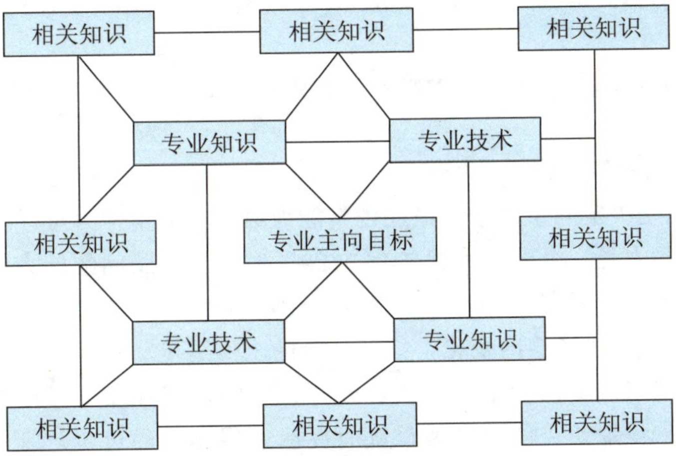


**图 2-2　网型知识结构**

## （三）创新意识

创新意识是指人们根据社会和个体生活发展的需要，产生创造前所未有的事物或观念的动机，并在创造活动中表现出意向、愿望和设想。它是人类意识活动中积极的、富有成果性的表现形式，是人们进行创造活动的出发点和内在动力，是创造性思维和创造力的前提。

1. 创新意识的特征

创新意识具有以下几个特征。

(1)新颖性

创新意识是求新意识，因为创新意识不是为了满足新的社会需求，就是用新的方式更好地满足原来的社会需求。

(2)社会历史性

创新意识以提高物质生活和精神生活水平为出发点，但这种出发点很大程度上受具体的社会历史条件制约。比如，在阶级社会里，创新意识就受到阶级性和道德观影响制约。创新意识激起的创造活动和产生的创造成果，应为人类社会的进步和发展服务，因此，创新意识必须考虑社会效果。

(3)个体差异性

人们的创新意识和他们的社会地位、文化素质、兴趣爱好、情感志趣等因素有关，所有这些因素都对创新起着重大的推进作用。而每个人的这些因素又不尽相同，因此，对于创新意识来讲，既要考察其社会背景，又要考察其文化素养和志趣动机。

2. 创新意识的构成

创新意识由创造动机、创造兴趣、创造情感和创造意志四方面构成，它们在人们的创新过程中具有如下作用：

创造动机是创造活动的动力因素，它激励并推动人们进行创造性活动。

创造兴趣能促进创造活动的成功，是促使人们积极探求新奇事物的一种心理倾向。

创造情感是引起、推进乃至完成创造的心理因素，只有具有正确的创造情感才能使创造得以成功。

创造意志是人们在创造中克服困难，冲破阻碍的心理因素，创造意志具有目的性、顽强性和自制性。

3. 创新意识的价值与作用

(1)创新意识是决定一个国家、民族创新能力最直接的精神力量

当今的创新能力是一个国家和民族解决自身生存、发展问题能力的最客观和最重要的标志，它更是一个国家、民族发展能力的代名词。

(2)创新意识可促成社会的变化，推动社会的全面进步

由于创新意识植根于社会生产方式，因此，它的形成和发展必然推动着社会生产方式的进步，进一步带动经济的发展，从而促使上层建筑的进步，既而推动人类思想的解放，有利于人们形成开拓意识和领先意识。这些条件又能够促进创新意识的扩展，有利于创新活动的进行。

(3)创新意识能促成人才素质结构的变化，提升人的本质力量

创新实质上确立了一种新的人才标准，它代表着人才素质变化的性质和方向，输出着一条重要的信息：社会需要充满生机和活力的人，有开拓精神的人，有新思想有道德素质和现代科学文化素质的人。创新意识引导人们朝这个目标提高自己的素质，激发人的主体性、能动性和创造性的进一步发挥。

## 三、创新素质的培养

在现代人才的规格和素质要求中，创新能力被认为是一个人能力结构层次中最高

层次的能力，也是未来人才素质的重要组成部分。创新能力即将成为人们适应未来信息社会急剧变化和高度竞争的一种生存能力。

在知识经济时代，当代大学生成为推动中国知识经济发展的中坚力量。教育部制定的“面向21世纪教育振兴行动计划”中，将培养学生的创新意识和创新能力放在了教育教学的突出位置。客观来说，此项举措为大学生创新能力的提高提供了有力的环境支持。但大学生创新能力的培养与提高，除了需要有很好的教育环境支持外，更重要的是需要大学生从以下几个主观方面去努力。

### （一）注重创新个性

个性是指一个人在后天活动中逐步形成的习惯和行为方式，它包括一个人的处世原则、对事物的态度和活动方式三个基本要素。创新个性就是一个人在对待事物的态度方面，能够具备从事创新活动所必需的、正常的、健全的心理。创新人才应具备以下心理：(1)有高度的自主性和独立性，不愿雷同；(2)富于幻想，敢于大胆假设，勇于冒险，善于抓住机遇不放；(3)思维灵活、敏捷；(4)有旺盛的求知欲和强烈的好奇心，兴趣广泛；(5)具有坚韧不拔的毅力和科学的探索精神等。

可以从以下方面努力培养自己的创新个性：

1. 树立远大理想和抱负，提高创新欲望

要胸怀远大理想，有立志为国家、社会做贡献的创新渴望。同学们的创新欲望越强，越有利于激发创新激情与创新意识。

2. 坚信自己具有创新能力

培养提高创新能力的首要条件，就是充分坚信自己具有创新潜能。坚定的创造信心，有利于增强自身锐意进取的意志，促进创新思维和创新想象的活动。

3. 培养探索问题的敏感性

要培养对新生事物的好奇心和观察问题的敏锐性，不要对所有事情都习以为常，要及时发现和抓住新生事物的苗头，把握创新机会。

4. 勤于开动脑筋，保持思维独立性，养成独立思考、解决问题的习惯

缺乏独立思考能力是难有创新意识和创新作为的。爱因斯坦曾指出：“发展独立思考和独立判断能力，应当始终放在首位，而不应当把获得专业知识放在首位。”可见，独立思考能力对于创新具有重要意义。

5. 保持良好的竞争心态

应该在日常的学习生活中积极参与竞争，在竞争中进行自我激励。

### （二）消除主观障碍

影响创新思维发展的障碍包括受传统观念的束缚、不加批判地学习和固执己见等诸多方面，这些都是需要克服和消除的。

传统的理论、观点和方法，有时会束缚人们的思想。我们在思考问题时，过于轻信教科书，迷信学术权威的观点，不加甄别地一味纳入别人的思维轨道，容易阻碍自

己的创造性。因此，我们在学习探索活动中，要勇于突破传统观念的束缚，敢于对传统学术观点提出质疑。

任何创新都是在继承的基础上进行的，广博的知识基础能促进人的创新思维活动。但如果在学习过程中，机械地照搬别人的知识，将极大阻碍自身创造性思维的发展。因此，应保持批判性思维，在学习前人的同时做到批判地继承，这也意味着创新活动的真正开始。

固执己见、偏见和过于依赖、谨慎、谦虚等都不属于健康的心理，会阻碍创造性思维的发展，应对此加以克服。

### （三）优化知识结构

知识是人类观察、思考和想象的基础。没有知识的支持，就不可能产生丰富的想象力。想象力在创新能力的形成机制中起着十分重要的作用，虽然知识和创新能力不成正比，但必要的知识储备是创新活动的重要前提。

任何创新都是对旧的理论、方法、规范的突破，如果对前人的知识、技能不能很好地继承，便很难在此基础上有所“突破”，更谈不上提出新的思想、观点和方法，正如著名生理学家巴甫洛夫对青年人所说——你们要在攀登科学顶峰之前，把科学的初步知识研究透彻。作为大学生，应更加注重知识结构的构建与优化，优化的方法可以参考以下几方面：

努力学习和掌握渊博的基础理论知识，力求融会贯通、化知为智。

努力拓宽知识面的同时，强化知识的系统性和整体效应。除了要学好专业知识，还应对社会、经济、政治、人文等方面的知识有所了解，掌握与专业相关的学科知识和技术要领，注重各学科知识间的交叉与综合。

进行大容量的新知识储备。注重对最新理论、技术和信息的了解，努力掌握社会、文化、科技发展的最新动向。

### （四）掌握创新方法

学习和掌握科学的创新理论和方法，是培养和提高创新能力的关键。科学的创新理论和方法是科学家们在长期的科学创造实践中探索总结出来的，对创新能力的培养提高具有很强的指导意义。一是要掌握辩证唯物主义世界观和方法论，遵循辩证唯物主义的认识路线，用正确的认识论指导自己的实践，避免在创新活动中走弯路、误入歧途；二是要学习有关创造学原理，掌握创新活动的内在机制、基本过程和内容，同时还应掌握从事学科研究的一般方法、技能和规律，提高自身的科研能力；三是要学会运用创新思维方法，如求异思考、求同思考、反向思考、联想思考、类比思考等创新思维方法；四是要学习掌握创新技法，如移植创新法、逆向创新法、外向创新法和极端化创新法等一些科学的创新技法。

### （五）参加创新实践

社会实践是指人类能动地改造自然和社会的活动，人类的实践活动具有能动性、客观性和创造性等特点。创新的内容来源于社会生活，来源于社会需求。在校大学生应充分认识社会实践对创新活动的重要意义，多途径参加社会实践活动，如积极参加社会调查活动、实习活动、课外兴趣小组活动，以及亲自参与科研课题的研究工作等。

大学生参加社会调查活动，有助于了解和掌握现实生活中出现的新问题、新情况和新需求，参加社会实习则有助于大学生发现现有的理论、观点和研究方法在现实条件下遇到的新挑战，为寻找“创新点”，确立“创新选题”创造条件，参加科研课题的研究，有助于大学生对学过的知识进行综合与深化，在科研中提升知识。

此外，大学生在实践方法上，一方面要坚持实践内容和形式的多样性，以实现多侧面、多领域锻炼；另一方面要强调实践的创新性，提高实践的层次，只有在内容和形式上都比过去有所发展，有所突破，才能有所创新。同时，大学生还应注意提高对每次实践活动的利用率，注重在群体实践活动中相互学习、取长补短。

## 拓展阅读

### 创新的三个源头：天赋、实践、训练

**（一）天赋——必须承认**

个人确实具有某种程度的“天赋能力”，这种能力往往以潜在的方式存在。

“天赋”决不意味着不需要任何外界条件，天赋只是一种资质、倾向，一旦遇到合适的条件，“天赋”便能够充分地展现出来；如果缺少必要的现实条件，“天赋”再高的人也无能为力。

**（二）实践——具有积极意义**

在美国的加利福尼亚州立大学，一个科学研究小组证明：对于在“贫乏环境”（放在单调环境）中和“丰富环境”（其中摆满了各种各样玩物，如梯子、转轮、滑板、秋千之类的环境）中的两组小白鼠，经过一段时间的饲养后发现，第二种环境中的小白鼠在大脑皮层的重量和厚度等方面，比前者有明显的增加。其学习能力和对陌生环境的适应能力都有明显的提高。

现实中，经常能够看到这样一种现象：“见过世面”的人对问题的理解更为深刻，更容易接受新事物，处理问题的时候办法也特别多。

笛卡尔在 20 多岁的时候，到世界各地去游历。他到过大部分欧洲国家，结识了当时文化界的第一流人物。丰富的学识使他把各自分离的几何学和代数学结合起来，推演出解析几何学；他还把传统哲学和当时科学的发展联系起来，建构了划时代的认识论体系。

后天的社会实践其实也是对创新能力的一种训练，但是这种训练是不自觉的，带

有极大的盲目性和偶然性。在某些时候，实践和经验能够起到开发头脑、增长智慧的作用，但在其他一些时候，实践和经验又会成为一种包袱，成为束缚头脑的枷锁。所以，要学会辩证地看待实践在创新过程中的作用。

### （三）训练——科学方法

“天赋能力”和后天“丰富的环境”确实对创新能力具有重大意义，但这并不意味着既没有很高的“天赋”，也没有条件到各地去游历以增长见识的人就会一无是处。因为到目前为止，“天赋能力”还缺乏准确的度量，而且“丰富的环境”也只是一个相对的概念。对于多数人来说，完全可以通过自己的努力让单调的环境丰富起来。此外，还可以通过科学的创新训练来提高自己的创新素质。

## 第二节　创新思维

### 一、创新思维的概念

文化创意的灵魂是创新思维。创新思维是人类所独有的，它既有一般思维的特征，又有独特的魅力。千百年来，人类正是凭借创新思维不断地认识世界，改造世界，创造新的世界。因此，创新思维是人类思维中的精品，智慧的结晶，创造力和创新活动的基础。人类所创造的许多成果，都是创新思维的物化。所以，创新思维在现代以创新和智力竞争为标志的社会发展和科技进步的进程中有着极为重要的作用。

创新思维，是指具有开创意义的思维活动，即开拓人类认识新领域、开创人类认识新成果的思维活动。创新思维是以感知、记忆、思考、联想、理解等能力为基础，以综合性、探索性和求新性为特征的高级心理活动。一项创新思维成果往往要经过刻苦的钻研、长期的探索，甚至多次的挫折方能取得，而创新思维能力也要经过长期的素质磨砺、知识积累才能具备，至于创新思维的过程，则离不开推理、想象、联想、直觉等思维活动。创新思维是创造者利用已掌握的知识和经验，从事物中寻找新关系、新答案，创造新成果的高级的、综合的、复杂的思维活动。

创新是历史进步的动力，创新思维能力是个人推动社会前进的必要手段，特别是在文化创意领域，创新思维的培养训练更显得重要。其途径在于丰富知识结构、培养联想思维的能力、克服习惯思维对新构思的抗拒性、培养思维的变通性、经常进行思想碰撞。在商战中常常出现“跟风”现象，很多商家一旦发现某一商品利润空间大，就紧随其后组织货源进行销售，常常是使市场上这类商品供大于求，不但不能盈利而且还造成亏损。具有创新思维的商家将预测学的原理应用于经营之中，通过对信息的收集筛选与分析判断，得出符合事物发展规律的结论，进而制定相应的策略。

那么，什么样的思维才是创新思维呢？请看下面这则小故事：

据说篮球运动刚诞生的时候，篮板上钉的是真正的篮子，每当球投进的时候，就有专人踩在梯子上把球拿出来。为此，比赛进行得断断续续，缺少激烈紧张的气氛。为了让比赛更流畅地进行，人们想了各种取球方法，都不太理想，甚至有一位发明家制造了一种装置，在下面一拉就能把球弹出来，不过这些方法也没能让篮球比赛更加流畅。

有一天，一位父亲带着儿子来看球赛，小男孩看到大人们一次次不辞劳苦地取球，大惑不解：为什么不把篮网的底去掉呢？一语惊醒梦中人，于是才有了今天我们看到的篮网样式。去掉篮网的底，就这么简单，然而这个简单的“难题”就这样困扰了人们多年。可见，无形的思维定式就像那个结实的篮子禁锢了我们的头脑，使得我们的思维就像那个篮球被“囚禁”在了篮网里。于是，我们盲目地去搬梯子、去发明装置……

因此，创新思维与常规性思维相对。创新思维是以新颖独创的方法解决问题的思维过程。如同故事中的大人和孩子一样，现实生活中，人们的创新思维也很不相同。有的人习惯于遵循老传统，恪守老经验，宁愿循规蹈矩做事，安安稳稳生活，从事别人为他们安排的机械性劳动。他们的生活毫无波澜，缺乏创造。这种人思想守旧，中规中矩，虽然办事稳妥，但一般不会有多大创新能力。有的人与此相反，你拿苹果直着切，我偏横着切，看看究竟有啥不同；你说“不听老人言，吃亏在眼前”，我却偏不听你的，自己闯闯看。这种人不愿死守传统、盲从他人，凡事喜欢自己动脑筋，有自己的独立见解。他们思想开放，不拘小节，兴趣很多，好奇心强，喜欢标新立异、别出心裁。

在现实生活中人们往往赞美创新，崇拜科学发现、技术发明、文艺创作，敬仰策划大师，但对创新思维的本质、物化及其发展过程，却还研究得不多。学习创新思维就是学习它的本质，怎样物化和认识创新活动的过程。

## 二、创新思维的特征

创新思维具有创新性、突破性、风险性、开拓性、综合性和灵活性六个特征。

### （一）创新性

创新性是创新思维的基本特征。凡是在认识新事物、解决新问题时，没有现成的规律可依循，而是独特地创造出新理论、新概念、新方法等，这些产生新成果的思维活动都表现出创新思维的创新性。所以，创新性是创新思维的充分必要条件，也是文化创意所需的核心要素。

创新性包括独创性和新颖性两层含义。

所谓独创性，是指能揭示事物更深一层的本质属性、内在规律和非常规的活动轨迹，对人们司空见惯的现象或“完美无缺”的事物能独具卓识。独创性在思路的探索、思维方式和思维结论上，都能提出新的创见，找到新的发现，实现新的突破，具有开拓性、延展性、突变性。独创性就是要敢于打破陈规陋习，敢于摒弃陈旧观念，要想别人所未想，想别人所不敢想之事；去做他人所未做，做他人所不敢做之事。换言之，就是用自己的头脑、自己的方式，去做自己认定的事。如果哥白尼不敢怀疑早被认定为“神学”而不可侵犯的“地心说”，就不可能产生他的“日心地动学”理论。修自行车的莱特兄弟，如果不敢怀疑那些权威人士反复论证的人不可能飞上天的理论，就不会反复试验，而终于发明了飞机。

所谓新颖性，指的是新颖别致。这里主要指思维的求异性，即不同于前人、他人之处。在文化创意创业过程中，尤其是在初期阶段，求异性特别明显。它要求关注客观事物的不同性与特殊性，关注现象与本质、形式与内容的不一致性。一般说来，人们对司空见惯的现象和已有的权威结论怀有盲从和迷信的心理，这种心理使人很难有所发现、创造、创新。因此，求异性思维不拘泥于常规，不轻信权威，以怀疑和批判的态度对待一切事物和现象。

某个城市里，一家海洋馆开张了，昂贵的门票，令那些想去参观的人望而却步。海洋馆开馆一年门可罗雀。最后，投资商把海洋馆脱手。新主人入主后，来参观的人却天天爆满，这些人当中有三分之一是儿童，三分之二则是带着孩子的父母。三个月后，亏本的海洋馆开始盈利。这要归功于海洋馆打出的广告，虽然只有 12 个字：儿童到海洋馆参观一律免费。这个真实事例给我们的启示是：对于不同凡响的观点、与众不同的看法，我们不要立即予以讥笑，而是应该用科学的方法去证明这个观点、看法是对还是错，说不准这个被大多数人认为是谬论的东西，还是一个响当当的真理呢！

### （二）突破性

突破性是创新思维的重要特征。创新思维的突破性主要表现为突破已有成规、理论权威、思维定式等框框的束缚，实现认识或实践的质变的思维活动。因此，突破性是创新思维的必然属性。也可以说，突破性是创新性的必要条件。能够突破原有框框束缚的，就可能有所创新。在科学史上，这方面的事例是非常多的。例如，相对论的产生，就是爱因斯坦运用创新思维所实现的物理学理论上的革命；生物进化论的产生，是达尔文和华莱士各自独立地运用创新思维所实现的生物学理论的革命；微积分的产生是牛顿和莱布尼兹运用创新思维将运动、变化引入数学，实现了数学上的革命。可以说，社会科学、自然科学、技术科学发展史上的重大革命性变革，都是通过创新思维实现的。创新思维是推动人类认识和实践发生变革的主要思维形态。

突破习惯性思维对于现代中国的文化创意产业从业者尤为重要。中国长期处于农业社会，人们以往的习惯是，根据往年的农业经验来安排当年的耕种，根据过去的经验来安排眼前的事宜。而现代社会，就应克服这一原有的思维习惯，根据未来需要来安排现实的工作。这样，我们的事业才有发展前途。

突破性也体现在超越人类既存的物质文明和精神文明成果上。从超越既存的物质文明成果看，产品的更新换代，就是科技研发人员敢于超越原产品的结果。爱因斯坦正是突破了牛顿经典力学，而创立了狭义相对论。一个新的设想或新事物产生时，会遭到传统势力的抵制，所以，创新要有胆识、有勇气，甚至要以生命为代价。因为否定地心说，捍卫真理，布鲁诺被活活烧死。19 世纪开始建造火车铁轨时，有人警告说，当时速超过 50 千米时，人会鼻子出血，而且火车过隧道时，人们将会窒息。1957 年，英国皇家天文学家哈若斯宾对第一颗人造卫星评论道：人类登陆月球是下一代才会发生的事，而且即使成功登陆，生还的机会也微乎其微。

### （三）风险性

互联网时代，几乎每天都会有新的企业诞生。与此同时，也几乎每天都有前人倒下。在这个时代，企业的新陈代谢比以往任何时代都来得更快。如果说当年企业的新陈代谢，是按一种线性的速度进行；现在企业的新陈代谢，则是一种指数级的狂飙突进！柯达胶卷被数码相机取代了，索尼随身听被 CD 机取代了，CD 机被 MP3 取代了，常规地图被 GPS 系统取代了……没有自我颠覆和快速创新迭代能力的企业，即使一时再美，也只能是砧板上的肉，任人宰割。

这是一个其亡也忽、其兴也勃的时代！多少企业快速成功，又有多少企业分秒之间陨落。机会窗口一来，多少企业又将迅速崛起，跃上前台；窗口一旦消失，有多少企业无可奈何花落去！

创新没有成功的经验可借鉴，没有现成的方法可套用。所以创新思维是极其艰苦的思索、探索的过程。每次创造发明不能保证成功，有可能毫无成效或彻底失败，这就是创新的风险性。但无论是成功或失败，在认识论和方法论下都具有重要意义。即使是彻底失败，也向人们提供了以后避免走弯路的教训。所以，要创新，就得探索，要探索，就得承担风险。

### （四）开拓性

开拓性是文化创意产业创业的充分条件。在创新思维活动中，开拓性能为人们的认识和实践开辟新的领域，为后人进一步发展打下良好基础。爱因斯坦提出的质能公式，不仅为制造原子弹提供了理论基础，而且为人类研究、开发新的能源提供了理论基础。

创新思维的这种开拓性，不是自封的，而是被后来认识、实践所证明的。有些科学家、发明家的创新成果，不仅本人当时没有明确的开拓性目的，甚至即使已经产生了新成果，本人也不一定明确地意识到它的开拓性意义，往往要经历一段时间后才能看清楚。例如，法拉第发现电磁理论后，有人问他，你的理论有什么意义？法拉第回答说，现在我也说不清楚，但有可能以后因为你用上了它，你将要向国家交大量税款。后来，电磁理论在研制发电机、电动机和计算机的存储器等方面获得广泛的应用。当初有人提出利用太阳能这一设想时，并没有充分的事实说明这一设想开拓了新思路，后来由于科学技术的发展，为了开辟新的能源，人们创建了太阳能发电厂，现在卫星、航天飞行器等都利用太阳能来解决它们的能源问题。然而，并不是只有在开辟新领域上获得成功才是创新思维，即使是失败的，只要它确实能为后人提供宝贵的教训，使人少走弯路，就是创新思维的成果。

### （五）综合性

综合性不是把对事物各个部分和属性的认识，随意地、主观地拼凑在一起，也不是机械地相加，而是按它们内在的、必然的、本质的联系把整个事物在思维中再现出来。高度综合是现代思维发展的重要趋势，并在文化创意产业中发挥日益重要的作用。创新思维的综合性主要表现在下述三个方面：

第一，创新思维就是对已有成果的综合，或者说是在已有成果的基础上产生的。在人类发展史上，脱离已有成果的创新是不存在的。牛顿曾说，假若我能比别人看得更远些，那是因为我站在巨人的肩膀上。许多科学发现、技术发明成果就是直接对已有成果的综合。许多高新技术的综合创造出了前所未有的“东方红”一号、“神舟”、“悟空”、“墨子”等成果。因此，有人提出选优组合是创新思维的基本规律。

第二，创新思维是多种思维方法的综合运用。在创新思维中，单纯的演绎法、归纳法都不可能产生创新。日本的汤川秀树认为，作为创新思维的工具，演绎逻辑是十分重要的，但单凭演绎还不能创造。电子计算机的演绎逻辑能力比人强，可是，不能说电子计算机有创新能力。同演绎逻辑一样，单纯的归纳逻辑也不能创新。同样，单纯的分析、综合，单纯的抽象、概括，单纯的归纳逻辑方法、历史方法，也都不可能产生创新思维。只有将演绎与归纳、分析与综合、抽象与概括、逻辑方法与历史方法等思维方法结合起来，辩证地运用，才可能产生创新思维。因为创新思维从本质上说是一种辩证思维，而且也不单局限于逻辑思维，还需要依靠非逻辑思维。

非逻辑性是指创新思维往往在超出逻辑思维，出人意料地违反常规的情形下出现。它不严密或暂时说不出什么道理。因此，创新思维的产生常常具有跳跃性，省略了逻辑推理的中间环节。例如，爱因斯坦相对论的建立就体现了非逻辑性特征，其创新成果曾一时令世人无法理解和接受。许多科学家都为之瞠目，有的甚至公开讥笑他为疯子。创新思维的非逻辑性显得离谱、神奇。有时，创造者自己对其也感到不理解。例如，当德国科学家普朗克首创量子假说时，连他自己也感到茫然、不知所措，甚至怀疑这个假说的科学性。急中生智就是创新思维非逻辑性的典型表现。唐代大诗人李白被称作“诗仙”，他借酒助兴文如泉涌；在书房写作时，抬头忽见一只蝴蝶飞来，瞬间又飞去，这一事件触发的灵感，令词作家乔羽创作了著名的歌曲《思念》的歌词。

需要指出的是，创新思维的过程，往往既包含逻辑思维，又包含非逻辑思维，是两者相结合的过程。在创新思维活动中，新观念的提出、问题的突破，往往表现为从逻辑的中断到思想的飞跃。这通常都伴随着直觉、顿悟和灵感，从而使创新思维具有超常的预见力和洞察力。

第三，创新思维是多种思维形态的综合运用。在创新思维中，既要用到抽象逻辑思维，也要用到具体形象思维，是抽象思维与形象思维的综合运用，二者具有互补性；既以个体为思维主体，又必须以社会思维为前提和背景，任何创新思维都是由具体的主体做出并实现的，但任何个体又都离不开前人、他人的认识成果，都是个体思维与社会思维的综合。在创新思维下，再现性思维也并非毫无用处。创新有时不可能是完完全全的创新思维，一点再现性思维也不用。实际上，再现性思维也是创新思维中不可缺少的组成部分。在多种思维形态的综合运用中，抽象思维与形象思维的综合运用是基本内容。

创新思维的综合性特点，启示我们要全面地了解和掌握创新思维，不能只强调某一因素，不顾及其他因素。否则，就不能揭示创新思维的完整机制及规律。同时也告诉我们，要培养和提高创新思维能力，必须注意全面提高文化创意产业从业者的综合素质。

#### （六）灵活性

创新思维的灵活性表现为视角随着条件的变化而转变，摆脱思维定式的消极影响，善于变换视角看待同一问题，善于变通与转化，重新解释信息。它反对一成不变的教条，而是根据不同的对象和条件，具体情况具体对待，灵活应用各种思维方式。例如，某建筑师受命设计一座大教堂，依据精密计算可以在大厅不设立柱，但是，此设计却被教会以不安全为由否决了。建筑师只好将立柱加上。数百年后，人们维修教堂时却惊奇地发现，立柱都是上不接顶，与天花板有 10 厘米的空隙。这便是建筑师在当时的谈判下，以灵活性的思维同意按教会的要求建筑，而又不放弃自己的建筑原则的表现。又如，爱迪生曾热衷于发明电话。他在研制时发现听筒中常常传出一阵嗡嗡的杂音，经过仔细观察发现，杂音的产生是由于金属丝与旋转的圆环接触所致。爱迪生从中得到启发，又发明了留声机。过去，人们在赛马时，常为胜负的裁决发生争吵，于是，人们把照相机排成一列顺序拍摄。当把照片叠在一起快速拨动时，照片中的马就像奔跑起来一样，这为摄影机的发明提供了灵感。

### 三、创新思维的方式方法

#### （一）创新思维的方式

创新思维使人们能够突破思维定式思考问题，从新的思路去寻找解决问题的方法。常见的创新思维有逆向思维、侧向思维、求异思维、类比思维、综合（集中）思维、发散（扩散）思维等方式。

1. 逆向思维

所谓逆向思维，就是指突破常规考虑问题的固定思维模式，采用与习惯相反的方向进行思考、分析的思维方式。通俗地讲，就是倒过来想问题。

大家都学过“司马光砸缸”的故事。要救出落入水缸的小孩，常规方法是把人拉出来。把一个小孩拉出水缸，对大人来说不成问题，但对还是少年的司马光来说却不是件容易的事，弄不好自己还可能被对方拉下水。司马光通过砸破水缸救出小孩的这种行为，考虑的不是常人想的“人离水能活”这一条方法，而是反过来，“水离人，人也能活”，这就是一种逆向思维。

逆向思维可分为功能反转、结构反转、因果反转、状态反转等几种思维方式。

从已有事物的相反功能去设想和寻求解决问题的新途径，获得新的创造发明的思维方式即为功能反转。一工厂生产的纸因严重化水无法使用，有个工程师考虑到化水原因是吸水性太强，从而想到专门利用这种纸来吸水，经过“功能反转”制成了专用吸水纸，申请了国家专利，增加了工厂收益。在日常生活中有许多用具的“缺点”往往是大家主攻的目标，但在不同使用场合，这些缺点有可能成为“优点”，大学生应该想方设法扩大缺点，使之逆用，实现反转。

从已有事物的相反结构形式去设想和寻求解决问题的新途径的创造性思维方式属于结构反转。比如，一般的门锁锁舌有斜口，关门比较方便，但防盗功能稍差，有人在门框上锁孔内侧安装个斜片，将锁舌改成方形，从结构上与原锁反转，关门照样方便，从而使防盗性能大大增加。

从已有事物的因果关系，反过来由“果”去发现新的“因”(现象、规律)，寻找解决问题的方法就是因果反转。

从已有事物的另一属性，反转过来，发现或创造一种新的产品或技术的方法称作状态反转。例如，日常生活中圆珠笔的漏油是一直难以解决的难题，人们认为是由于钢球的磨损造成的，因而许多科学家、工程师、发明家都在强化钢珠硬度、耐磨性上花费精力，但当时条件下，材料上难以突破。一位日本发明家换了一种与常人不同的思路——钢珠磨损后笔要漏油，但如果钢珠磨损后笔管中已没有油可漏，这个问题不就解决了吗？他买来大量圆珠笔，统计出常用圆珠笔用了多少油开始漏油的规律，采用定量灌油的方式解决了圆珠笔的漏油问题。不从常人强化钢珠的方向思考，而是从油上动脑筋，使难题得以解决。

由此可见，当我们思考的问题用常规方法得不到解决时，应考虑以转换思考角度、缺点逆用等思维方式来重新思考，这是人们在创新时常用的方法。

2. 侧向思维

侧向思维与逆向思维一样，都是相对常规思维活动而言的。它们的区别在于：逆向思维在许多场合表现为与他人的思维方向相反，但轨迹一致，而侧向思维不仅在方向上，而且在轨迹上也有所不同，偏重于另辟蹊径。

在日常生活中常见人们在思考问题时“左思右想”，说话时旁敲侧击，这就是侧向思维的形式之一。侧向思维一般在下述两种情况中常用：第一种情况是实现目标的途径相当明确，原有各种思维方式、思路、方法均可达到既定目标，但由于人的习惯思维，总是死守住一条路不变，在这种情况下就必须果断寻找新途径。例如，要剪一圆纸板，通常先在纸板上画出一个相应直径的圆，再用剪刀剪下，花费时间较长。有人想到用圆规画圆，把圆规的笔尖改装为小刀片，则成为一个很好的切圆片专用工具，不同方法解决了同一问题，还节省了时间。

侧向思维一般在第二种情况中更为多用。这种情况是：为解决某一问题孜孜以求，但按常规方法却难以完美解决，这时可以尝试转换思路，从与自己研究无关的领域中寻找方法，或者请“外行”来出谋划策，或许很容易就能解决问题。同学们比较熟悉的鲁班发明锯、莫尔斯发明电报就是这种思维的典范。

侧向思维是进行创新的有效思维方式，尽量利用已有新技术及邻近领域的成熟技术从别人想不到的角度观察、分析，达到解决问题的目的。

3. 求异思维

发明家的共同之处是善于在习以为常的工具、用具、方法中标新立异，这需要人们具有一种求异思维。求异思维的关键在于不受任何框架、任何模式的约束，能够突破、跳出传统观念的禁锢，从新的角度认识问题，以新的思路和方法创造人类前所未有的更好、更美的东西。同学们日常所说的“出奇制胜”，就是求异思维。例如手机制造领域，屏幕越来越大、功能越来越强、成本越来越高。有厂家推出功能减少、使用方便、价格低廉的手机，就是求异思维的结果。

运用求异思维的主要方法是对比联想。对比联想常常与客观事物之间的对比、语言学中的反义词有关系。正如人们平时所说的方与圆、纵与横、平面与立体、黑与白、天与地、大与小、长与短、宽与窄、厚与薄、高与矮、多与少、导体与非导体、金属与非金属、正与负、强与弱、少与多、加与减、乘与除、交流与直流，以及名词、动词、形容词等都是对比联想的素材，使大学生开启求异思维之路。

4. 类比思维

类比思维是一种逻辑思维方式，人们通过类比已有事物开启创造未知事物的创新思路。它把已有的事物与一些表面看来与之毫不相干的事物联系起来，寻找创新的目标和实现目标的方法。

常见的类比方式有：形式类比、功能类比和幻想类比等。

形式类比包括形象特征、结构特征和运动特征等几个方面的类比，不论哪个形式都依赖于创造目标与某一装置或客体在某些方面的相似关系。如人们根据鸟的飞行运动制成了飞机；飞机高速飞行时机翼产生强烈振动，有人根据蜻蜓翅膀的减振结构设计了飞机的减振装置。

功能类比是根据人们的某种愿望或需要类比某种自然物或人工物的功能，提出创造具有近似功能的新装置的方法，这种方法尤其在仿生学研究上有广泛应用，例如鳄鱼夹、各种机械手等。

根据幻想中的某种形象、某种作用、运动装置进行发明创造思维，这种思维是幻想类比。例如《海底两万里》的作者幻想了一种能长时间在海底活动的潜艇，经过几十年的努力后制成的现代潜艇就是这种幻想的实现。当然，一项成功的发明也可以是以上多种类比的综合，如各种机器人的出现绝非是一种单纯的创造性思维所能完成的。

培根有句名言："类比联想支配发明。"培根把类比思维和联想紧密相连，有类比更需要联想，不论是寻找创造目标，还是寻找解决方案都离不开联想的作用。运用好类比思维的重要条件是提高联想能力，特别是掌握相似联想。

5. 综合(集中)思维

大家在学习物理时知道，不同方向的力能够产生合力。在发明创造中，同样可以把几个不同的想法融合起来，相互补充，用以解决一个难题或者完成一件作品，这就是综合思维，又称集中思维。

综合思维可以综合多种方法，对原理、设计、结构进行合理改进、互补、综合，达到理想目标，近年来普遍使用的"头脑风暴法"和常说的"三个臭皮匠，顶个诸葛亮"等就是这种思维的具体应用。

综合思维可在下列两种情况中使用，第一种情况是：几个设想并无矛盾，分别可用在作品的不同部位，只需简单组合即可。第二种情况是：几个设想集中在同一部位，相互之间各有长短，这时就必须把它们各自具有的长处结合消除弊端，使它们能最大限度地达到所期望的效果。

6. 发散(扩散)思维

围绕一个问题，突破常规思维的束缚，沿不同方向去思考、探索，寻求解决这一问题的各种可能性，由一点到多点的思维形式就叫作发散思维，又称扩散思维、多向思维、辐射思维。通常人们考虑问题，总是由提出问题的起点到解决问题的终点，喜欢按一条思路进行，走不通就打住。也许，换成从不同角度去考虑就很容易解决问题。思维扩散的范围愈广，产生的设想愈多，解决问题的可能性就愈大。面对一个新方法、新技术、新产品、新现象，一个训练有素的创新者会考虑能否有其他的用途，制作更多类型的作品，设计新的装置，开创一个个新的技术种类，一项项新的系列化产品，一片片新的应用领域。

发散思维常用的操作方式有以下几方面：首先是材料发散，就是用某种材料为基点，设想其他用途，并对材料的各种特性进行研究、改进，达到要求的目标。例如纸可以写字、包装、制作玩具、引火等。其次是功能发散，即以事物的功能为中心，设想这种功能的其他用途。比如灯可以发热、发光、取暖、烘烤、印相、发信号等。最后是形态发散，指的是以某种事物形态(颜色、形状、声音、气味等)为发散中心设想出能被利用的各种可能性，如钉子：可钉木板(把两种材料连接，挂物体)；钉墙面(水泥钉)；钉塑料(热固化材料，补洞等用)；钉鞋(防滑)；做钉把(工具)等。

发散思维与综合思维不同，综合思维是由多点集中到一点，而发散思维则由一点扩散到多点。应用发散思维，首先应寻找合适的发散源，掌握发散源的科学原理、技术基础，寻找新的应用领域去创造、发明、制造社会所需要的新产品。

### （二）创新思维的方法

1. 加减法

加减法，就是通过增加或减少文化创意产品或项目的某些装置、部件、组成要素等方式，达到改善文化创意产品性能、提高技术含量、克服文化创意产品缺陷、降低生产成本的目的。在创新活动中采用加减法发明新产品，并不是随意地加减就能达到目的的，它必须围绕着产品的功能和社会需求来进行。

2. 组合法

组合法，就是通过技术组合、功能组合、产品组合等途径进行创造的一种方法，是将事物内在地、有机地融合起来。

3. 移植法

移植法，就是通过原理移植、技术移植、结构移植、形式移植等途径进行创造的一种方法。采用移植法进行创造，最大的特点有三个方面：第一是经济、实用、便捷；第二是可以用新技术、新材料替代原有的，完成文化创意产品的更新换代；第三是可以拓展文化创意产品的功能，降低生产成本。

4. 替代法

替代法，就是运用代替的方法改善文化创意产品性能、节省制造成本的一种创新方法。替代是在科技创新活动中被广泛使用的一种方法，尤其是在原材料领域。替代既是一种发明创造的方式，同时也是一种指导创新实践的思维方法。实践没有止境，创新没有止境。文化创意产业就是在不断创新中，走向更加灿烂的明天。

# 第三节　文化创意中的创新思维培养

文化创意创业要取得成功，必须重视创新和创新思维培养。文化创意产业从业者要提升创新素质和能力，需要进行创新思维训练。创新思维主要靠自己的独立思索，形成一种习惯性的行为。创新思维训练也就是创新思维的启发和引导。

## 一、突破思维枷锁

在现实生活中，我们会遇到形形色色的问题，而当我们长期处于某个环境，重复某一活动或反复思考同一问题时，头脑中会形成一种思维习惯，这就是我们所说的思维定式，下次再碰到同一问题时，思维活动便会自然而然地受这种思维定式支配，甚至在环境、条件发生明显变化时仍不肯改变，这种思维定式，就变成了束缚思维的枷锁，就不可能产生创新，不可能有成功的创业。常见的思维枷锁有以下几种。

### （一）书本枷锁

一次，爱迪生想知道灯泡的体积，他让数学专业毕业的助手阿普拉去测量。阿普拉又是量灯泡的直径、又是周长，然后列出公式计算。由于灯泡不是球形的，计算起来十分复杂。算了密密麻麻几大张纸，仍没有结果。爱迪生一看，他算得太复杂了，便拿起灯泡，沉在水里，让灯泡中灌满了水。然后把灯泡中的水倒在量筒中，便轻而易举地测出了灯泡的体积。阿普拉大学数学系毕业，可在碰到“测量灯泡体积”这个问题时，却还不如只念了三个月小学的爱迪生。只要我们关注一下发明史，就会发现：自古以来的伟大发明家，不精通本专业知识的大有人在，“外行”发明家并不比精通专业知识的专家们少。孟子说：“尽信书，不如无书”，我们在创新的时候一定要敢于对书本知识产生怀疑，突破思维中的书本定式。书本知识是人类共同创造的财富，是永不枯竭的智慧源泉。不过，由于书本知识反映的是一般性的东西，表示的是理想化状态，与客观现实之间往往存在着较大的差异。在处理问题时，如果忽视这种差距，不正视实际情况，不加思考地盲目运用书本知识，一切从书本出发，以书本为纲，那么书本知识在为我们带来无穷多好处的同时，也会招来不小的麻烦。爱因斯坦之所以能提出相对论，与之“有关时间和空间的观念他都没学过”不无关系。

### （二）权威枷锁

《圣经》在西方文化中的地位是至高无上的。按照《圣经》上的说法，太阳是圣洁无瑕的，绝不会有污点。有一次，一位教士借助望远镜看到了太阳黑子，这位教士自语道：“幸亏《圣经》上已有定论，不然的话，我几乎要相信自己的眼睛了。”有人群的地方总会有权威，权威是人类社会实际存在的。人们对权威普遍怀有尊崇之情，这是可以理解的，然而这种尊崇常常演变为神化和迷信。在思维领域中，不少人习惯于引证权威的观点，不加思考地以权威的是非为是非；一旦发现与权威相违背的观点便想当然地认为其错误，并大张挞伐，这就是我们所说的权威枷锁。权威的枷锁是教育的产物。人是在教育中长大的，在从儿童走向成年的过程中，学校、社会给孩子灌输种种权威的定论。由于孩童的任性，他们中的有些人可能会进行反抗，但相对这些强大的外部势力而言，孩子的力量是极其弱小的，这种反抗往往以孩子们的失败而告终，这从反面教育了儿童：对于权威，只能无条件服从。于是，随着年龄的增长，经历了从反抗到不敢反抗，到不愿反抗，到最后根本想不到反抗，权威定式就这样形成了。突破权威定式的思维枷锁依靠对权威的质疑。学贵有疑，小疑则小进，大疑则大进。杰出的地质学家李四光也有句名言；“不怀疑不能见真理。”打开群星璀璨的创业册，凡是有所作为的企业家，无不具有勇敢地突破权威定式的精神。一部创业史的诞生、成长以及发展，实质上就是一个不断否定、推翻权威的过程。突破权威定式往往就意味着创新。

### （三）从众枷锁

我们来看这样一个例子，十几条毛毛虫，把它们放在一个盘子边缘，让它们一个紧跟着一个，头尾相连，沿着盘子排成一圈，这时毛毛虫们开始沿着盘子爬行，每一只都紧跟前边的一只，害怕掉队，不敢独自走新路。如果再放一些食物到盘子的中央，仔细观察它们的状况，不妨把时间尽量延长一些。七八天之后，根据大多数的实验结果显示，那些毛毛虫都死了，尽管盘子中央有它们最爱吃的食物。到底是什么原因致使它们没有爬到盘子中央去？原因就在于它们是群居动物，有着一种强烈的“从众”倾向，由于大家都绕着盘子在爬，所以根本没有一只毛毛虫会爬到盘子中央去。实际上，我们人类也和毛毛虫一样，有着类似的从众思维定式。在文化创意领域，一定要突破这种从众思维定式。“从众”就是服从众人，顺从大伙儿，别人怎样做，我也怎样做；别人怎样想，我也怎样想。在现实生活中，一个人会产生从众思维主要基于以下两个方面：压力和避免承担责任。

社会心理学家所罗门·阿希做过这样一个实验，他找来七位大学生坐在一起，请他们判断两张卡片上的线段长度。第一张卡片上面画着一条“标准线段”，另一张卡片上面画着三条线段，其中只有一条线段“A”与“标准线段”长度相等。阿希要求大学生们找出另一张卡片上的线段“A”，并且按照次序说出自己的答案。其实，在七位大学生中，只有第七位是蒙在鼓里的受试者，其余六位事先已经串通好，他们的答案保持一致，但都是错误的。以此来测试第七位受试者能在多大程度上不受周围的影响。实验结果是，有33%的受试者由于屈服于群体的压力而选择了错误的答案。因为人类从本质上讲是一种喜欢群居的动物，并且时时刻刻都在为维护这种群居而努力，一旦发现某人在思想或行为方面“不合群”，大家便会排斥他、打击他，迫使他重新回到整齐划一的“群”里来。另外许多人都认为，无论是在一个大范围还是小范围，众人形成某种共同的看法，或者一种看法为众人所接受，都是有其主客观原因的，而且它们都在不同程度上经过了众人的思考和审查，虽不见得一定正确，至少正确的可能性是很大的。那么，在自己还没有充分的根据提出不同的看法能够否定和代替众人的看法时，采取从众的态度，接受众人的看法与做法，也就常常是必需的，而且是恰当和明智的。所以，当我们在面对新情况进行创新思维的时候，就不能顾忌多数人的意见、以众人的是非为是非，这样才能真正打破封闭、开阔思路，获得新事物新观念。

### （四）经验枷锁

文化创意创业过程中需要吸取经验和借鉴经验，但不能戴上经验枷锁。

以下是有名的“邓克尔蜡烛”问题，经常用作智力测试题。

给你一根普通蜡烛、半纸盒图钉、一张说明书，要求在尽量短的时间内，把这根蜡烛安放在垂直的木板墙上。这个题目的答案有许多种，其中最简单的一种是：首先把图钉盒钉在木板墙上，然后再把蜡烛安放在图钉盒上。但是在测试过程中，许多人思索很久也没得到答案。最主要的原因，就是他们根据以往的经验，将图钉盒只看作装图钉的东西，而没想到它还能另有他用。换句话说，把图钉盒用作蜡烛托，超出了人们的经验范围。所谓经验就是人们通过实践获得的知识、掌握的规律或技能。因为拥有了某些方面的经验，我们才能将各种各样的问题处理得井井有条：品酒大师拿着酒一看一闻，就知道它的产地和等级；老农抓起一把土一看一捏，就知道它适宜种什么作物。这些都与他们所拥有的丰富的经验分不开。确实，经验是我们处理日常问题的好帮手。但是，对于偶然性问题，需要突破经验枷锁。“不听老人言，吃亏在眼前。”在文化创意领域，经验会妨碍创新思维与活动，经验定式是在思维实践中形成的，要突破经验枷锁，就要考虑某个经验的各种权变变量。例如中国古代的晏子曾说：“橘生淮南则为橘，生于淮北则为枳”，二者结出的果实相似，但味道就差远了，那是由于“水土”不同的原因。西方也有一句含义相似的谚语：“这个人的美味，是那个人的毒药。”由于受到时间和空间或主体的局限，人类经验的有效运用范围是十分狭窄的。任何经验总是在一定的时空范围中产生的，而往往也只适应于一定的时空范围，一旦超出这个范围，这种经验能否有效，就值得考虑了。

## 二、扩展思维视角

文化创意产业是一片广阔的海洋，从业者需要用不寻常的视角去观察寻常的事物，使得事物显示出某些不寻常的性质。这些性质并非事物新产生的，而是存在于事物中的，只不过以前人们从未发现罢了。文化创意产业从业者最忌出现“视角凝固”的毛病，他们一旦获得某项成功，就会总是用同一种眼光看待所有的事物，而不愿轻易改变视角。这对于文化创意企业的持续发展具有很大的危险性。优秀企业家们为了解决这个问题费了不少脑筋，采用了许多的有效方法，其中一种被称为“鲇鱼”的方法颇有效果。据说，挪威渔民为了提高沙丁鱼的存活率，常在船舱内放几条鲇鱼。鲇鱼不停地钻来钻去，在沙丁鱼中引起摩擦，而沙丁鱼被搞得不得安宁，自然万分紧张，加速游动，因而减少了死亡率。日本的三泽之家公司，从这件事例中受到启发。于是，专门从企业外部聘用了一些骨干，充当“鲇鱼”的角色。这些人年龄 25—35 岁，思维敏捷、行动利落，他们来到企业的各个部门，对打破思维定式、开拓创新视角，起到不可低估的作用。

一般有以下几种方法来扩展创新思维视角。

### （一）肯定—否定—待定

1. 肯定视角

思维的肯定视角就是，当思考一种具体的事物或者观念的时候，首先设定它是正确的、好的、有价值的，然后沿着这种视角，寻找这种事物或观念的优点和价值。

2. 否定视角

思维中的“否定视角”与“肯定视角”相反，否定，也可以理解为“反向”的意思，就是从反面和对立面来思考一个事物，把事物或观念认定为错误的、坏的、有害的、无价值的。并在这种视角的支配下寻找这个事物或者观念错误、危害、失败、缺点之类的负面价值。在社会科学领域，这种“否定视角”的应用较为广泛，新思想和新观念的产生几乎都有一个否定前人的过程。

3. 待定视角

对于某些事物、观念或者问题，我们一时也许难以判定，那就不应该勉强“肯定”

或者“否定”，不妨放下问题，让头脑转换一下，冷却一下，过一段时间再进行判定，也许能够得出更好的判断。对于某种新观念和新事物的判定更应该如此。这就是“待定视角”。因为在不少情况下，我们多数人总是习惯于匆忙地评判别人的想法和做法，而不愿意自己去创新。评判别人无需担当风险，而且相对而言也比较容易，但是，在文化创意创业中，对于他人或者自己的新想法，过早地下结论是有害无益的，弄不好将会埋没一些有价值的新创意。另外，头脑中的思维创新往往需要一个酝酿过程，最佳的解决办法总是姗姗来迟。大部分人都有这种体验，对某个问题苦思冥想很久却得不到答案，于是只好停下来去做其他的事情。然而，在不留意的时候，头脑中突然闪现出一个极其巧妙的新点子，真正是“踏破铁鞋无觅处，得来全不费功夫”。

### （二）今日—往日—来日

1. 今日视角

今日视角就是发现并抓住眼前事物和观念的变化情况。

2. 往日视角

往日视角，就是考察事物和观念的起源、历史和以往的发展，把握了事物的过去，才能更好地思索事物的现在。这是历史主义的基本原则。经常有这种情况，某些事物单纯用当今视角来观察，也许是合情合理的，但是如果再结合“往日视角”加以观察的话，就会显示出它们的某些问题。

3. 来日视角

来日视角就是思索事物或观念的未来发展，预测它的发展方向和发展道路，以预测的结果来指导我们当今对待它们的态度。在时间的流逝中“今天”将要变为“明天”，今天争相抢购的东西到了明天却无人问津；今天红极一时的人物，到了明天却黯然失色；今天香飘万里，明天臭不可闻；今天奉之若神明，明天弃之如敝履……

### （三）自我—非我—大我

我们观察、思考外界的事物，总是习惯以自我为中心，用我的目的、需要、态度、价值观念、情感偏好、审美情趣等，作为“标准尺度”去衡量外来的事物和观念。因而，凡与这个“标准尺度”相符合的，我们便称之为“对的”，“好的”，“美的”，“有用的”，凡与这个标准尺度相违背的，我们便称之为“错的”，“坏的”，“丑的”，“无用的”。

1. 自我视角

自我视角的“自我”是以“我”为中心来观察和思考。从创新的领域来说，思维的“自我视角”具有两方面的意义，一方面，会使得眼界狭窄，有害于创新思维，因此要超越“自我”。另一方面，“自我视角”也可能促进创新的产生。

2. 非我视角

指“自我”以外的东西。“非我视角”的训练，要求我们在思维过程中尽力摆脱“自我”的狭小地域，走出“围城”，从“非我”的角度，站在“城外”，对同一事物和观念进行一番思考，就有可能得出不同的结论，发现创意。从“非我视角”来思考问题，是一件十分困难的事情，要对问题有透彻的了解，就如一个演员，必须先透彻地了解角色，才有可能扮演好这个角色，这既需要科学的思维训练，也需要经验和见识的积累。

3. 大我视角

它要求我们摆脱个体“小我”的束缚，站在群体乃至于全人类的角度来思考，这就是大我的视角。它使得我们的视野更加开阔，对当前的事物产生更加深入的理解。

### （四）求同—求异—求合

1. 求同视角

“世界上没有两片完全不同的树叶”，任何事物或者观念之间，都有或多或少的相同点。我们在思维中抓住这些相同点，便能够把千差万别的事物联系起来思考，从而发现新创意。

2. 求异视角

“世界上没有两片完全相同的树叶”。“求异视角”即是帮助我们从类似的事物和观点中发现不同，从而进行创新的过程。“只此一家，别无分店”的情况已经不多见。这就要求某种商品必须有特色，才能较好地吸引购买力。东京有一家“手工装饰品协会”，专门制作手工胸针，形状各异，任意两枚胸针造型都不完全一样，因而对喜欢与众不同的女性很有吸引力。

3. 求合视角

在多数场合下，单用“求同视角”或者“求异视角”都会产生片面性，有时把二者结合起来，才能获得满意的效果。这也可以称为一种“求合视角”。

据说伦敦郊外有一家洗车场，生意特别好。它招揽顾客的方法很简单：在洗车场外并排停放两辆同一型号的汽车，右边的一辆蒙着厚厚的尘土，车前的牌子上写着“洗车之前”；左边的一辆锃明瓦亮，车前的牌子上写着“洗车之后”。这里便采用了“求同”和“求异”两种视角，两辆车同一型号，是“求同”；洗车前后面貌各异便是“求异”，给顾客的对比感十分强烈。

### （五）情感—理智—理想

1. 情感视角

在日常思维中，有时会受到非理性因素的影响。影响思维的非理性因素有很多，其中主要有：感情、欲望、情绪、冲动、潜意识等。感情是一种常见的非理性因素，与创新思维的关系也十分密切，因此我们专门提出来讨论。

创新常常意味着取舍，而取舍则包含着感情上的割舍，这对多数人来说是困难的。人们对自己熟悉的事物和环境会产生一定的感情而难以割舍，尤其是对于文化创意的从业者来说，自己的产品往往就是艺术品，而创新思维则要求人们排除感情的干扰，大胆地放弃，去开辟新领域。

2. 理智视角

理智是人认识世界最主要的武器，其中包括很多内容，以下我们重点分析它的两种功能：一是从具体到抽象；二是从原因探索结果。

从具体到抽象。面对具体事物，人们的思维容易受到各种束缚。如果能够进入抽象的领域，思维束缚就会少一些，更容易发挥思维的创新能力。

比如，研究市场中消费者的行为需要有抽象的能力。表面上看消费者购买的是商品，是某种具体而实在的东西，从抽象层次来看，消费者所购买的只是“自己某种需求的满足”，特定的商品不过是满足这种需要的手段而已。

从原因探索结果。在一定的意义上，世界是由一条一条的因果链条组成的。每一种事物和现象都有其产生的原因，也都会引出一系列的结果。沿着任何一个事物往上追溯，我们能够发现它的原因、它原因的原因；而往下探寻，我们能够找到它的结果、它结果的结果。

每个具体事物的因果链条都是无限的，原因是无限的，结果也是无限的。但是，人们在日常的思维活动中，往往只截取其中的一段，对于超出这一段之外的原因或结果不予理睬。如果我们能够延伸某一根因果链条，朝前或者朝后穷追不舍，那就会有创新的发现。

3. 理想视角

现实的事物距离“理想”总是有一段差距，但这种情况并不妨碍我们从“理想”的角度来考察世界。从“理想”或“应该”的角度来看待问题，能够跳出真实事物的限制，容易产生许多创新的想法。

在面对事物进行思考的时候，如果我们能够列举出它的缺点和改进之处，创新的意念就会油然而生。列举缺点就是找错误。列举改进之处是通过提出对事物的希望，将问题的目的聚合成焦点来加以考虑。

比如，自动折叠雨伞的发明很简单。当时日本从美国进口的折叠雨伞，必须用手折叠后才能缩短，使用相当麻烦。一位青年注意到这一点，开始下功夫研究这种折叠伞，不久便设计出将小弹簧安装在伞把上的折叠式雨伞，可自动将伞折叠缩短。

### （六）无序—有序—超序

1. 无序视角

无序视角的意思是，我们在进行创新思维的时候，特别是在思维的初期阶段，应该尽可能地打破头脑中的条条框框，包括那些“法则”、“规律”、“定理”、“守则”、“常识”之类的东西，进行一番“混沌型”的无序思考，以便充分激发想象力，进行创新。

2. 有序视角

采用无序视角之后，思维打破了许多规则和框框，经过“混沌的”思维，得到了不少“奇妙的”或者“愚蠢的”观念和方案。但是，有了这些观念和方案，只是万里长征第一步，要想能够在实践中实施，还必须进行一番“有序化”的工作。

有序视角的含义是，我们在思考某种事物的时候，按照严格的逻辑来进行，实事求是地对方案进行论证，透过现象看到本质，排除偶然性，认识必然性。保证新创意能够在实践上获得成功。

3. 超序视角

超序视角就是从现实或可行性方面看问题，对于符合逻辑的某种创新方案进行实施前的论证。因为任何方案，最后都要加以实施、付诸实践。方案在逻辑上再完美，得到许多理论的支持，但并不证明方案在现实中一定能够成功。因为现实社会情况千变万化，论证方案所需要的事实，不能单取某一部分的事实，而必须寻找尽可能多的事实，注意那些与现行方案不一致的事实。

## 三、尝试多种创业创新技法

文化创意构想来源于创业者的创新思维，专家根据创新思维的发展规律开发出来一些创新技法，这些创新技法可以成为激发创业者进行文化创意构想的方法。常用于激发创业者文化创意构想的创新技法包括：头脑风暴法、组合法，以及创业构想分析法。

### （一）头脑风暴法

1. 头脑风暴法的概念

头脑风暴法是由现代创造学的创始人美国学者阿历克斯·奥斯本于1938年首次提出的。头脑风暴原指精神病患者头脑中在短时间内出现的思维紊乱现象，其间病人会产生大量的胡思乱想。头脑风暴一般被定义为：一组人员通过开会方式对某一特定问题出谋献策，群策群力解决问题的一种方法。

头脑风暴的目的是让与会者敞开思想，使各种想法在相互碰撞中激起脑海中的创造性风暴。一般分为直接头脑风暴和质疑头脑风暴法：前者是在专家群体决策基础上激发创造性，产生尽可能多的设想，后者则是对前者提出的设想、方案逐一质疑，发现其现实可行性的方法。

2. 头脑风暴法的程序

头脑风暴法力图通过一定的讨论程序与规则来保证创造性讨论的有效性，组织头脑风暴法关键在于以下几个环节。

(1)确定议题

头脑风暴法从对问题的准确阐明开始。因此，必须在会前确定一个目标，使与会者确认需要解决的问题，同时不限制可能的解决方案的范围。具体的议题能使与会者较快产生构想，抽象和宏观的议题引发构想的时间较长，但构想的创造性也可能较强。

(2)会前准备

为了使头脑风暴的效率较高，需要在会前做一点准备工作。如收集一些资料预先作为参考，以便与会者了解与议题有关的背景材料和动态。同时需要对会场作适当布置，座位排成圆环形的环境往往更为有利。

(3)确定人选

一般以8～12人为宜，也可有增减(5～15人)。与会者人数太少不利于激发思维；人数太多则每个人发言的机会相对减少，会影响会场气氛。在特殊情况下，与会者的人数可不受上述限制。

(4)明确分工

要选定一名主持人，1～2名记录员。主持人的作用是在头脑风暴开始时重申讨论的议题和纪律，在进程中启发引导，掌握局面。如通报会议进展情况，归纳发言的核心内容，提出自己的设想，活跃会场气氛，或者让大家认真思索再组织下一个发言等。记录员应将与会者的所有设想都及时编号，简要记录。记录员也应随时提出自己的设想。

(5)规定纪律

根据头脑风暴法的原则，可规定几条纪律，要求与会者遵守。如要集中注意力积极投入，不消极旁观；不私下议论，以免影响他人的思考；发言要针对目标，开门见山，不做过多的解释；与会者之间相互尊重、平等相待，避免相互褒贬等。

(6)掌握时间

会议时间由主持人掌握，以几十分钟为宜。时间太短与会者难以畅所欲言，太长容易产生疲劳，影响会议效果。创造性较强的设想一般要在会议开始10～15分钟后逐渐产生。因此，会议时间最好安排在30～45分钟之间。倘若需要更长时间，就应把议题分解成几个小问题分别进行专题讨论。

头脑风暴法成功要点在于以下四个规则。一是不允许小组中有任何人批评他人，不允许有反面评论；二是鼓励思维自由驰骋，越是广泛的构思越好；三是追求创意的数量，创意的数量越多，有用的创意出现的可能性就越大；四是鼓励对创意的组合和改进，别人的创意可以用来形成另一个新的创意。

### (二) 组合法

简单地说，组合法就是把不同的事物(两种或两种以上)、功能或原理进行组合，从而创造出新产品或新方法的创新方法。组合法是一种简便而又行之有效的、重要的创新方法。

日本创造学家菊池诚博士说过："我认为搞创新有两条路，第一条是全新的发现，第二条是把已知其原理的事实进行组合。"有的创造学研究者甚至认为："创新就是把人们认为不能组合在一起的东西组合到一起。"这话是很有道理的，有人预言"组合代表着技术发展的趋势"。组合是任意的，各种事物、要素都可以进行组合。组合是创新的重要方法，也是文化创意创业的必备武器。

常见的组合法有以下几种：一是同物组合。同物组合是指两种以上相同或相近事物的组合，参与组合的对象与组合前相比，其基本性质和结构没有根本变化，只是通过数量的变化来弥补功能上的不足或产生新的功能。二是异物组合。异物组合是指两个以上不同领域中的思想或物质产品在一起组合，组合的结果带有不同的技术特点和风格。异物组合实际上是异中求同、异中求新，由于组合元素来自不同领域，无主次之分，参与元素能从意义、原理、构造、成分、功能等任何一个或多个方面互相渗透，从而使整体发生变化，产生出新的思想或产品。三是主体附加组合。这是指以某一特定的对象为主体，在其上附加功能从而使新的物品性能更好、功能更强的组合技法。这种技法容易产生组合设想，但不可能对原有事物产生出重大突破的改进。四是重新组合。是指改变原有事物的结构组合方式，而使原有元素在不增加数量的情况下，改变原有事物的组合。重新组合是在事物的不同层次上分解原来的组合形式，然后再以新的方式组合起来，特点是改变了事物各部分之间的相互关系。

例如，在2002年经过网络泡沫的破裂，大部分网站首先考虑的是赢利，然后是越来越多的竞争。这些网站也都强烈地需要专业的网络策划公司帮助自己在赢利模式、网络营销等方面提供支持。号称中国SEO第一人的王通当时用搜索引擎查了一下，竟然还没有“网络策划”这个词语，于是他最早提出了网络策划这个词，并创办了首家网络策划公司。另外，王通还通过组合电子商务和特许加盟创造了一种新的商业模式。在2002年他每月都要买十几本商业信息杂志，他发现最多的广告都是特许加盟广告，于是他将“特许加盟”和“电子商务”两个词组合到了一起。一种非常新的商业模式就产生了。

孙正义在美国留学时规定自己每天花5分钟来搞创新，他的方法很简单：每天从字典里随意挑出3个名词，然后想尽办法把它们组合在一起。一年下来，他靠这种“组合”的方式创造的发明就达250多项。其中他最中意的“语言翻译机”，为他赚取了人生的第一桶金。

### （三）创业构想分析法

企业一般会采用全面分析法来做计划，但是文化创意企业必须把创意迅速付诸实施，否则，就有可能坐失良机。因此，成功的文化创意创业者只需要对创意进行适度分析。进行适度分析的指导原则有以下三条。

1. 剔除没有前景的创意

借助创新思维和技法，一般创业者会想出许多创意。迅速去除潜力不大的那些，就可以把注意力集中在少数真正有前景的创业创意上。在评估创业机会是否可行时，创业者应该考虑三个相互作用的因素：创业的风险和回报、外部环境变化，以及竞争的基础。创业者应当着眼于争取利基市场25％～40％的份额，而不是在巨大的全球市场中争夺1％～2％的份额。

2. 做有节制的计划与分析

为了节约时间和资金，创业者要尽量减少在研究和分析创意方面投入的资源，只进行必要的计划和分析，必要时还要大胆做出判断。因为尽管进行了深入的研究分析，也仍然无法排除某些关键的不确定因素。

3. 把行动与分析相结合

文化创意的创业者不需要等到弄清所有问题的答案之后才开始行动，在对创业机会进行分析之前采取行动有许多益处，可以树立自信心、吸引追随者，还有助于创业者制定更有根据的战略，因为他们可以根据在行动中出现的问题或风险对创业创意做出调整。

## 拓展阅读

### 194 种创意线索

1. 把它颠倒过来
2. 把它摆平
3. 把它缩小
4. 把颜色变换一下
5. 把它变为圆形
6. 使它更大
7. 把它变为正方形
8. 使它更小
9. 使它更长
10. 使它闪动
11. 使它更短
12. 使它发出火花
13. 使它可以看到
14. 点燃它
15. 使它超过一般情况
16. 使它发荧光
17. 把它放进文字里
18. 使它沉重
19. 把它插进音乐里
20. 使它成为灭火物
21. 结合文字和音乐
22. 使它成为引火物
23. 结合文字、音乐和图画

24. 参加竞赛
25. 结合音乐和图画删除文字
26. 参加打赌
27. 不要图画
28. 使它成为年轻型的
29. 不要文字
30. 使它成为壮年型的
31. 沉默无声
32. 把它分割开
33. 使它重复
34. 保守地说
35. 使它变成立体
36. 夸张地说
37. 使它变成平面
38. 当替代品卖
39. 变换它的形态
40. 发现新用途
41. 只变更一部分
42. 减掉它
43. 使它成为一组
44. 撕开它
45. 为捐献或义卖而销售
46. 使它化合
47. 鼓励它
48. 用显而易见的方式
49. 机动化
50. 把要素重新配置
51. 电气化
52. 降低调子
53. 使它活动
54. 提高调子
55. 使它相反
56. 割开它
57. 它像是某种东西的代替品
58. 混合在一起

59. 使它罗曼蒂克
60. 改用另一种形式表现
61. 增添怀旧的诉求
62. 使它的速度加快
63. 使它看起来流行
64. 使它缓慢下来
65. 使它看起来像未来派
66. 使它飞行
67. 使它成为某种物品的部分替代
68. 使它浮起
69. 使它更强壮
70. 使它滚转
71. 使它更耐久
72. 把它切成片状
73. 运用象征
74. 使它成为粉状
75. 它是写实派
76. 以欲望作诉求
77. 运用新艺术形式
78. 使它凝缩
79. 变为摄影技巧
80. 使它弯曲
81. 变换为图解方式
82. 使它成对
83. 使它变更形式
84. 使它倾斜
85. 用图画说明你的故事
86. 使它悬浮半空中
87. 使用新广告媒体
88. 使它垂直站立
89. 创造新广告媒体
90. 把它由里向外翻转
91. 使它更强烈
92. 把它向旁边转
93. 使它更冷

94. 摇动它
95. 增加香味
96. 把它遮蔽起来
97. 变换气味
98. 使它对称
99. 把它除臭
100. 使它不对称
101. 将它推荐给儿童
102. 将它隔开
103. 将它推荐给男士
104. 使它与其他相敌对
105. 将它推荐给妇女
106. 使它锐利
107. 价钱更低
108. 变更它的外形
109. 抬高价格
110. 要它绕一周
111. 变更成分
112. 把它框起来
113. 增加新成分
114. 把它卷成一圈
115. 拧搓它
116. 把它填满
117. 使它透明
118. 把它弄成空的
119. 使它不透明
120. 把它打开
121. 用不同背景
122. 把它拼错
123. 用不同环境
124. 给它起上绰号
125. 使它富有魅力
126. 把它封印起来
127. 使用视觉效果
128. 把它移转过来

129. 使用另外的物料
130. 把它捆包起来
131. 增加人的趣味
132. 把它集中起来
133. 改变密度
134. 把它推开
135. 置于不同的货柜
136. 使它成为交替的
137. 变换包装
138. 使它凝固起来
139. 使密度增加
140. 使它溶化
141. 小型化
142. 使它呈凝胶状
143. 增加至最大限度
144. 使它软化
145. 把它除掉
146. 使它硬化
147. 使它轻便
148. 使蒸发而汽化
149. 使它可以折叠
150. 加上抑扬顿挫
151. 趋向偏激
152. 使它更狭窄
153. 如夏天炎热
154. 使它更宽广
155. 如冬天寒冷
156. 使它更滑稽
157. 使拟人化
158. 使它成为被讽刺的
159. 使它更暗
160. 用简短的文案
161. 使它发光
162. 用冗长的文案
163. 使它灼热

164. 发现第二种用途
165. 使它更有营养
166. 使它合成在一起
167. 把它倒进瓶中
168. 把它当作用具来卖
169. 把它倒进罐中
170. 使它清净
171. 把它放进盒中
172. 把它倒进壶中
173. 把它倒进缸中
174. 把它弄直
175. 把它折弯
176. 把它缠起来
177. 提升声誉
178. 免费提供
179. 以成本价出售
180. 提供特价
181. 增加慰藉的诉求
182. 提供维护服务
183. 运用不同的织法
184. 使它香郁宜人
185. 使它变成酸的
186. 使它濡湿
187. 使它脱水
188. 使它干燥
189. 把它冻起来
190. 把它抛出去
191. 使它无刺激性
192. 使它单纯化
193. 使它具有刺激性
194. 把以上各项任意组合

# 第三章　文化创意产业的创业机会识别与评价

创业是一个机会发现的活动，机会发现是创业中的重要环节，对于文化创意的创业亦是如此。创业者是那些在不确定性环境中承担风险并进行决策的人，对机会保持高度的警觉性，能够利用特有的知识来认知这种机会，并通过对机会的开拓获取回报。因此，创业机会识别是创业过程中的一个重要部分，是创业者评估机会以及开发机会的先导，同时也是企业产生持续竞争优势的来源，因此理解创业机会识别的内涵和维度，了解其发生发展的过程机理，对于开展文化创意的创业实践有十分重要的意义。

## 第一节　文化创意产业与创业机会

### 一、创业机会认知

#### （一）创业机会及其重要性

对于创业机会，一种观点认为，创业机会是通过把资源创造性地结合起来，迎合市场需求并传递价值的可能性；还有一种观点认为创业机会是通过创业来实现资源增值的一种可能性，由新的创意、促进实现有价值目标的信念和达到这种目标的行动三方面组成。这两种观点反映了创业机会的两种不同视角。前一种侧重从机会的产出角度出发，机会代表着一种通过资源整合、满足市场需求以实现市场价值的可能性。这种潜在的市场需求如此旺盛，因而对于创业者来说，实现该需求的商业活动有利可图。后一种观点从机会的来源角度入手，创业机会是一种情境，其中产品、服务、原材料、市场组织方法能够以创新的方式来重新整合，即新产品、新服务、新材料，甚至是一种新组织形式，能够被引入生产并且以高于成本的方式实现销售。

机会识别也是一门科学，我们可以通过分类和分析，获得一定的理解。好的创业机会应有以下特征：

(1)有吸引力

这是指一个业务可以创造较大的价值，并获得回报。

(2)持久性

创业机会不是指一次性的或短暂的回报，它是长期可得的回报。

(3)及时性

机会不在遥远的未来，它是较快可以见效的。过于遥远的机会很难创造商业价值。

(4)机会依附于产品/服务之中

创业机会一定要从顾客出发，在顾客和产品之间常会有差距产生，而差距中往往就存在创业机会。

把握创业机会对于创业能否成功和取得多大程度的成功非常重要。据统计，2015年新成立15万家民营企业，但同年有10多万家破产；民营企业有60%在5年内破产，有85%将在10年内消失。无论是背托资源创业的还是白手起家的创业者，都必须面对这“一半是火焰，一半是海水”的创业现实。

很多创业期公司在实际运作中空有激情却无法把握创业管理的精髓，以致搞不清楚为什么别人的公司能赚钱而自己却不能，为什么别人的公司能继续发展而自己却不能，为什么别人的公司在同样的困境中能突围而自己却不能。一个重要的原因就是对创业机会的把握不够。机会对于创业的重要性在于：

(1)创业机会识别是创业成功的基石和方向

整个创业过程是通过创业机会来展开的，没有创业机会的发现和识别，创业就无从展开，没有把握创业机会的创业，失败是不可避免的。所以创业企业一定要先对市场机会进行调查、研究，从征兆中去把握和识别，有机会才去创业，如果根本没有发现机会，而只是随创业潮流去创业，或者只是道听途说哪个业务能赚钱就去做，没有自己对机会的识别，是很难获得成功的。

(2)创业机会识别可以大大降低创业成本

创业成功者往往是在创业之前进行机会识别的，根据对机会的认知进行深入的调查研究和策略规划，有了深入的研究之后就可以在创业之初避免很多错误行为。这样可以大大降低成本，提高存活率。

(3)创业机会识别是成功大小的决定因素

对机会是如何识别和把握的，成功就会是什么样的。如果认为原来是一个大的机会，而最后它只是一个很小的利基，那就可能只在一个极小的市场上取得了成功，而不是占据了一个大市场，而这个小市场则很有可能在激烈竞争中败北。所以，机会识别会影响企业在市场上能存活多久，获得多大成功。

机会识别需要创业者的判断力，因为有些机会是转瞬即逝的，有一些则是一开始很难识别的，但可能代表了一个长远的发展趋势。能否进行正确识别是考验创业者的重要因素。我们可以看到：缺乏远见将导致创业方向的立意不高，未来处于被动状态；

缺乏冒险精神将导致机会错失与被动挨打；而有了远见、冒险精神却没有一套行之有效的控制成本以及强力的执行方法，同样只能导致竞争力的缺失。在机会转瞬即逝、资源处处匮乏、团队实力不强的恶劣环境中，创业者如果不能依据自身核心能力以及实际情况摸索出一套适合自身的竞争方案，那么所有的问题都无法解决，所有的问题集结在一起终将淹没创业的激情。

### （二）创业机会的类别

创业机会的出现往往是因为环境的变动，市场的不协调或混乱，信息的滞后、领先或缺口，以及各种各样的其他因素。也就是说，在一个自由的企业系统中，当行业和市场中存在变化着的环境，混乱、矛盾、落后与领先、知识和信息的鸿沟，以及各种各样其他真空时，创业机会就产生了。如技术革新，消费者偏好的变化，法律政策的调整等。Ardichvili 等人通过分析创业机会蕴含的维度，创建了一个多维模型，每一象限代表一类创业机会，如图 3-1：

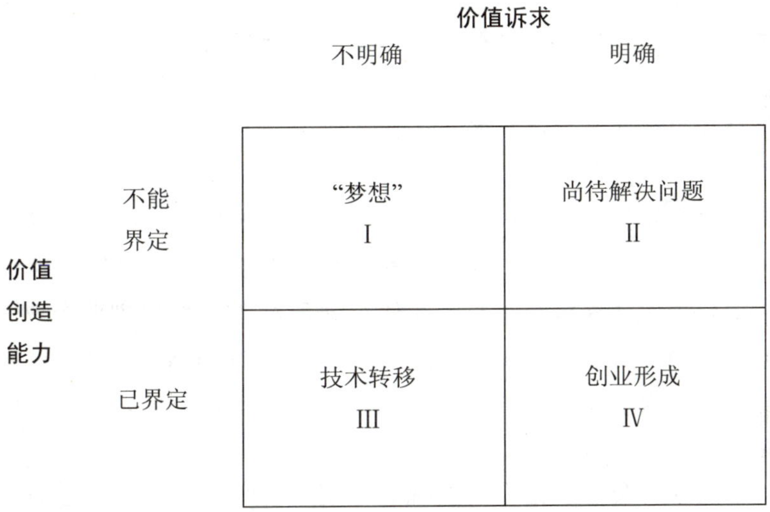


**图 3-1　Ardichvili 创业机会多维模型**

Ardichvili 等根据创业机会的来源和发展情况将创业机会分为两个维度构成矩阵：横轴以探寻到的价值为坐标，这一维度代表着创业机会的潜在价值；纵轴以创业者的价值创造能力为坐标，代表着创业者是否能够有效开发并利用这一创业机会。按照这两个维度将其划分成 4 类：第一类，机会的价值并不确定，创业者能力也不确定，这种机会为“梦想”；第二类，机会的价值已经较为明确，但如何实现这种价值的能力尚未确定，这种机会是一种“尚待解决问题”；第三类，机会的价值尚未明确，而创造价值的能力已经较为确定，称这样的机会为“技术转移”；第四类，机会的价值和创造价值的能力都已确定，这一机会可称为“创业形成”。根据这一模型可以从不同的角度对创业机会的类型进行细分。

1. 按机会的表现形式进行分类

创业机会按其表现形式，可以分为显性机会、隐性机会和突发机会。

(1)显性机会

显性机会是指在目前的市场上存在明显的没有被满足的现实需求，这是表面的市场机会。显性机会是大家都很容易看到的，假如这种机会很快就消失的话，它也可能是一种陷阱。我们判断这种机会，就要看显性机会是不是一直存在，机会是不是可以商业化或者通过怎样的商业化可以把这种机会持续化，机会对我们来说可能是一个机会，对其他人来说是不是同样存在，为什么显性机会会一直出现，这些问题的回答和解决取决于机会的持续性和实现这一机会的资源、成本、独特能力以及环境等各项条件。如果基本条件具备的话，那这就是天赐良机。

(2)隐性机会

现有的产品未能满足的或尚未完全被人们意识到的隐而未见的需求，就是隐性机会。隐性机会也是潜在的市场机会，要发现和识别潜在的机会比识别显性机会需要更多的判断力和行业经验。另外，潜在的机会是通过征兆的识别而来的，要能在变化的因素中发现代表未来趋势的征兆。开创新时代的创业者往往具有对未来趋势准确把握的能力，在新事物出现征兆时就能够迅速地识别。

(3)突发机会

有时会有一种突发的变化造成一种不平衡，由此而带来一个新的机会，我们把它叫作突发机会。它是指一种由外部的突发性变化而带来的机会，但这种机会往往也是转瞬即逝的。如何把握这种机会，并由此使得这种机会成为可持续性的机会，是一个重要问题。如淘宝网开始于 2003 年的“非典”时期，通过“非典”的机会进入市场之后开始获得发展，至今成为中国第一大 C2C 网站。这就是创业者善于抓住这种突发机会而得到发展的结果。

一般来说，显性机会易于为人们发现和识别，同时利用这种机会的企业较多，因而难以取得机会效益，即先于其他企业进入市场所取得的竞争优势和超额利润。隐性机会虽然不易于为人们发现和识别，但同时抓住和利用这种机会的企业较少，因此机会效益比较高。而突发机会则是比较难以把握的，如果一旦抓住，往往可以化危为机，使得形势出乎预料地转变，获得极大的超额利润。

2. 按机会来源进行分类

按机会来源可将创业机会分为技术机会、市场机会和政策机会三类创业机会。

(1)技术机会

指技术变化带来的创业机会，主要源自新的科技突破和社会的科技进步。通常，技术上的任何变化，或多种技术的组合，都可能给创业者带来某种商业机会。具体表现在三方面：一是新技术替代旧技术。当在某一领域出现了新的科技突破和技术，并且它们足以替代某些旧技术时，创业的机会就来了。二是实现新功能、创造新产品的新技术的出现。这无疑会给创业者带来新的商机。三是新技术带来的新问题。多数技术的出现对人类都有利弊的两面性，在给人类带来新的利益的同时，也会给人类带来某些新的灾难。这就会迫使人们为了消除新技术的某些弊端，再去开发新的技术并使其商业化，由此带来新的创业机会。

(2)市场机会

指市场变化产生的创业机会。一般来看，主要有以下四类：第一，市场上出现了与经济发展阶段有关的新需求。相应地，就需要有企业去满足这些新的需求，这是创业者可资利用的商业机会。第二，市场供给缺陷产生的新的商业机会。非均衡经济学认为，市场是不可能真正供求平衡的，总有一些供给不能实现其价值。因此，创业者如果能发现这些供给结构性缺陷，可以找到可资利用并创业的商业机会。第三，先进国家(或地区)产业转移带来的市场机会。从历史上看，世界各地的发展进程有快有慢。即便在同一国家，不同区域的发展进程也不尽相同。这样，在先进国家或地区与落后国家或地区之间，就有一个发展的"势差"。当这"势差"大到一定程度，由于国家或地区之间存在"成本差异"，再加上经济发展到一定程度时，环保问题往往会被先进国家或地区率先提到议事日程上，所以，这些国家或地区就会将某些产业向海外转移，这就可能为落后国家或地区的创业者提供创业的商业机会。第四，从中外比较中寻找差距，差距中往往隐含着某种商机。通过与先进国家或地区比较，看看别人已有的哪些东西我们还没有，这"没有的"就是差距，其中可能发现某种商业机会。

(3)政策机会

指政府政策变化所赐予创业者的商业机会。随着经济发展、科技变革等，政府也要不断调整自己的政策，而政府政策的某些变化，就可能给创业者带来新的商业机会。

## 二、文化创意中的创业机会

随着全球范围内知识经济的兴起和发展，经济形态正经历着全球性的战略转变，文化创意经济成为国际战略竞争的新经济形态，并呈现出一些新的发展态势。在经济全球化不断深化的背景下，世界各国文化创意产业发展的阻碍不断被打破，具备实力的创意企业通过跨行业、跨国界兼并重组，实现资金、人才、技术、管理等要素的整合，形成传媒业、娱乐业、互联网行业等产业的相互融合，文化创意产业的市场结构也呈现出垄断的趋势，出现了一批大型的强势文化创意产业集团。随着国民收入水平的逐步提高，人民精神文化需求有大幅度的提高，文化消费市场潜力巨大。因此，国家将大力发展文化创意产业，有效拉动内需，促进经济增长，塑造成21世纪新的经济增长点，它具有五大机会来源：

1. 文化创意产业作为消费者服务业有重大发展机会

金融危机推动了中国经济增长方式的转变，增长方式的转变包括投资与消费、外贸和内需要更加平衡，第三产业要占有更大、更重要的位置。它是一个消费启动的阶段，最根本的是要启动消费、扩大内需，这是今后中国经济增长方式转变最重要的基点，消费的增长、收入的增长、消费结构的提升都对文化创意产业作为消费者服务业提供了更大的发展空间。

2. 文化创意产业作为生产者服务业的发展机会

文化创意产业作为第三产业和服务业，它既是最终消费者，又是一个生产者服务业，它不仅生产终端消费者消费需要的精神文化产品，也为相关的经济领域生产所需要的中间产品。一定意义上，文化创意产业作为生产者服务业，为相关产业提供中间品的发展机会。今后向终端消费者提供消费品的发展机会更大，如何从中国制造走向中国创造，这个新的战略方向是非常诱人和明确的。

3. 文化创意产业作为数字内容产业的发展机会

文化创意产业将影响一系列相关产业，以前所未有的方式支撑新的经济增长。文化创意是和技术创新、业态创新、商业模式创新相关的，数字技术和网络技术的发展以及跟数字网络技术相关的业态，商业模式的创新都在进行之中，各种各样的消费模式，新的业态和商业模式都在涌现。越是和新技术、新媒体相关的文化创意领域，它的市场化、资本化、国际化的程度就越高，受众增长就越快，而且受众年轻化的程度也越高。所有这些产业的方向、门类都会迅速地增多。中国要在文化创意方面成为全球第一大国，超过传统媒体实力最强的美国，最大的希望就是在这些领域。因此，文化创意产业在今后的 5 到 10 年作为数字内容产业，具有非常重要的发展机会。

4. 文化创意产业作为城市化产业的发展机会

城市建设的主导者在经历了国家十年文化经济发展的洗礼之后，开始重新看待城市的发展。他们以文化主导的基本思路去看待这一新的发展态势。各地方政府普遍开始实施后工业化的发展战略，大量新颖的文化设施涌现出来，文化地产和创意地产成为这些城市最为亮丽的风景。

5. 文化创意产业作为全球化产业的发展机会

中国在国际文化贸易和版权贸易中的地位已发生改变，在国际文化产业分工体系中的位置也将发生变化。文化创意产业生产了一些具有民族文化符号和内容的创意产品，这些创意经济对发展中国家意义越来越重大。实际上，在联合国看来创意经济已经成为新的发展范式，要推动发展中国家尽快实现现代化，创意经济是发展中国家一个最重要的枢纽。因此，中国文化产品的出口在今后的几年内将会呈现不断扩大的趋势，文化创意作为全球化的产业在今后有着重大发展机会。

从消费者服务业、生产者服务业、新技术产业、城市化产业、出口产业五个方面来看，中国的文化创意产业今后五到十年的发展机会和发展空间是非常大的。

# 第二节 文化创意产业的创业机会识别

## 一、文化创意创业机会的识别过程

创业过程开始于创业者对创业机会的把握。创业机会的发现是创业机会识别过程中最重要的一步，它意味着创业者发现存在着的创业机会并使之形成自己所理解、认识的创业机会。在企业创建时期，真正的商业机会比团队的智慧、才能或可获得的资源更为重要。创业者从成千上万的创意中选择他心目中的创业机会，不断开发这一机会，使之成为真正的企业直至最终收获成功。这一过程中，机会的潜在价值以及创业者的自身能力得到反复权衡，创业者对机会的战略定位也越来越明确，这一过程称为机会的识别过程。这一过程实际上是一种广义的识别过程，因为它囊括了大部分研究中提到的机会发现、机会鉴别、机会评价等创业活动。Lindsay 和 Craig 将这一过程分成三个阶段，并且给出了一个简单的框架，如图 3-2 所示。

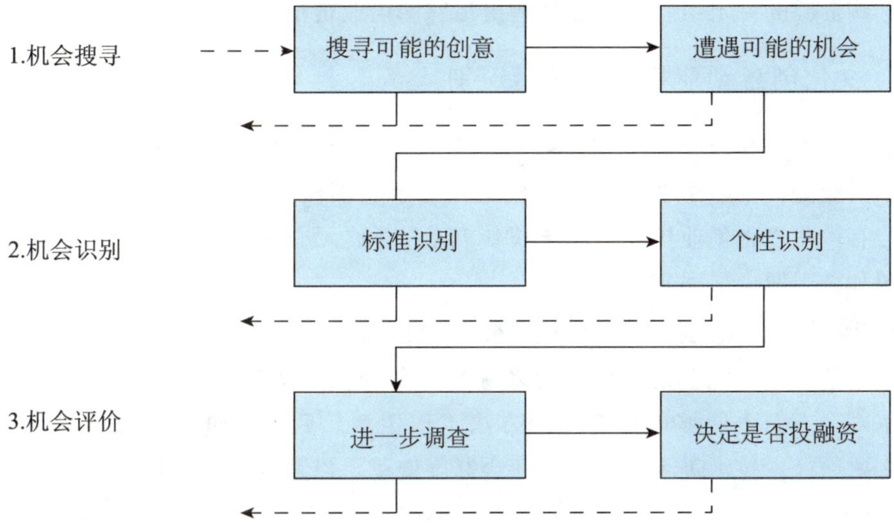


**图 3-2 机会识别过程的三阶段模型**

阶段 1：机会的搜寻

这一阶段创业者对整个经济系统中可能的创意展开搜寻，如果创业者意识到某一创意可能是潜在的商业机会，具有潜在的发展价值，就进入机会识别的下一阶段。

阶段 2：机会的识别

相对整体意义上的机会识别过程，这里的机会识别应当是狭义上的识别，即从创意中筛选合适的机会。这一过程包括两个步骤：第一步是通过对整体的市场环境，以及一般的行业分析来判断该机会是否在广泛意义上属于有利的商业机会，也称为机会的标准化识别阶段；第二步是考察对于特定的创业者和投资者来说，这一机会是否有价值，也就是个性化的机会识别阶段。

阶段 3：机会的评价

实际上，这里的机会评价已经带有调查的含义，相对比较正式，考察的内容主要是各项财务指标、创业团队的构成等，通过机会的评价，创业者决定是否正式组建企业吸引投资。

整体来说，这三个阶段既有区别又密切联系，不能将其割裂来看，比如，在机会搜寻识别的时候，其实已经在不自主地对机会进行评价，只是比较粗略而已，而在具体的评价中，创业者会更为详细地进行评价，如自身所拥有的资源、团队等条件，进行详细的市场调研、分析预期的财务状况，等等，在各环节中，各自的重心不一样。事实上，在一些研究中，机会识别和机会评价是共同存在的，创业者在对创业机会识别时也进行评价活动。机会识别和机会评价并非是完全割裂的两个概念，创业者在机会开发中的每一步，都需要进行评估，机会评价伴随于整个机会识别的过程。在初始阶段，创业者可以非正式地调查市场的需求、所需的资源，直到判定这个机会是否值得考虑或是进一步深入开发，在开发的后期，这种评价变得较为规范，并且主要集中于考察这些资源的特定组合是否能创造出足够的商业价值。

## 二、文化创意创业机会的途径识别

创业机会来源和分类众多，但都不外乎来自机会自身和机会所在环境，对此不同学者有不同看法。很多学者认为创业机会存在于新潮流和创新中，也存在于合适的大环境下，有一些人将创业机会归功于机缘巧合，即“无心插柳柳成荫”。归纳起来，可以从宏观和微观两个层面来理解。

### （一）识别文化创意创业机会的宏观途径

熊彼得认为创业机会最有价值的来源是外部变化，变化让人们可以尝试之前没有试过的东西，人们也能够以更有效的方法工作生活。后来者进一步完善了他的理论，有三个主要途径：技术进步，政治与社会制度变革，以及社会与人口的变化。

(1)技术进步

创业机会的重要来源之一就是技术进步，比如，智能手机的快速发展运用，带来了很多的创业机会，从生产制造如芯片、屏幕等，到应用服务如各种 App。

(2)政治与社会制度变革

创业机会的另一个重要来源是政治与社会制度的变革。比如，在电信行业、银行业解除管制之后，使现有企业更难阻止新的竞争者，新的创业者则有机会利用更有优势的技术、服务抢占市场。

(3)社会与人口的变化

创业机会的另一个重要来源是社会与人口的变化。首先，对产品和服务的需求是不断变化的，因而创业者可通过提供满足客户需求的产品和服务来把握新机遇；其次，社会和人口结构的变化促使人们提出解决方案，根据客户的需求，提供比目前更有效的方案。

通过对众多企业创业的案例分析发现，这些创业机会大致来自以下几个方面：顾客、企业、渠道、政府机构、研发活动、国外市场。

(1)顾客

顾客是最应关注的，在这方面，几乎所有风行市场的产品的掌舵者都充分了解顾客，都曾经在产品进入市场之前就与顾客有大量的接触。这就使得他们的产品能很好地满足顾客的潜在需求。他们在与顾客的接触中了解顾客对于现有商品的看法，从中得到真实的信息。与顾客接触大都是采用个人的非正式的方式，也可采用较为正式的顾客座谈等形式，使顾客可以在不同场合表达他们的意见和看法。如果能从不同顾客中看到大体一致或具有相同倾向的意见，而产品可以解决这些问题，说明该产品的市场机会足够大。

(2)企业

业内人士对产品更为了解，所以对业内企业的跟踪可以事半功倍。但由于对企业跟踪的成本比较高，所以对行业较为熟悉的或有专业能力的创业者可以对市场上对手的产品、服务进行跟踪、分析和评价，由此发现产品的优劣，并且有针对性地改进产品或开发新产品。这样就有可能发现较大的市场机会或开创新的市场机会。

(3)渠道

对于顾客的了解，分销商最有心得，因为他们整天与顾客打交道。他们知道顾客和市场的需求，所以对产品的看法可能比顾客更为清晰和准确。所以在这方面，不仅要与顾客交流，还要与分销商进行交流，倾听他们的建议。他们的建议中不乏真知灼见，特别是对于渠道营销的方法可能有很多好的策略，这样可以使产品更好地与顾客接触。当然，与他们的交流也可以帮助创业者推广新产品。

(4)政府机构

与政府机构的交流常常被创业者忽视，其实这也是发现创业机会的重要来源。首先，与政府机构的接触可以及时了解政府政策，而政府政策不仅包括政府管制，同样也包括政府支持，这两方面都包含巨大的商业机会。其次，了解政府的工作重点，解决政府因效率低下或者成本过高而不愿意做的事情，也会得到政府的大力支持。再次，可以到政府部门研究专利档案，其中蕴含着大量新产品的创意，从中可以发现新思路的市场机会。最后，政府相关部门有很多其他信息，对于我们整体把握市场也很重要。

(5)研发活动

对新技术的了解就是从研发中获得的，主要应对业内企业目前的研发活动有所了解，当然还不局限于此，包括所有目标产品的基础研究也应重视，因为专家所研究的项目往往与基础性有关，而企业则与应用技术有关。关注专家们的研究和企业开发同等重要，这样就会很好地把握新技术进入应用的节奏。如互联网对于视频技术的应用，如果能了解专家们对于视频基础技术的研究进展，再跟踪 IBM 和 ADOBE 等企业的应用开发，同时关注网上的草根研究小组，再看看应用网站，就会发现未来视频技术应用的前景。

(6)国外市场

要经常关注国外市场的动向。中国是一个新兴市场，与发达国家的市场相比，很多产品要在发达国家市场兴起之后，才会在新兴市场中出现。所以关注国外市场出现的新动向，在适当的时机下，就有可能成为新兴市场的大机会。这方面，很多企业做出了很好的榜样，如 GOOGLE 之于百度、EBAY 之于淘宝、亚马逊之于当当网等，都是在国外兴起一两年之后，国内就开始出现类似的产品。

### （二）识别文化创意创业机会的微观途径

Vesper 将创业机会的出现分为 7 类，包括从意外邀请中获得，从前职场中获得，从管理中获得，从自我雇佣中获得，从兴趣中获得，从社会人际关系中获得，从单纯的行人观察获得。他认为事业构想存在于无意之中，很多人都在努力地寻找成功的事业构想，但以失败告终，通过这些失败案例发现，成功的构想往往存在于创业意料之外。这表明，并不是需要创业者自己去寻找，而是在其努力寻找的相关的事件中接触到的构想，才能够发展为成功的事业构想。

“从意外邀请中获得的机会”是人们在没有任何想法就直接出来创业，或者创业者踏足新领域中出现。创业构想与事前是否已经有创业概念没有关系，大部分都是偶然出现的情况。

“从前职场中获得的机会”指大部分的创业构想都是待创业者在以前的职场中获取的，在前职场受到的相关培训使其获得一定的专业知识及技术或是一定的职场秘诀，并将其作为自己创业构思的重心。寻找与前职场相关联的创业机会时，需要注意熟识前职场的背景和领域并与自己的创业构想相联系。

“从管理中获得的机会”是指先获得管理权然后从中获得创业机会，这其中有两种含义。其一是从具有构想开发权者入手，即获得事业权的方法，其二是与具有创业构想的创案人员结成合作关系。事业权的获得是指从开发产品或是服务构想的所有者处获得产品和服务的生产及贩卖权，同样这里的机会来源指的是购买事业权或是与预备创业者合作。

“从自我雇佣中获得的机会”是指首先试图开始某种事业，从而能够联系到其他事业的一种机会，也就是说为了要发现金子而先发现附着金子光芒的东西的原理。在自身的雇佣这种方式下，进入到事业中从而找到连接其他事业的契机。在某种契机的引导下，其他的相关机会也能够发现，如此被称为街边效应。

“从兴趣中获得的机会”是通过自身兴趣而获得创业机会，在做某件事情之前对此事存有兴趣并慢慢深入，或是在指导别人做某事时恰巧成了自身创业的契机。

“从社会人际关系中获得的机会”是指通过与邻居相处、游学经验、趣味生活而获得的创业构想。与上述内容相联系并展开的研究不难被发现，从偶然接触中获得的机会也相对容易得多。

Vesper 的创业机会来源的分类最后是“从单纯的行人观察获得的机会”，即通过观察路边走路的行人而获得创业的种子。单纯的观察也会引发创业者自身制定偶然的创业目标，这也是促使创业者创业的一种机会。

## 三、文化创意创业机会的时机识别

在机会开发过程的任何时刻，如果有明显的迹象表明创业者不能有效组织供应方或弥补需求差异，那么商业概念很有可能被修改甚至放弃。尽管发现创业机会是创业的必要条件，但它还不是充分条件。发现创业机会后，潜在的创业者必须决定如何开发利用机会。但是，并不是所有机会最后都得到了开发，即使开发了也未必都能获得成功。创业机会的识别、评价和利用是创业者个人的个性、能力、资源等条件与创业机会的时机本身相互作用的过程。

### （一）无知临界值与机会开发

创业机会的开发遵循“机会探索——识别开发——退出”的过程。创业者探索活动的理性选择是按照比率原则，即采用知识累加与成本的比值作为衡量比率，创业者应该按照这一比率由高到低的顺序逐一执行探索活动。因此，何时结束探索活动，转为机会开发，也是创业研究的重要问题：一方面，缩短探索时间，加快机会开发可以减少竞争，获取更大先动优势；另一方面，增加探索时间延迟机会开发，又可以累积知识从而降低开发时的创业损失。因此在理论上存在一个机会开发最佳时点，在这一点，创业者达到“无知临界值”（见图 3-3）。

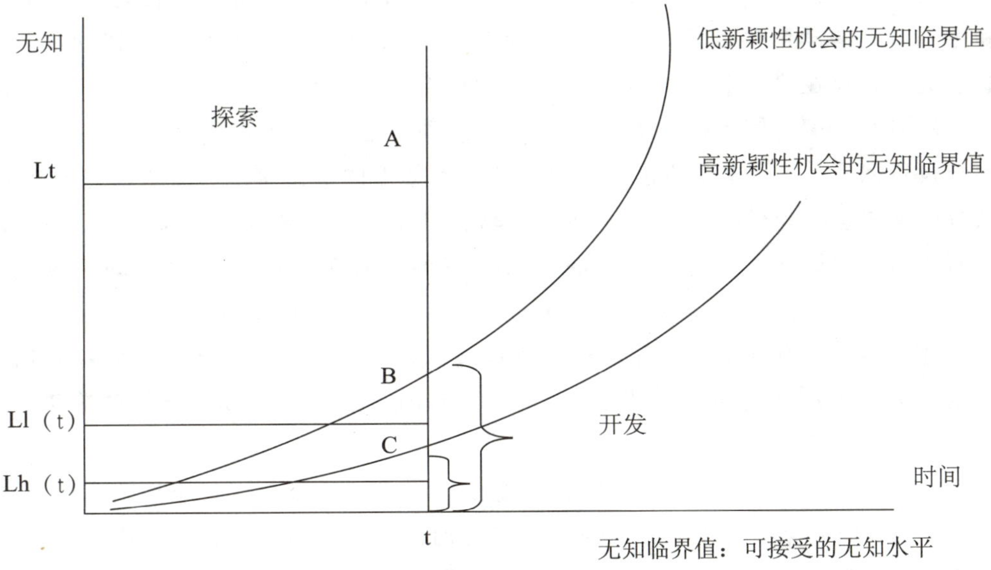


**图 3-3　无知临界值与机会开发**

“无知”是指创业者一种缺乏领会商业机会所必需的技术和市场知识的状态(如图中A点所示)。此时创业者的理性决策是积累知识，待到他(她)的无知降到了一个可接受的水平之后，他(她)才可以开始机会开发活动，这个可接受的水平便称为“无知临界值”(如图中B或C点所示)。所谓临界值的意思是，唯有达到这个要求，才可以开始机会开发。无知临界值是时间的函数，随着时间的增加，创业者不断获取市场、技术信息，无知程度下降，越来越趋近于临界值。这一过程从另外一个角度来看，意味着随着时间的增加，无知临界值将越来越容易达到，表现在图中，即无知临界值是向右上方倾斜的曲线。无知临界值取决于两个因素，知识管理导向和机会的类型。创业者可以采取显性导向，公开企业知识以获取创业合法性(如企业知识是受法律保护的技术发明、专利等)，这种情况下，企业应该相对加快机会开发，减少探索时间；反之，如果企业多是不能公开的商业秘密，不得不采取隐性导向时，最好推迟机会开发，通过增加探索时间降低开发时的创业损失。

机会类型与无知临界值的关系是，机会的创新性越低，创业者越容易掌握相关的技术和市场知识，因此无知临界值越大；反之，机会的新颖性越强，无知临界值越低，创业者越难达到这个最低要求，因此相对要增加探索时间，机会开发的时机将被推后(表现为图中，高新颖性机会的无知临界值C要低于低新颖性机会的无知临界值B)。

### （二）创业机会选择的机会之窗

创业机会存在于现实的时间之中。一个好的机会是诱人的、适时的，它被固化在一种产品或服务中，这种产品或服务为它的买主或最终用户创造或添加了价值。如果真的有一个经营机会，是否有抓住这个机会的足够时间呢？这取决于技术的动作和竞争对手的动向等因素。所以，一个市场机会通常也是一个不断移动的目标，在此意义上，存在着一个“机会窗口”。所谓机会窗口，就是指市场存在的发展空间有一定的时间长度，使得创业者能够在这一时段中创立自己的企业，并获得相应的盈利与投资回报。图3-4中给出了一个一般化市场上的机会窗口。曲线描述的是典型新兴行业的快速生长模式与生命周期，如软件产业。在成熟的行业，曲线的坡度平缓，商机出现的概率要小一些。一般来说，市场随着时间的变化以不同速度增长，并随着市场的迅速扩大，会出现越来越多的机会。但当市场变得更大并稳定下来时，市场条件就不那么有利了。因此，在市场扩展到足够大的程度，形成一定结构时(如图显示的第5年)，机会窗口就打开了；而当市场成熟了之后(如图显示的第15年)，机会窗口就开始关闭。

由此可见，一个创业者要抓住文化创意市场机会，其机会窗口应是敞开而不是关闭的，并且它应该保持敞开足够长的时间以便加以利用。如果等到机会窗口接近关闭的时候再来创业，留给创业者的余地将十分有限，新创企业也就很难盈利。

Timmons也在他的著作里描述了一般化市场上的“机会之窗”。不同时间阶段的市

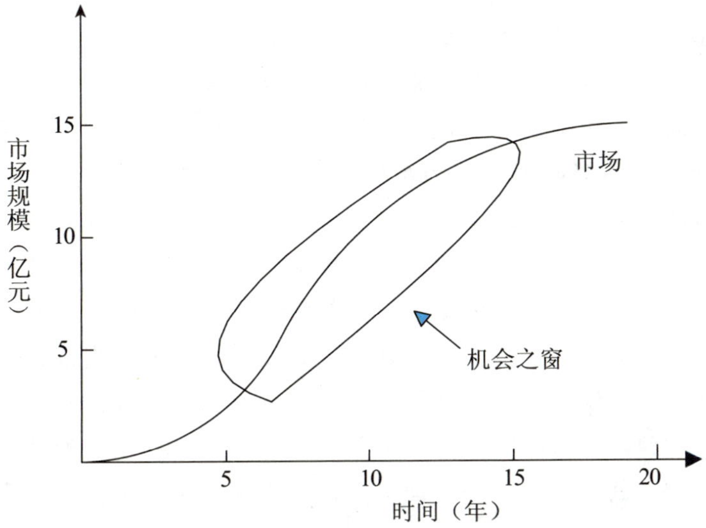


**图 3-4　机会识别的机会之窗**

场，有着不同的成长速度。市场发展较快时，创业机会也较多；对于那些机会之窗打开的时间比较长一些的机会，创业成功的机会也大一些，也可拥有更长的获利时间，相应地，创业者对这种机会的期望值也要高一些。机会窗口周期的长短取决于许多因素。首先，是竞争模仿，对于同质化竞争，采取一些措施如商业保密制度、申请专利保护等都是延长机会的方法；其次，减缓信息扩散的速度；最后，如果拥有别人难以模仿或稀有的资源，也可以通过减少产能，延长机会的持续时间。

## 四、影响创业机会识别的因素

创业机会的选择是指创业者对识别到的机会进行有效的规模化运作。对于大多数的创业者来说，要想创建企业来获取利润，机会选择是一个必要的步骤。在这个过程中，先探索后开发的顺序无论是从理论上还是实践中都被认为是在创业过程中具有里程碑效果的连续事件。创业机会只有被真正开发并开展创业活动才能够最大限度地创造社会价值。识别与选择合适的创业机会是成功的社会创业者开展社会创业的必备条件，也是成功的社会创业者的特质之一。创业机会识别过程是一个不断调整反复均衡的过程。不同的创业者可能关注不同的创业机会，即使是同一个创业机会，不同的人对其评价也往往不同。要想提高创业机会识别的成功率就要了解是什么因素直接或间接影响着创业机会的识别，这样才能做到按图索骥，解决创业活动中的困难。而创业机会识别又发生在创业活动的各个阶段，往往会受到很多因素的影响，既取决于创业者个体，又受到外部环境因素的制约。在影响机会识别和开发的各项因素中，Shane 和 Venkataramen 认为主要可以分为两个方面，即机会的自然属性和创业者的个人特征。

机会的自然属性：机会的特征是影响人们是否对之进行评价的基本因素。创业者选择这项机会是因为相信其能够产生足够的价值来弥补投入的成本，创业机会的自然属性很大程度上决定了创业者对其未来价值的预期，因而对创业者的机会评价产生重大影响。蒂蒙斯对创业机会的总结包括市场需求、市场机构和规模以及市场利润指标等，对创业机会的识别都起到一定的帮助作用。行业与市场、经济因素、竞争优势、收货条件、管理团队、创业者的个人标准、理想与现实的战略性差异都是影响机会识别的一些必要因素。除此之外，创业环境对机会的识别同样起着重要作用。包括政治环境、经济环境、人口需求、文化背景、行业发展等宏观因素。

创业者的个人特征：对于机会识别来说，更重要的因素应当来自创业者的个人因素，这是因为从本质上说，机会识别是一种主观色彩相当浓厚的行为。即使某一机会已经表现出较好的预期价值，但是并非每个人都能从事这一机会的开发并且坚持到最后取得成功，因此，创业者的个人特征对于机会识别来说更为重要。现有的研究中提到了一些创业者与机会识别相关的个人特征。

(1)警觉性

社会创业者除了具备相关知识以外，还要有对社会创业机会的警觉性。Kirzner 认识到创业者具备一种明显的素质，这种素质能够使他们发现创业机会，他把这叫作警觉性。他将此定义为“对可获得(目前却被忽视)的创业机会的敏感性”。简单地说，就是创业者除了发现社会需求外，还需要有满足这种需求的灵感，即把需求与满足需求结合起来。创业者独特的市场敏锐性体现了创业者独特机会识别的认知模式。人们对机会的识别能力首先要受到他们的敏感性的限制。敏感使得企业家能看到别人看不到的机会，机会的识别有一系列必要的环节，创业者必须首先识别由于市场或政府的失灵产生的需求。

(2)风险感知

机会评价与创业者的风险感知显著相关，而创业者的风险感知又取决于创业者的自信心、不依赖计划、渴求控制等因素。成功的创业者需要有执着的信念，并且能够坚持他们的事业直至最后成功。研究显示创业者的自信能够增强他们对机会的感知。

(3)知识与信息

创业者更加关注与他们已经拥有的信息、知识相关的机会，并且创业者拥有的知识将在技术开发、机会识别、机会开发三个方面影响机会的发现。创业者所拥有的创业机会的相关知识和信息很大程度上影响他对创业机会的识别。俗话说“外行看热闹，内行看门道”，拥有相关行业的专业知识和从业经验是很多投资者考察创业者的重要指标，只有有着丰富的相关知识的创业者才能被准确地识别出来。现代社会是信息社会，对信息拥有先有权的人越来越少，率先把商机识别出来是创业家拥有的一种能力。

(4)社会网络

创业者的网络对机会识别相当重要，而且通过实证检验，拥有大量社会网络的创业者与单独行动的创业者在机会识别上有显著的差异。过去对创业机会识别的研究注意到了这一影响，并且发现了在创业者的社会网络中的其他个体，比如，顾客、雇员、熟人等是机会的重要来源。社会创业者的社会网络会增强他们对社会创业机会的警觉性。创业者可能不会意识到社会创业机会，但是这些机会却可能通过他们的社会网络中的其他人降临到他们身上。在社会创业的研究中，各种类型的学者都强调了社会网络的重要性，因为它不仅是社会创业机会的源泉，也提供了获得信息、资源和支持的渠道。

值得注意的是，这些个人因素并非彼此独立存在，在某种程度上，它们彼此之间也存在一定的相关性，这种交互作用使得单纯研究某一因素和机会识别之间的关系存在着一定缺陷，需要我们考虑所有因素和机会识别之间的关系。

## 拓展阅读

### 如何寻找创业项目

1. 基于解决实际困难

创业者如果善于调查分析人们的实际困难，就不难找到合适的创业项目。“别人的困难往往就是创业成功的机会。”创业者通过为他人提供有益的服务、为他人解决工作和生活中的困难可以获得正当的盈利。只要创业者能够掌握并能灵活运用这一策略，可以说，处处有创业项目，时时有创业项目。

2. 从其他商品忽视的细节中寻找项目

市场上销售的商品总会存在这样或那样的问题。有的在功能和性能方面不够完善，有的在结构方面不够合理，等等。创业者经过调查分析，针对这些商品存在的问题，结合自己的兴趣、特长和熟悉的行业，选择一种商品进行改进、完善、提高，以此作为创业项目往往成功率很高。

3. 基于市场供求差异

从宏观上看，任何产品或服务的市场需求和供给之间都会存在一定的差距。创业者发现哪个产品或服务的市场供给不足，就可以从中找到创业机会，选定创业项目。市场需求是不断变化的，因此，即使有时市场供求总量平衡，但结构也会出现不平衡，这样就会有需求空间存在。创业者通过分析供需结构也可以从中发现创业机会，选定创业项目。

4. 利用市场细分

所谓市场细分，就是根据市场上顾客需求的差异性，以影响顾客需求和欲望的某些因素为依据，把某种商品的整体市场划分为若干个消费者群的一种分类方法。通过市场细分划分出的每个消费者群就是一个子市场。每个子市场都是具有相同或类似需求倾向的消费者群体。因此，属于同一子市场的消费者对同一商品的需求极为相似；分属不同子市场的消费者对同一商品的需求则存在着明显的差异。

## 第三节　文化创意产业的创业机会分析评价

“评价”这个术语通常与一项判断联系在一起。这个判断决定了正在开发的机会是否值得得到人力、物力、财力的支持以及能否进入下一阶段的发展。在创业过程中，对机会进行评价的人主要是创业者(包括创业团队)、投资者。在创业的不同阶段，随着信息的收集、各方面情况的变化，创业者很可能对这一机会做出多次评价，这些评价会使创业者识别出其他的新机会或调整其最初的看法。下文将对目前运用得比较广泛的评价方法进行分析阐述。

### 一、Timmons 创业机会评价模型

著名的创业学家 Timmons 总结概括了一个评价创业机会的框架体系，其中涉及八大类 53 项指标。通过一种量化的方式，创业者可以利用这个体系模型对行业和市场问题、竞争优势、经济结构和收获、管理团队、致命缺陷等做出判断，来评价一个创业企业的投资价值和机会，见表 3-2：

**表 3-2　Timmons 创业机会评价的指标框架**

| 评价要素 | 评价指标 |
| --- | --- |
| 行业与市场 | 1. 市场容易识别，可以带来持续收入。<br>2. 顾客可以接受产品或服务，愿意为此付费。<br>3. 产品的附加价值高。<br>4. 产品对市场的影响力高。<br>5. 将要开发的产品生命周期长久。<br>6. 项目所在的行业是新兴行业，竞争不完善。<br>7. 市场规模大，销售潜力达到 1 千万到 10 亿。<br>8. 市场成长率在 30%～50%，甚至更高。<br>9. 现有厂商的生产能力几乎完全饱和。<br>10. 在五年内能占据市场的领导地位，达到 20%以上。<br>11. 拥有低成本的供货商，具有成本优势。 |

续表

| 评价要素 | 评价指标 |
|---|---|
| 经济要素 | 1. 达到盈亏平衡点所需要的时间在 1.5 到 2 年以下。<br>2. 盈亏平衡点不会逐渐提高。<br>3. 投资回报率在 25%以上。<br>4. 项目对资金的要求不是很大，能够获得融资。<br>5. 销售额的年增长率高于 15%。<br>6. 有良好的现金流量，能占到销售额的 20%甚至 30%以上。<br>7. 能获得持久的毛利，毛利率要达到 40%以上。<br>8. 能获得持久的税后利润，税后利润率要超过 10%。<br>9. 资产集中程度低。<br>10. 运营资金不多，需求量是逐渐增加的。<br>11. 研究开发工作对资金的要求不高。 |
| 收获条件 | 1. 项目带来的附加价值具有较高的战略意义。<br>2. 存在现有的或可预料的退出方式。<br>3. 资本市场环境有利，可以实现资本的流动。 |
| 竞争优势 | 1. 固定成本和可变成本低。<br>2. 对成本、价格和销售的控制较高。<br>3. 已经获得或可以获得对专利所有权的保护。<br>4. 竞争对手尚未觉醒，竞争较弱。<br>5. 拥有专利或具有某种独占性。<br>6. 拥有发展良好的网络关系，容易获得合同。<br>7. 拥有杰出的关键人员和管理团队。 |
| 管理团队 | 1. 创业者团队是一个优秀管理者的组合。<br>2. 行业和技术经验达到了本行业内的最高水平。<br>3. 管理团队的正直廉洁程度能达到最高水准。<br>4. 管理团队知道自己缺乏哪方面的知识。 |
| 致命缺陷 | 不存在任何致命缺陷问题。 |
| 个人标准 | 1. 个人目标与创业活动相符合。<br>2. 创业家可以做到在有限的风险下实现成功。<br>3. 创业家能接受薪水减少等损失。<br>4. 创业家渴望进行创业这种生活方式，而不只是为了赚大钱。<br>5. 创业家可以承受适当的风险。<br>6. 创业家在压力下状态依然良好。 |

续表

| 评价要素 | 评价指标 |
| --- | --- |
| 市场行业结构 | 1. 理想与现实情况相吻合。<br>2. 管理团队已经是最好的。<br>3. 在客户服务管理方面有很好的服务理念。<br>4. 所创办的事业顺应时代潮流。<br>5. 所采取的技术具有突破性，不存在许多替代品或竞争对手。<br>6. 具备灵活的适应能力，能快速地进行取舍。<br>7. 始终在寻找新的机会。<br>8. 定价与市场领先者几乎持平。<br>9. 能够获得销售渠道，或已经拥有现成的网络。<br>10. 能够允许失败。 |

指标评述具体包括如下几个方面。

(1)创业企业行业与市场表现评价指标：从竞争者角度来看，包括以下 4 个评价指标：行业是新兴行业，竞争不完善；竞争者生产能力几乎饱和；在 5 年内能占据市场领导地位，达到 20%以上；技术优势、成本优势或者销售网络优势。供应商角度，包括同竞争者比，拥有低成本供应商；供应商的议价能力强；产品角度，包含产品的利润空间高；产品的不可替代性高，市场影响力大；产品的生命周期长；产品的技术要求高，进入门槛严格。针对消费者角度，包括市场是否容易识别；顾客对企业提供的服务的满意度是否高；市场规模大小；市场成长率在 30% 或者更高。

(2)对于企业所面临的经济因素，Timmons 模型考察了以下几个方面：创业企业达到盈亏平衡点的时间，企业的投资回报率，项目的融资能力，年销售额的增长率，良好的现金流能力，企业的毛利润等。

(3)对于企业的收获条件，包括项目附加值的战略意义和企业现有的或可预料的退出方式。

(4)企业的竞争优势包括成本优势，专利权的优势，关系网络，杰出的管理团队。

(5)创业企业的管理团队指标，包括创业团队是一个优秀管理者的组合，管理者的行业和技术经验达到了行业内的最高水平，管理者的正直廉洁程度达到了很高的水平，创业团队知道自己还缺少哪方面的经验和知识。

(6)创业企业不存在任何致命缺陷。

(7)对于创业者的个人标准要求：个人目标同创业活动相符合，可以承担一定的风险，面对压力仍然保持良好的管理状态等。

(8)创业企业理想与现实的战略性差异：所创办的企业适应时代潮流，采用的技术具备突破性，时刻寻找新的机会，定价与市场领先者几乎持平，能够允许失败，在客户服务管理方面有很好的服务理念，企业具备灵活的适应能力。

以上评价因素，应根据具体的创业机会特性进行选用，在评价运用时都设有机会的最高和最低吸引力，通常大多数创业机会都是处于最高与最低之间，运用者根据具体情况对所运用的每一项进行打分，然后根据得分高低来判断该创业机会的潜在价值。

## 二、创业机会 SWOT 分析

创业机会 SWOT 分析，S 表示优势(Strength)，W 表示劣势(Weakness)，O 表示机会(Opportunity)，T 表示威胁(Threat)。SWOT 分析是将企业内外部的各种条件进行综合概括，从而分析组织的优劣势以及面临的机会和威胁，它关注企业自身情况及其与竞争对手的比较，而机会威胁矩阵分析的重点是外部环境对企业的影响。优势，主要指组织的内部因素，可以是有利的竞争地位，充足的资金来源，技术实力雄厚，经济规模较大，较好的产品质量，市场份额领先，成本优势等。劣势，也是属于组织的内部因素，可以是设备陈旧，经营管理不善，没有关键技术，技术研发落后，资金缺乏等。机会，主要指组织的外部因素，可以是更有竞争力的新产品、新兴市场、新需求以及竞争对手的错误等。威胁，也指组织机构的外部因素，可以是新进入的竞争者、产业政策变化、财政紧缩、客户流失等。如图 3-5。

**图 3-5　SWOT 矩阵分析模型**

整体来看，SWOT 分析可以分成两大部分，一部分是优劣势(SW)，其重点分析对象是内部条件，另一部分是机会与威胁(OT)，重点分析对象是外部条件。通过这个方法，创业者或企业可以从中发现对自身有利的机会、可以继续发扬保持的优势，也可以看到不利于自身的威胁或是相对于竞争对手的劣势，从而更清晰地认识自身角色定位，发挥优势、避开威胁或做好应对措施，以保障企业持久稳定的发展。同时，经过分析，也能分清不同事情的轻重缓急，以及战略战术关系，将其一一列举，按矩阵排列，随后进行综合分析，可以得出分析结构。

第一，SWOT 分析步骤，如图 3-6：(1)分析环境因素，罗列组织的优劣势和可能的威胁跟机会；(2)构造 SWOT 矩阵，按各因素的轻重缓急进行排序，将优劣势分别与机会、威胁进行组合，形成 SO、ST、WO、WT 四种策略矩阵；(3)分别对上述四种策略进行甄选，做出决策或行动计划。

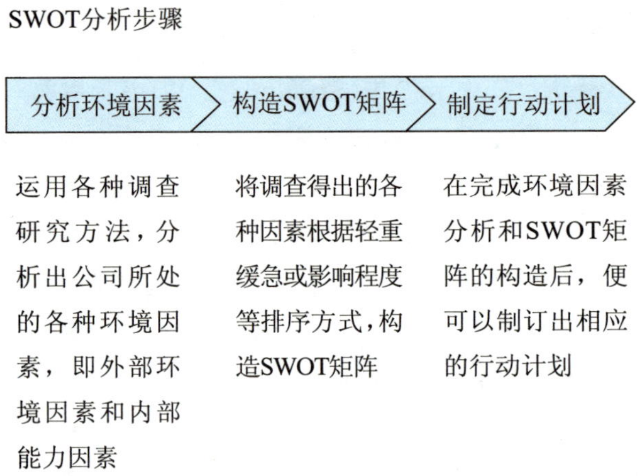


**图 3-6 SWOT 分析步骤**

第二，机会威胁分析(OT)，如图 3-7。关于机会和威胁的分析，主要有两种方法，一种是 PEST 分析，如图 3-8，另一种是波特五力模型分析，将在后续进行分析。

第三，优劣势分析(SW)，如图 3-9。在市场中优劣势是相对而言的，当两个企业或创业者处于同一市场之下，或者他们提供的产品和服务的顾客群相同时，那么在此情况下，能够占领更多市场份额，获取更高利润的一方就比另一方具有竞争优势。通常情况下，竞争优势指的是一个企业超越其竞争对手的一种能力，这种能力的核心就是盈利，当然，盈利是核心但并非全部。

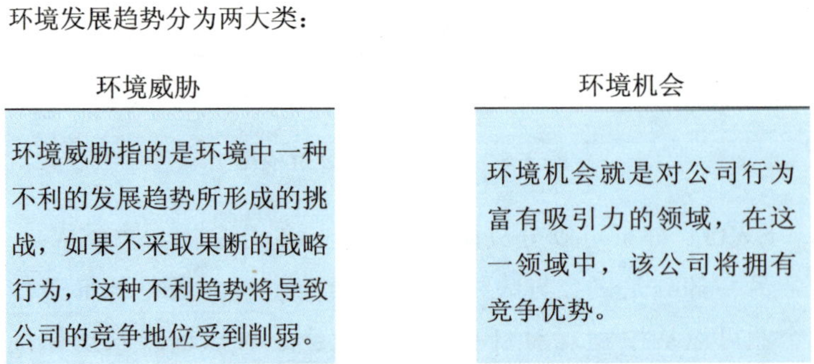


**图 3-7 OT 机会与威胁分析(外部环境分析)**

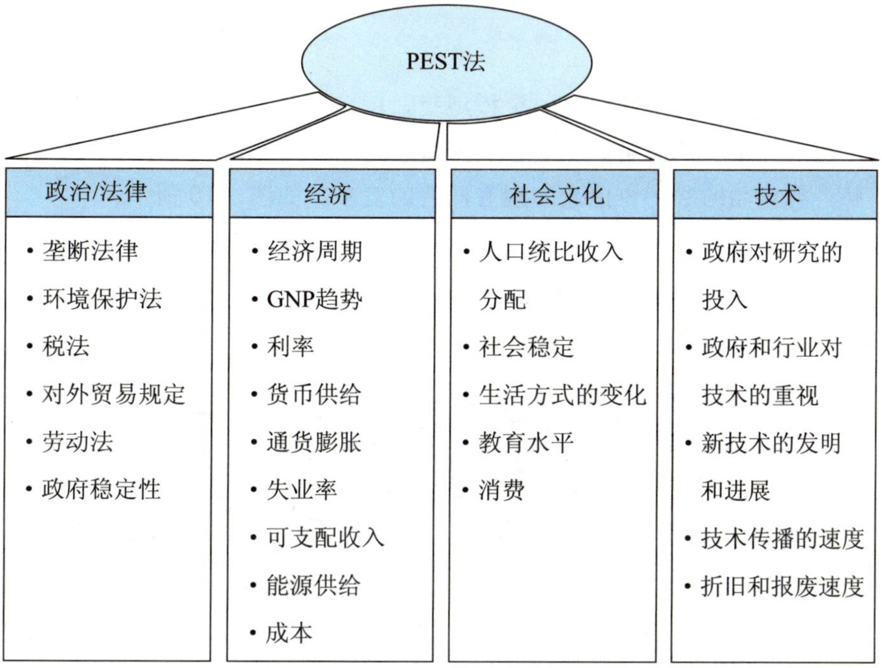


**图 3-8　PEST 分析法**

具体来说，竞争优势有十分广泛的来源，但要注意，在分析某产品或企业是否具有优势时，必须从消费者的角度考虑，而不能从企业本身角度来衡量。竞争优势可以是相比对手能更好地满足消费需求的产品或服务，可以从产品或服务的每个价值环节进行分析查找，并与竞争对手进行一一比较，比如，更好的性能、耐久性，更漂亮的外观，或是更好的消费环境、更好的服务态度，等等，但是企业是一个综合体，在进行企业之间的优劣比较时，需要对各方面的细微优势进行综合，整理得到综合优势，更利于管理也利于扬长避短，进一步增强综合实力。

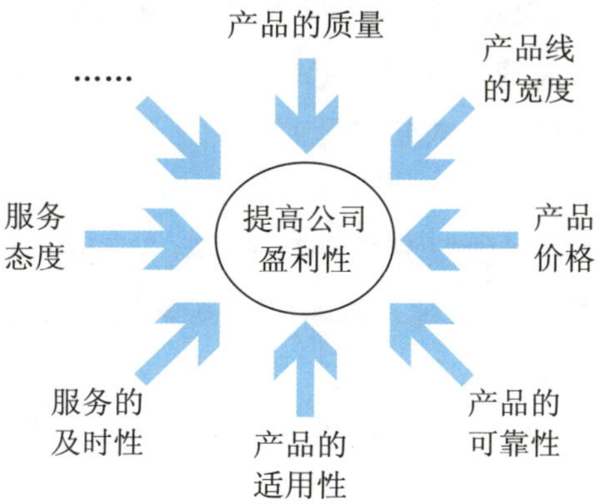


竞争优势可以指消费者眼中一个企业或它的产品有别于其竞争对手的任何优越的东西。
需要注意的是一定要从消费者的角度出发，寻找与竞争者或行业平均水平比较，公司的产品与服务有什么优势劣势；而不是从公司的角度出发，衡量企业的竞争优势。

**图 3-9　SW 优势与劣势分析（内部环境分析）**

## 三、波特五力模型分析

五力模型是将各种因素综合在一个模型里，用以分析一个行业的基本的竞争状况。这个模型里的五种主要因素分别是：供应商的议价能力，购买者的议价能力，潜在进入者的威胁，替代品的威胁，以及与现有同行的竞争，如图 3-10 所示：

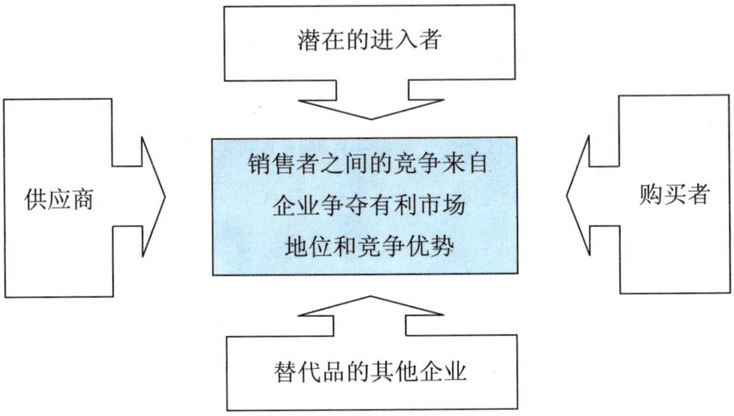


**图 3-10　波特五力模型**

模型中的主要因素分析如下：

1. 供应商的议价能力

供应商对一个企业的竞争力的影响主要就是通过所提供的生产要素的数量、价格来影响购买方的产品产量、价格，从而影响其盈利能力和竞争力，特别是对原料依赖程度较高的行业，如钢铁冶炼等，供应商对生产企业的影响是很大的，相应地供方的议价能力就比较强。总体来说，供方的议价能力取决于其提供的要素对购买方的重要程度，以及供方要素本身质量和供方之间的相互竞争情况，以下是几种供方议价能力较强的情况：(1)供方市场份额规模很大，地位稳固，且同行竞争者较少，而需求较大；(2)供方产品具有差异化，比较独特，比如拥有专利保护的产品，很难有模仿或替代品；(3)供方之间形成战略联盟，实行价格保护，共同进退。

2. 购买者的议价能力

购买者主要以议价水平和提出更高要求更好的服务来进行博弈，从而达到其议价目的。以下是几种顾客议价能力较强的情况：(1)某种产品或服务顾客群体数量较少，但单份购买数量较大，即重要的大客户；(2)卖方行业自身实力较弱，卖方企业规模均不大；(3)顾客所需产品为标准化产品，卖家众多；(4)跟供方一样，购买者形成顾客团体，如团购等形式。

3. 潜在进入者的威胁

新进入者对于双方来说都是一种竞争，它可以为市场注入新的活力，形成充分竞争，共同推进市场繁荣，也有可能演化为恶性竞争而给整个市场带来灾难，新进入者的威胁程度取决于两个方面，一是新领域的进入壁垒的大小，二是现有企业对于新进入者的接纳情况。进入障碍主要有经济规模、产品差异、资本需要、转换成本、销售渠道等方面。现有企业对进入者的接纳情况，则取决于现有企业的实力和战略，决定其是否会采取阻击，所以新进入者需要考虑进入后的潜在利益、付出的代价和风险等综合因素。

4. 替代品的威胁

如果替代品相对已有产品显得物美价廉，而且顾客的转换成本较低，则会给现有企业带来较大的竞争压力，这种强度可以通过替代品的销售增长情况、市场份额等情况反映出来。

5. 同业竞争者的竞争程度

同行之间的竞争几乎不可避免，这里可以通过结合 SWOT 分析自身及外部环境的优劣势，制定相应的应对策略。

# 第四章　文化创意产业的创业团队建设

在创业的过程中，起关键因素的还是人，由各种人才组成的创业团队决定着创业过程的失败或成功，其中创业者在创业团队中的作用至关重要。创业者基于一定原则组建起来的创业团队需要进行科学的管理，只有历经创业的风浪起伏后方能磨砺成真正的“团队”，助推创业成功。

## 第一节　文化创意产业的创业者与创业团队

### 一、文化创意的创业者

#### （一）文化创意的创业者定义

创业者是指发现某种信息、资源、机会或掌握某种技术，利用或借助相应的平台，将其发现或掌握的技术，以一定的方式转化、创造成财富、价值，并实现某种追求或目标的过程的人。文化创意创业者是指从事文化创意领域的创业者，如广播影视、动漫、音像、传媒、视觉艺术、表演艺术、工艺与设计、雕塑、环境艺术、广告装潢、服装设计、软件和计算机服务等方面的创业群体。此外，现在蓬勃发展的互联网行业，加上文化创意的创造魅力，也涌现了“互联网＋文创”等大批创新创业者，如“饿了么”创始人张旭豪等。举办了四届的“中国互联网＋大学生创新创业大赛”中，每年也涌现出一批文化创意创业的大学生典型。榜样的力量也激发着一批又一批的有志青年加入自主创业大军中，成为中国文化创意产业经济发展的后起之秀。

#### （二）创业动机

创业动机是指引起和维持个体从事创业活动，并使活动朝向某些目标的内部动力，是鼓励和引导个体为实现创业成功而行动的内在力量。创业者创业动机存在显著差异，学历高的创业者更多是机会型创业者，把创业当作一项具有挑战性的工作对待；学历低的创业者以生存型创业为主导，更趋向于致富或满足生存的需要。文化创意创业者的动机更集中于积累和自我实现的需要。

1. 积累的需要

耶鲁大学的克雷顿·奥尔德弗(Clayton Alderfer)认为，人们存在3种核心的需要，即生存(Existence)的需要、相互关系(Relatedness)的需要和成长发展(Growth)的需要，这一理论被称为“ERG”理论。人的需求分为生存、相互关系和成长。这三种需求并不一定按照严格的由低向高的顺序发展，可以越级。当代大学生对于相互关系和成长的需要会逐渐强烈。有些大学生为了增加自己的实践经验，丰富社会阅历，或者为了以后的发展、实现自己的某个目标做好经济上的准备，在条件成熟的情况下也会利用课余时间走上创业的道路。这个类型的创业者往往以锻炼为目的，承受失败的能力较强。同时由于压力较小，失败的比例也比较高。

2. 自我实现的需要

心理学研究表明：25至29岁是人们创造力最为活跃的时期，这个年龄段的青年正处于创造能力的觉醒时期，对创新充满了渴望。青年人思维活跃、创新意识强烈同时所受的束缚较少，按照ERG理论对成长的需要也更为迫切。另外，由于大学生所处的环境更容易接触一些新的发明和学术上的新成果，甚至他们中的一部分人拥有自主知识产权的科研成果。为了能早日实现自己的目标，他们中的一部分人改变了观念也开始了自己的创业生涯。

3. 改变家庭和个人经济状况的需要

虽然随着社会经济的发展，国家助学体系不断完善，但仍然有不少大学生因为贫困而失学，而且在大城市上大学的生活费也随之水涨船高。在经济负担压力下，一些大学生为了顺利完成学业，利用课余时间打工来维持正常的学习和生活。在打工的过程中，有一部分具有创业素质的人会发现商机并且去把握它，开始走上创业的道路。文化创意的创业者更容易走上兼职创业的道路，大学生在学习空隙利用自身的专业技能兼职赚一些生活费，在此过程中发现商机，走上创业道路。目前已经有一部分学生开始独立承担自己的学习、生活费用，在他们中也产生了一定数量的创业先行者。

4. 自由的工作生活方式的需要

2017年中国人民大学牵头发布的《2017中国大学生创业报告》调研显示，有效样本3674名大学生中31%的大学生创业的首要驱动力是为了更加自由的工作生活方式。这也和90后、95后的大学生的个性特点相契合。更加热爱自由的生活方式，不喜约束，在求职工作方面表现较为明显。当前，我国的大学生就业形势比较严峻，一方面表现为就业市场竞争压力在不断变大，另一方面表现为大学毕业生的工资待遇降低。在这种情况之下，在找不到满意的工作时，一部分大学生开始创业，力争实现“财富自由”和“时间自由”。

### （三）文化创意创业者的特质与创业精神

1. 伟大创业者的 7 个特质

(1)不屈不挠

创业是一场马拉松赛，过程中充满了不确定性，只有排除艰难险阻才能取得最后的胜利。创业者不会因为有更好的机会而获得成功，也躲不过一些始料未及的错误。不屈不挠是创业最重要的品质。许多人创业都会遭遇到许多次失败，当失败发生时，就要重新开始。

(2)激情

有些人会下意识地认为财富是成功创业者创业的动力。但绝大多数创业者创业是出于对新产品、新服务的热情，或抓住了解决难题的机遇。这样做不仅可以让消费者买到物美价廉的产品，还能让人们享受更加舒适的生活。大多数创业者都有一种改变世界的信念。激情是支持创业的内在驱动力，它也是让创业者愿意不断付出的基础。

(3)能面对不确定性

这种特质用通俗的话来说，就是对风险的承受能力——承受不确定性带来的恐惧，并且能够承受潜在的失败。对恐惧的控制能力也是一项重要的创业者特质。

(4)远见

预测未知机遇的能力，以及预测他人不能预知的事情，这是创业者必备的特质之一。创业者会辨识出一些被忽略的市场机遇，使其走在创新和一些新兴领域的前列。创业者能想象出另一个世界，把自己的远见有效地转化为一种切实可行的事业，吸引到投资人、客户和员工。创业者会遇到许多唱反调的人，为什么？因为创业者看到的未来和反对者不一样，在未来还没有到来之前创业者就已经预见到了。

(5)自信

自信也是创业者的关键特质。创业者必须坚信自己的产品是全世界渴望的，发现市场机遇然后开拓新市场，在创业的过程中还要不断推翻现有的、普遍认可的观念。研究者将这种特质称为源自特殊使命的自信。有了这种信念，就算前途充满风险，创业者也可以做好充分的准备，有足够的信心完成任务。

(6)灵活性

创业的生存规则也像生命物种一样，是建立在适应周围环境的基础上的。最终推出的产品或服务很可能不符合最初的计划。因此，灵活性会有助于创业者适应市场环境，应对大众多变的偏好。创业者必须围绕着市场的变化进行调整。

(7)打破常规

创业者成功的标志之一即否定已有传统。简单来说，创业就是打破常规。据柏森商学院的一项报告显示，只有 13％的美国人最终可以进入到创业者的行列。做前人没有做过的事情，是创业者的一种品质，也是他们内在动力的源泉。

2. 四大基本创业精神

从管理学的视角上来说，创业者与企业家的内涵是一致的。创业精神通常被人们称之为企业家精神，它是创业者在市场竞争中不断开拓，创造新价值的精神概述。

现代管理学之父德鲁克提出创业精神更多地表现为一种创新性的活动或者行为，创业者通过这种行为对于原有的资源进行重新地组合，从而使其产生新的财富。德鲁克的研究认为创业精神应该是社会所必需的一种创新精神，并且认为正是因为拥有了这种创新精神才会推动社会的发展。他在著作中论述道：企业家们觉得在经济生活中，变革是最基本的一种状态，虽然企业家一般无法制造变革，但是他们一直关注并且追寻变革的脚步，在变革的过程中寻求机会，并且利用机会，这就是企业家及他们所拥有的创业精神。

创业精神是一个创新的过程，在这个过程中，产生新产品或新服务的机会被确认、被创造，最后被开发来产生新的财富。也就是说，创业精神的本质乃在于创新，在于为消费者创造出新的满足、新的价值。

创业精神是创业者在创业过程中的行为特征的凝练，主要表现在以下几个方面：

(1)创新精神

德鲁克认为，企业家精神中最重要的就是创新。他认为，创业者不仅仅指在经济活动中从事创新活动的人，无论他是做什么的，无论他是工人、农民、公务员或者仅仅是学生，只要他在创新，那么我们都可以称之为创业者。这种对于创业者的理解虽然有些夸大，但是这正是德鲁克所强调的创新的意义。

(2)冒险精神

在创新的过程中不可避免地要遇到挑战和承担风险，所以创新精神的内涵中必然包括了承担风险和挑战不确定性的冒险精神。不仅奈特在研究中强调了创业者的这一特征，另外熊彼特、卡森等学者都对创业者的创新精神中的冒险特征给予了认可。

(3)合作精神

单枪匹马可以成就一番事业，但是团结任何有利于成功的力量，成功的概率当然也会更大。在创业精神中，个人英雄主义并不能占到主导地位，反而团队意识、合作精神是其价值核心。这也就是米尼斯所认为的个人在创业活动中经常要通过某一团队的资源去实现价值创造的过程。而在团队合作的过程中也是遵循创业者通过组合不同的要素形成一个新的生产关系，从而达到价值创造的过程的。将不同的人组合到一起，开发其各自的优势资源从而达到利益最大化的合作过程也是创业精神的一个重要体现。

(4)社会责任

创业者不只是为了实现个人的财富愿望而创业的，也是为了帮助普通人实现自己的梦想而努力的人，创业精神中也要求创业者必须承担社会责任并且拥有一种甘于奉献的精神。一个人的创业，应该把实现社会价值和创造财富结合起来，成功的创业者应该是一个有社会责任感的人。

随着 80 后、90 后加入创业队伍，年青一代对创业的态度表现在他们对精神层面的追求更为纯粹，社会责任成为他们构建新的商业模式时首先考虑的部分。未来，中国最好的企业家都会以“社会企业家”的形态出现。

### （四）文化创意创业者的基本素质

文化创意的创业内容主要集中在广播影视、动漫、传媒、视觉艺术、表演艺术、工艺与设计、广告、雕塑、服装设计等领域，因此文化创意创业者也有不同于一般创业者的特征，如注重工作的独创性、个人意愿的表达以及对不断创新的渴求。但文化创意创业者和普通的创业者一样也需具备创业者的基本的素质，因此文化创意创业者需要将“创意者”和“创业者”的特点进行有机融合，才能提升文化创意创业的成功率。

1. 文化创意创业者的品德素质

包括诚信、责任心、正直、公平性、自我控制、团队精神、注重质量等。其中诚信是创业者的首要品质。信用是市场经济的基石。除了对市场、对客户的信用外，对员工、对合作伙伴的信用也极为重要。大学生创业者是创业队伍的高素质人员，更应当把诚信作为创业首先要坚守的品质。同时要自觉接受法律的约束，合法创业、合法经营、依法行事，自觉接受职业道德的约束，文明经商、诚实经营。

2. 文化创意创业者的经营管理素质

包括领导者魅力、主动性、公关能力、谈判能力、文化营销力、战略思维、服务意识。一个创业者有领导者魅力容易凝聚团队力量，纵观现在成功的创业者，身上都有极强的领导者魅力。例如，马云、任正非等大企业家。领导者魅力的核心又包括出色的表达能力、沟通能力、谈判能力，还要有战略思维，对公司发展既要有战术上的指导更要有战略上的思考。还包括对社会时代趋势的研判，政府政策的把控，能够制定企业的长期发展战略，具有长远的发展眼光等。还包括社会责任感、民族复兴的使命感等。

3. 文化创意创业者的文化特质

包括审美辨别力、分析性思维、沟通技能、文化行业经验、创意价值鉴别力。从某种意义上说，文化创意创业过程也是一个审美意义建构的过程。文化创意创业过程中，可以通过在文化产品外形设计、材质选取、故事创作以及场景设计等环节添加审美要素，从而在整体上完成文化创意产品的意义增值和创意赋能，因此更需要创业者具有较强的文化特质。

4. 文化创意创业者的社会影响力特质

包括遵守规则、政策运用力、个人影响力、文化创意产业人脉资源。具体来说，创业者应该充分了解、掌握国家的有关政策、法规，特别是在国家提倡文化大发展大繁荣、建设“文化自信”的大政策背景下，更要做到用足、用活政策，让企业的发展紧贴时代发展前沿。同时提高自己的社交能力，扩大交往，与人合作，为自己创造一个开放的创业环境，集聚行业资源和人脉。

5. 文化创意创业者的成就欲望特质

包括创意控制力、对市场敏感性、冒险精神、捕捉机遇、组织管理能力。麦肯锡对中等规模的成长型公司(即销售额在 2500 万至 10 亿美元，5 年的年利润增长率超过 15%)所做的咨询调查证实，成功的 CEO 有三个最显著的共同品质：恒心、创始人头脑，以及倾向于有计划地冒险。文化创意创业者还要具备评估风险程度的能力，具有驾驭风险的有效方法和策略，除了敏锐的直觉与较强的洞察能力之外，还能善于把握机遇，将市场机会真正转化为商业行为。

## (五) 成功创业者的态度与行为

杰弗里·蒂蒙斯所著的《创业学》一书中经过大量的数据实证调研得出成功创业者、创始人可取的态度与行为的六大主题，见表 4-1。

**表 4-1　成功创业者六大主题的态度与行为**

| 主题 | 态度与行为 |
|---|---|
| 责任感与决策力 | 顽强、具有决断力，能够迅速地承担/交付任务<br>为达到目标的高度竞争性<br>解决问题的恒心，遵守纪律<br>愿意承受个人牺牲<br>投入 |
| 领导力 | 具有主动精神的人；高水准但不追求完美<br>团队的建设者和英雄的创造者；鼓舞他人<br>待人如待己<br>与所有帮助创造企业的人分享财富<br>诚实、可靠；建立信任感；公平行事<br>不做一匹独狼<br>出色的学习者和老师<br>耐心、具有紧迫感 |
| 执着于商机 | 对客户的需求与需要有敏锐的认识<br>市场驱动的<br>执着于创造价值与提升价值 |
| 对风险、模糊和不确定性的容纳度 | 承担预计过的风险<br>风险最小化<br>风险分摊者<br>管理悖论与矛盾<br>容忍不确定性与组织结构的缺陷<br>容纳压力与冲突<br>能够不断解决问题并对解决方案进行整合 |

续表

| 主题 | 态度与行为 |
| --- | --- |
| 创造、自我依赖和适应能力 | 不受旧习束缚、思维开放，水平思考<br>摆脱现状<br>能够调整和变化；主动解决问题者<br>快速的学习者<br>不害怕失败<br>能够归纳总结形成概念以及“提取细节” |
| 超越别人的动机 | 目标—结果导向：高而现实的目标<br>有达成目标与成长的驱动<br>对地位与权力的需求低<br>人与人之间的相互支持(与竞争相对应)<br>意识到劣势与优势<br>有主见和幽默感 |

## 二、文化创意创业团队

### (一) 创业团队的概念及意义

一般认为，创业团队是由两个或以上具有共同愿景和目标，共同创办新企业或参与新企业管理，不同程度地共同承担创业风险并共享创业受益，才能互补、责任共担、愿为共同的创业目标而奋斗的人所组成的特殊群体。

创业团队对于创业而言是基石，是企业发展的关键要素。著名的投资家阿瑟·洛克早就清楚表达了团队的重要性：“如果你找对了人，他们自然会经常变革产品。几乎我所犯的每一个错误都是因为我用错了人，而不是思路错误。”IDG资本全球董事长熊晓鸽也曾表示：“IDG在选择项目的时候，遵循的三个基本要素：行业竞争力、企业产品竞争力、团队竞争力。这三者中，我们最看重团队。”有了人才能做事，有了人公司才能发展。创业者不能单打独斗，无论再强大的个人也不能胜过一个团队的力量。人是群居动物，创业也是，需要一群人为了同一个目标而奋斗。

### (二) 文化创意创业团队的类型

根据创业者的组成特性，创业团队大体上分为三种：星状创业团队(Star team)、网状创业团队(Mesh team)和从网状创业团队演化来的虚拟星状创业团队(Virtual star team)，相对应的是：领袖型创业团队、伙伴型创业团队和核心主导型创业团队。

1. 领袖型创业团队(星状创业团队)

领袖型创业团队一般是有一个核心主导人物充当“领导者”角色。想到一个商业创意或有了一个商业机会，然后自己充当领跑者，去物色和招募创业伙伴，组成所需的创业团队。在文化创意创业中，领袖型人物往往是拥有创业核心技术的人，如超强的设计能力、创意创作能力等，这种类型的创业团队在大学生创业团队中比较常见，团队决策效率比较高，但也往往容易形成“一言堂”，增加了决策的风险。

2. 伙伴型创业团队（网状创业团队）

伙伴型创业团队的建立主要来自因为经验、友谊和共同兴趣而结缘的伙伴。在交往过程中，一起发现某一商机，共同认可某一创业想法，并就创业达成共识后，开始共同创业。伙伴型团队有共同兴趣爱好，有共同奋斗目标，往往也是最坚固的，不容易被外界因素瓦解。文化创意创业团队中这种类型也比较常见，例如，几个志同道合的朋友，如都是影视制作专业，发现可以通过拍摄宣传片、广告片赚取利润，他们就很容易聚在一起，创造共同的事业。这种类型的创业团队优点是团队凝聚力较强，但是缺点是不够稳定。

3. 核心主导型创业团队（虚拟星状创业团队）

这种创业团队由领袖型和伙伴型演化而来，基本上是前两种的中间形态。在团队中，有一个核心成员，但是核心成员的地位是团队协商的结果，因此核心人物某种意义上说是整个团队的代言人，而不是主导型人物，其在团队中的行为必须充分考虑其他成员的意见，不像领袖型创业团队中的核心主导人物那样有权威。

## 第二节　文化创意产业的创业团队构建

### 一、文化创意创业团队的构建原则

文化创意创业不同于一般的创业，文化创意创业的核心是创意。文化创意创业团队的构成也不同于一般的创业企业，其创业团队构建的基本原则有以下几点：

1. 共同的奋斗目标

一群人在一起做事，首先是要有一个共同的目标，基于这个共同的目标大家一起奋斗。人无远虑必有近忧，一个创业企业也是，公司要发展成什么样的，一定要有一个明确的目标，当然公司也随时面临转型等情况，但是一定要让团队有共同的奋斗目标，大家朝着一个方向使劲才能成功。

2. 相近的价值观

道不同不相为谋。创业更是如此，创业团队一定要有大致相同的价值取向，团队才能保持稳定。只有有了共同的价值观，才能充分地调动各方面的力量和激情，促使大家精诚合作，实现团队的价值。例如，阿里巴巴就非常重视价值观，马云将远景目标设定为：“只要是商人就一定要用阿里巴巴”，它的使命是：“让天下没有难做的生意！”为此，阿里巴巴形成了一套完整的价值体系：客户第一、团队合作、拥抱变化、诚信、激情、敬业。可见，价值观是一个创业团队得以前行的原动力，是维系企业生存的根本动力所在。

3. 能力互补

建立优势互补的团队是创业成功的关键。“主内”与“主外”的不同人才，耐心的“总管”和具有战略眼光的“领袖”，技术与市场两方面的人才，都不可缺少。创业者组建团队，首先要弥补当前能力上的不足，要针对创业目标与当前能力的差距，寻找所需要的成员。优秀的创业团队，成员间的能力都能形成良好的互补，而这种互补也有助于强化团队成员间的合作。“携程网”的成功，除了抓住互联网快速发展的契机，有一个良好的创业团队是关键。“携程网”的团队成员来自美国甲骨文公司、德意志银行和上海旅行社等，是技术、管理、金融运作和旅游的完美组合。大家共同创业，分享各自的知识和经验，避开了很多创业路上的“坑”。

4. 精简原则

为了减少创业期间的运作成本、最大比例地分享成果，创业团队应在保证企业高效运作的前提下尽量精简。采用“小米加步枪”的形式，要求团队成员精明能干，既有利于降低公司运营成本，又可以全方位锻炼团队成员。但同时需要保持创业团队的动态和开放性，随着公司的发展，引进人才，扩充团队规模。对于初创型文创公司而言，“创意策划＋市场运营＋项目执行”便能保证公司基本的运作。

## 二、文化创意创业团队组建程序

1. 确定一个创业目标

在组建创业团队之前，核心创始人先要明确创办这个企业的目标是什么。当然，目标可以随公司发展不同阶段发生变化或者调整，但在公司发展的每个阶段一定会有一个目标。创业团队的总目标就是要通过完成创业阶段的技术、市场、规划、组织、管理等各项工作实现企业从无到有、从起步到成熟。为了推动团队最终实现创业目标，再将总目标加以分解成为若干个可实施、可完成的目标。

2. 制订较为详细的创业计划

文化创意创业和其他创业一样，需要创业者制订一份较为详细的创业计划(商业计划)，通常情况下，需要制作一份商业计划书(BP)，在商业计划书中详细写清楚公司创办目标、市场情况、现有资源及未来规划等，通常也是吸引投资者和创业合伙人加入的必备材料之一。在确定了阶段性子目标以及总目标之后，需要以团队为整体来考虑计划，创业计划确定了在不同的阶段需要完成的任务，通过逐步实现这些阶段性目标来最终实现创业目标。

3. 招募合适的人员

招募合适的人员是创业团队组建最关键的一步，参照组建原则构建自己的创业团队。关于团队成员的招募，主要应考虑两个方面：一是互补性，即能否与其他成员在能力或技术上形成互补。这种互补性既有助于强化团队成员间彼此的合作，又能保证整个团队的战斗力，更好地发挥团队的作用。创业团队至少需要管理、技术和营销三个方面的人才。只有这三个方面形成良好的沟通协作关系后，创业团队才可能实现稳定高效。二是适度规模，适度的团队规模是保证团队高效运转的重要条件。成员太少无法实现团队的功能和优势，过多又会产生交流的障碍，进而大大削弱团队的凝聚力。一般认为，创业团队的规模控制在 2～12 人最佳。

4. 职权划分

为了保证团队成员执行创业计划，必须预先在团队内部进行职权的划分。创业团队的职权划分就是根据执行创业计划的需要，确定每个成员所要担负的职责以及相应所拥有的权限。团队成员间职权的划分必须明确，既要避免职权的重叠，也要避免无人承担造成工作上的疏忽。此外，由于处于创业过程中，面临的环境又是瞬息万变的，不断有新的问题出现，团队成员也会时常更换，因此创业团队成员的职权也应根据需要不断地进行调整。

5. 构建团队发展的制度体系

创业团队制度体系体现了创业团队对成员的控制和激励能力，主要包括团队的各种约束和激励制度。一方面，创业团队通过各种制度约束(主要包括纪律条例、组织条例、财务条例、保密条例等)规范成员避免做出不利于团队发展的行为，实现对其行为的有效约束、保证团队的稳定秩序。另一方面，创业团队实现高效运作需要有效的激励机制(主要包括利益分配方案、奖惩制度、考核标准、激励措施等)，使团队成员看到随着创业目标的实现，其自身利益将会得到怎样的改变，从而达到充分调动成员的积极性、最大限度发挥成员作用的目的。要实现有效的激励首先应把成员的收益模式界定清楚，尤其是关于股权、奖惩等与团队成员利益密切相关的事宜。创业团队的制度体系应以规范化的书面形式确定下来，以免带来不必要的混乱。

6. 团队的调整融合

创业团队都是随着公司的发展壮大慢慢构建起来的，不会一开始就有完美的创业团队。随着团队的运作、公司的发展，初创公司的创业团队也逐渐暴露出来一些问题和矛盾，这时就需要对团队进行调整融合。由于问题的暴露需要一个过程，因此团队调整融合也应是一个动态持续的过程。在进行团队调整融合的过程中，要保证团队成员间有效的沟通与协调，培养强化团队精神，提升团队士气。

## 三、文化创意创业团队的特点

1. 具有文化创意产业的行业特点和组织特性

文化创意产业是文化与技术相互交融、集成创新的产物，呈现出智能化、特色化、个性化、艺术化的特点，为社会提供的产品或服务是创意灵感在特定行业的物化表现。

文化创意企业的核心能力的本质特性就是为企业创造价值，但是，它更具行业特殊性，因为大多数文化创意企业所提供的是一种服务，虽然有些产品和服务可以使用媒介载体，但是最终消费形态更偏向于精神层面，因此，在创造这种抽象的产品形态时，如何有效利用原有的资源、才能和能力至关重要。文创企业团队的组织架构要有别于IT、医药、建筑、交通等行业，组织架构的构建要在明确外部条件、内部资源和能力的前提下，用于整合企业自身、客户、合作伙伴或利益相关者，以及资源、流程、渠道和能力来获取超额利润，实现价值的结构体系以及制度安排。组织架构的搭建是团队管理的第一步，也是最重要的一步。科学的组织架构能充分促进组织主体的融合，也能促进创意、生产过程和产品(服务)的创新。

2. 具有相对的稳定性

文化创意产业的核心在于创意，而产生创意的关键在于人力资本。文化创意人才是构建组织架构的关键因素。研究发现，文化创意人才在专业知识与经验的积累方面付出了很大的成本，他们非常忠于自己的专业，并有很强的不断学习、寻求专业上不断精进的自我驱动。他们年轻、富于想象、文化和艺术素养较高、敢于创新、注重社会尊重与自我价值的实现，忠诚于自己的专业而非企业、流动性强。相较于其他知识型员工他们的知识结构具有复合性、更强的想象力与创新性、更加追求自我价值的实现，敢于提出自己的想法，表达自己的观点。他们追求的是自我价值的实现，而非对组织的依赖，因为他们的生产工具就是自身知识与灵感本身。很多文化创意人才与组织都是一种松散的合作关系，一部分文化创意人才以个体的形式存在，他们一旦在某个组织中感到不被认可或无法实现个人价值，就会选择跳槽。网络调查研究发现，77%的创意人才换过工作，流动性非常强。因此，文创企业在团队建设过程中，始终保持组织机构中核心人物的稳定是关键中的关键。

3. 管理跨度相对协调

美国组织行为专家斯蒂芬·罗宾斯认为，假如团队成员超过12人，开展工作的难度会加大。一方面会出现搭便车现象，滥竽充数，有欠公平；另一方面成员太多，难以充分沟通，一旦成员间有了距离，互信互爱的氛围也就难以维持。管理中有效监督和指导的人有一定人数限制，不宜多也不宜少，要确保与企业的整体业务规模相协调。文创企业的初建团队，多数由创意、设计、产品(服务)、运营、市场等职能团队组成，为提升效率及保证连贯性，扁平化的管理可以明显降低项目的不可控风险，一般初期团队是三层或二层半(部分职能，专人专岗)的结构最优，任何重大或关键会议，创始人(管理者)及职能负责人必须参加，所有确认的任务在分解后在内部公开(分阶段性)，以确保典型业务的完成时间及结果。在创业拓展期、成熟期则可以根据业务范围的扩大和客户群体的特征不断完善管理跨度的调整。

## 拓展阅读

### 选好目标比盲目努力更重要

比塞尔是西撒哈拉沙漠中的旅游胜地，每年有数以万计的游客来到这儿。可是在肯·莱文发现它之前，这里只是一个封闭落后的地方。当地人说从这儿无论向哪个方向走，最后都还是会转回出发的地方。

比塞尔人为什么走不出来呢？肯·莱文非常困惑，最后他只得雇一个比塞尔人当向导，看看到底是什么原因？他们带了半个月的补给，牵了两匹骆驼，肯·莱文没用指南针等现代设备，只拄一根木棍跟在向导后面。

第十一天的早晨，他们果然又回到了比塞尔。这一次肯·莱文终于明白了，比塞尔人之所以走不出大漠，是因为他们根本就不认识北斗星。

肯·莱文在离开比塞尔时，把一位叫阿古特尔的青年叫到面前，就是那个和他合作的向导。他告诉阿古特尔，只要你白天休息，夜晚朝着北面那颗星走，就能走出沙漠。阿古特尔照着去做，三天之后果然来到了大漠的边缘。阿古特尔也因此成为比塞尔的开拓者，他的铜像被竖在小城的中央。铜像的底座上刻着一行字：新生活是从选定方向开始的。创业更是如此，要在创业领域的海洋中找到一些标杆企业，分析自己的创业项目，寻找差距，在做好充分的市场调研的基础上，定好企业发展的目标，一群人为一个共同的目标努力奋斗。

# 第三节　文化创意创业团队的管理

从创业的角度而言，由于文创产业的整体特征，创业方向及盈利预期的不确定性，再考虑到竞争环境变化、资金引入方式等特点，可以说，管理者对创业团队的组织和管理，对项目目标实现成功与否至关重要。通常团队建立的过程中会经历形成期、风暴期、规范期、表现期。每个阶段要通过处理观望、化解冲突、发展技能、包容差异等不同的考验，才能形成真正的团队。

## 一、制定规范的岗位职责

团队管理的关键环节需要制定团队岗位职责，敲定成员在团队中饰演的角色，满足团队工作需要。

### （一）做好角色定位

文化创意企业主要的角色类型包括：决策者、创意人员、技术人员、运营人员、协调人员等。每种角色的职责不一。团队成员应按角色及设置要求做到各尽其能。在角色定位时，有如下三个原则需要遵守。一是做到团队成员匹配管理。创业者不要试图改变一个人，人并非不可改变，但对于公司在成本上并不合适。如果一个人在他的岗位上做不好(不是在上升的过程中)，那么最好的办法是把他调到更合适的地方去。所谓“有潜力”，“慢慢提高”等很多时候都是一厢情愿。要让角色适合团队成员的岗位特征，而不是勉强团队成员去适应角色。二是完善团队人员与岗位的关系，在岗位设置上要科学，避免出现岗位重叠或者空缺的情况，明确团队责任和人员任务，结合团队人员的自身特点、能力、个人意愿进行合理安排。但值得注意的是，对文创企业而言，创意无处不在，创意无人不会。因此，文创企业可以让一个团队成员扮演多个角色，成员能够感受到多个角色带来的成就感，能够对自己扮演的角色满意，团队效率自然提高。三是做好人才评测的工作。文化创意公司在制定合理的团队成员安排计划时，要组建团队成员安排管理组织，完善文化创意公司的岗位评价，这需要在长期的管理当中，加强对于团队成员的了解，只有在此基础之上，才能不断优化管理，促进专职专位的发展，使团队更具科学性。

### （二）确定职位目的或职责目标

领导不是决定怎么爬梯子的人，他是决定把梯子搭在哪个墙上的人。所以他必须明确地指出企业目标方向，向全员传达。清晰的职位目标有助于团队有序管理。职位目标一般为：工作依据＋工作内容＋工作成果。如创意总监的职位要求如下：熟悉客户的公司的行业、背景、产品等内容；在项目前期，作为核心人员，参与客户投标，倾听客户需求与期望，调动团队成员的积极性和创造力，主导创意方案的产生、发展、形成，为客户提供优秀的创意文案与设计；指导设计师、文案等创意人员的创意思路，形成完整的创意方案；关注整个项目的流程进度以确保时间和质量，以及终端效果；协助客户，完成创意方案的提案讲解；创造积极且具有建设性的竞争条件，寻求创意突破；充分运用各种资源，为创意作品加分；分享案例作品与经验等。根据这个模式，创业团队管理者可以拟出其他职位的目标，有助于团队成员一起了解自身和他人的职责所在。

### （三）确定工作职责

工作职责包括任职人员活动范围、职责范畴、要达到的职责目标。明确工作职责既是为了明确工作要求，也是明确授权和资源。一个完整的岗位职责范本应包括部门名称及性质、直接上级和下属部门、管理权限、管理职能、主要职责、任职资格等 8 部分。以人力资源经理一职为例，如表 4-2。

**表 4-2　人力资源经理岗位职责范本**

| 部门名称 | 人力资源部 | 部门性质 | 人力资源开发专业管理部门 |
| --- | --- | --- | --- |
| 直接上级 | 分管副总 | 下属部门 | 人事科、工资科 |

续表

| 部门名称 | 人力资源部 | 部门性质 | 人力资源开发专业管理部门 |
| --- | --- | --- | --- |
| 管理权限 | 行使对企业的人事、劳动工资等管理权限，并承担执行企业规章和管理规程等义务 | | |
| 管理职能 | 负责对企业人事职责范围内的各个流程实行监督管理、协调组织、培训考核等并承担相应的工作责任 | | |
| 主要职责 | 1. 坚决服从上级的统一安排，一切管理行为向分管领导负责；<br>2. 负责组织对企业的人事管理、年度薪酬、劳动用工、考核培训、本部门的工作目标等大方向的内容进行拟订、检查、修订及执行 | | |
| 任职资格 | 1. 人力资源、劳动经济、管理学、心理学等相关专业本科以上学历；<br>2. 有 2 年以上相关工作经验，受过相关方面的知识与技能培训 | | |

#### （四）确立领导力

不论创业人数，创业伙伴是怎样的关系，公司都需要一个绝对领导人。在文创企业的初创时期，创业团队希望充分尊重创业伙伴的想法和意见，一起讨论做决定。事实上，这样去领导核心的团队管理方法会导致团队执行力直线下降，严重损害公司正常运营秩序。确立领导力，首先要确定一个领导核心，确保其拥有最终决策权。其次，要实行民主集中，即讨论的时候大家一起讨论，但是在最终做决定的时候要坚持最终决策人的意见，这样能确立统一性和领导力。为确保最终决策人的权利，可以在股权分配时让最终决策人成为持股最多的股东。最后，要坚持个人利益服从团队利益，团队利益趋向创始团队的原则。文创产业的创始团队应该认定公司利益至上，然后才是个人利益。团队领导者要身体力行做表率。

### 二、构筑顺畅的沟通桥梁

文创企业创业团队高效管理始于和谐顺畅沟通桥梁的搭建。和谐顺畅的沟通环境不仅可以增进项目团队成员之间的感情和信任度，减少冲突，而且还可以实现信息的有效传递和共享，从而提高团队凝聚力。因此，规范好各个成员之间的责任分工后，构建和谐顺畅的沟通机制，是有效管理团队的重要着力点。

#### （一）建立健全沟通渠道

一是充分认识正式沟通渠道的重要性。不同的沟通渠道传递着不同的信息，正式的沟通渠道比较规范，组织时间短，沟通效果好。涉及文创企业的重大决定事项，建议通过正式渠道来决策。二是减少沟通的层级。多层级，必然人多嘴杂，传递信息容易产生误差。减少沟通的层级，是实现管理者和团队成员之间信息传递顺畅的最有效方法。正常情况下，建议需要汇报的层次不超过 3 级，超过 5 级就过于冗长了。三是充分发挥非正式沟通渠道的优势。有计划有步骤地组织一些沙龙分享会、郊游、拓展训练、亲子活动、联谊会等，以非正式的方式自然而然进入话题，随时随地自然沟通。四是应用现代化信息技术沟通平台。现代信息技术日新月异，最高效率的沟通就是应用最新的信息技术平台，要利用有效的新媒体平台进行高效的沟通，比如：

· 钉钉(DingTalk)可以让员工通过客户端，看到公司组织结构和人事状况，同事之间进行文字、语音、电话、会议等即时沟通协作。

· Teambition 是一款典型为小团队打造的协作工具，打造轻量级团队流程协作及任务管理工具，其特点是简单易用，快速上手，以团队项目管理为核心，增加资源分享、素材分享等功能。

· 微信群可以让团队成员实时沟通。

· Worktile 也是以任务/项目管理为中心的协作平台，简单、易用，设计风格简约，除了任务管理本身之外，在一定程度上也能替代文件共享和即时的讨论。你并不需要真的跟踪这些，但是，你需要有看到这些的能力。这样才能在出问题的时候掌握第一手的材料。而团队成员知道他的东西“可能会被看见”，执行的效率和质量也会有提升。

新媒体的沟通方式意味着沟通渠道的可视化，意味着“信息的对称”。上面列举的工具和流程可以保证团队成员用最低的成本了解“项目中的新鲜事”，保证快速准确的响应。

### （二）完善沟通管理制度

从实际情况看，大多数文化创意产业的创业团队都会通过引入新人来重新组建团队，在业务方向尚未清晰，或工作方法并不统一、缺乏典型复制对象，或文字化数据化内容不完整等情况下，需要通过长期深入地沟通，来确保新旧成员对目标及任务分解认同的一致性，主要方法就是定期、定量但不定时，目标统一，细节确认，从理论上杜绝因沟通不善而导致后期返工的可能性。首先，要制定切实可行的沟通管理规划，设计合理的管理工作流程，并形成制度，以明确团队正式沟通的方式、渠道、时间，确保有章可循，让大家按程序、按规则办事，使有关的工作情况在会上得到及时沟通。其次，要保管好项目沟通交流的文档资料，根据新情况新问题，及时修正、增补、完善。正常情况下，一周一次例会是最起码的要求，包括对一周工作内容的分享及下周工作计划的安排，让每个部门心中有数，每个成员心中有数。要将非正式沟通渠道坚持下去，并争取成为团队的一种习惯。发挥得好的话，这是最能凝聚团队向心力的有效手段。

### （三）建立彼此信任、合作共创的团队文化

在文创企业中，为了保证创意层出不穷，别出心裁，可以采用头脑风暴等会议方式进行创意。因此首先应该强调的是在这一点上，决策者要确保团队是一个和谐友爱、彼此信任的大家庭，而不是只单纯追求利益、尔虞我诈的组织。管理者要以身作则，

做一个好听众，不能高姿态，依仗经验主义或个人主义。项目成员之间要互相倾听、彼此信任，真实表达各自的想法，共同创造一个互相尊敬和理解、彼此信任、和谐友爱的团队之家。

## 三、建立平衡的激励约束机制

对于创业团队而言，核心着力点在如何建立适宜的成员激励约束机制。激励与约束两者相辅相成，缺一不可。首先是激励，没有激励就没有动力，没有动力就没有积极性，团队就只会是一潭死水，管理也就无从谈起。当然，成员之间在享受团队给予的肯定和奖励的同时，行为也需受到相对的约束。在实际工作中，要真正做到两者相互兼顾，和谐有序发展，难度很大，极具挑战。

### （一）规范团队管理的绩效考核体系

由于文化创意公司的项目特殊性，单个项目之间的联系不大，产生公司员工绩效考核标准单一的问题，对此我们可以分解目标，把项目任务细化，让项目任务落实到个人。在文化创意公司团队管理的绩效考核体系上进行改革，可以实行平衡积分卡制度、目标管理法制度、关键业绩指标制度等一系列先进管理体系，但要注意在选用绩效考核制度时要结合文化创意公司自身的团队特点，不能盲目套用。在确定团队管理的绩效考核体系后，还要根据公司现有情况，合理地选择契合公司项目的绩效考核管理办法，不仅仅要明确规定公司绩效考核的具体范围、适用时间以及考核方式，还要让公司团队中的成员了解公司绩效考核体系的意义，要让员工绩效考核体系展现其科学性和有效性，杜绝浮于形式的员工绩效考核体系，让团队中的成员真正感受得到公司对他的重视与整个团队的公平性。

### （二）制定合理的激励制度

文化创意公司员工的激励制度要符合公司自身的发展需要，要制定与员工本身的需求配套的员工激励制度。首先要体现公平。这里的公平包括分配公平、程序公平、互动公平(包括信息公平和人际公平)。有公平才有动力，公平是激励的动力，只有确保分配合理合情，才能由内而外调动员工的热情和活力。诸如薪酬的制订方案要严格按照现行的工资标准和原则来执行，以真实材料为依据，不因人因背景而变化，对所有人一视同仁；再如薪酬制定的过程要公开，有理有据，不管是加薪还是减薪的依据，都要经得起当事人的推敲；再比如团队成员在分配上提出疑惑时，管理层一定要秉着尊重、礼貌、平等的情感与成员进行沟通，让人从内心深处感受到互动的公平。

其次是建立有针对性的个人奖励。结合公司员工的迫切需要，提高激励制度的效用和强度。激发公司员工的主人翁意识，通过提高薪资待遇、增加休假时间等方式为员工提供奖励，进而提高其工作积极性。例如，老员工各方面相对稳定，经济相对宽裕，追求工作赋予的成就感和尊重感是他们最大的愿望；但对于新员工来说，除了从薪酬中获得经济上、心理上的满足之外，他们还追求良好的职业发展前景和个人价值的实现，他们更渴望尝试具有挑战性的工作内容，他们更享受突破工作半径所带来的满足感和成就感。

最后是物质奖励和精神奖励合二为一。管理层可以定期不定期通过各种方式表扬和鼓励团队成员，让团队成员在不经意间收获感动。例如，通过邮件、短信、微信、电话等各种沟通方式对成员单独加以肯定和鼓励；通过工作会议对在工作中表现优秀人员予以表扬；通过工作休息间隙关心成员的家庭生活；通过沙龙、聚会和亲子活动等让成员融入团队，喜欢上团队。

### （三）制定约束的制度和流程

制度和流程的制定过程一定要有团队成员的参与，这样违反的人自然无话可说，心服口服。其次是激励。好的约束体制，约束君子不约束小人。最根本的约束就是激励。与其想尽办法约束团队成员，不如花成本建立一个最优的激励体制、薪酬体制，既让马儿跑，又让马儿吃好草，让团队成员觉得为整个团队工作比自己偷偷摸摸做私单更合算更踏实。

## 四、有效管理团队冲突

有人的地方就有冲突。冲突无处不在，冲突无法避免。冲突处理是否得当，大大影响团队的管理及效率的发挥。总的说来，有效的冲突管理是提升效率最难打磨的一把钥匙。冲突管理是最能考验团队领导能力的关键因素，一旦冲突处理不当，小则小乱，大则将所有成果付之东流。有效处理冲突的关键在于两手抓。

创业团队的内部矛盾，从组织方面来说成因主要有两类，不同职能间的占位差异和同职能间的经验差异，化解前者的重点是进行整体分析，必要时可以三方妥协（甲方、乙方、管理方），一切以确保原有计划任务为前提；化解后者的重点是充分对比，如有必要可以结合市场或数据进行量化对比，确定后尽可能分化不同意见方的工作重点，避免二次矛盾。除非特殊情况，不要根据成员的熟悉程度处理矛盾。无论哪种冲突都将给团队带来不小的震荡。在文创企业中最容易产生的冲突是思想冲突和文化冲突，主要表现为口头冲突。解决冲突主要有“五法”。

回避法：当冲突看上去不过是一些琐碎问题时，如成员之间普通的口角之争，不会伤及整个创业团队目标，可采取回避法处理，交由时间来自然解决。

强制法：当出现非常重要的原则性问题，如违反企业安全规章制度，造成安全隐患的时候，就要采取强制法处理，利用领导层的力量，第一时间解决矛盾。

交涉谈判法：当双方坚持各自的目标或对复杂的问题无法达到认同时，可以采取交涉谈判法，通过交涉谈判，了解双方需求与症结所在，发现分歧，找出办法，从而达成一个双方认可的解决方案。

第三方仲裁法：当通过交涉与谈判无果时，可以采取第三方仲裁法，由局外者或者说第三方来调停处理。

合作法：当冲突两方各方面实力落差较大时，实力较强的团队可以接受实力较弱团队的要求并使其失去继续存在的理由，进而二者完全融合为一体，可以采取合作法，即所谓的“大鱼吃小鱼”。当然，方法说起来容易，实践起来还是得靠领导层的经验和机智。这个管理才能并非一朝一夕能修炼成功，需要整个创业团队一起慢慢磨合，方能将冲突管理运筹帷幄。

## 五、着力建设团队文化

尽管企业文化对于企业发展的重要性众所周知，但是对于企业文化的建设，还是存在一些理解上的误区。如很多人认为企业文化对于大部分中小文创企业来说可以稍缓一步，一些文创企业的创业团队自身做文化创意，却忽略了自身的企业文化建设。有些团队认为企业小，当务之急还是生存，企业文化建设问题可以推迟。先进的团队文化理念能让文化创意公司的团队形成强大的合力，发挥团队 1＋1＞2 的优势。文化创意公司在文化建设中要重视团队文化氛围的建设，进而提升团队员工的工作状态，拉近成员与企业之间的关系，团队成员与企业之间互相信任和互相尊重，才能发展新型的团队成员与企业之间的战略合作关系，从而有利于自身及外部发展，达到双赢。

作为文创企业的创业团队负责人，有三个问题要经常问问自己。

你的公司有没有足以令员工激动并愿意与你共进退的发展目标？

你有没有将你的思路与价值观与你的员工分享？

你有没有经常刻意去创造一种让员工充满激情的工作氛围？

如果没有，那么在企业文化建设方面，可能就已经存在着很大的欠缺。大多数文创企业往往不够注重企业文化的建设，以至于员工缺乏共同的价值观念，对企业的认同感不强，造成个人价值观念与企业理念的错位，这也是文创企业难以吸引与留住人才的一个重要原因。

第一，必须树立文化管理的新观念。现代管理的发展经历了由经验管理到科学管理，再到文化管理的两次飞跃。现代企业的成功越来越需要企业文化的建设，对企业文化的投资不但能营造发展所需的动力和氛围，还能够减少管理成本。然而，许多文创创业团队只看到企业的资金、设备、技术、产品等有形资产，看不到企业的商品文化、形象文化、营销文化、环境文化等无形资产，使文化游离于经济之外，没有把文化作为一种重要的资本去研究、开发。为此，当前迫切的任务就是要转变思想，经营好文化资本这一特殊的无形资产，树立起文化资本制胜的新观念。

第二，建构有效的企业制度文化。这是把企业所倡导的价值观转化为具有操作性的管理制度的过程。它具有强有力的行为规范要求，能使企业在复杂多变、竞争激烈的经济环境中处于进取的状态，从而保证创业目标的实现。但由于文创企业成长的特点，其初创阶段的制度相对不完善，经验管理、家族管理、亲朋搭档的现象比较常见。

文创企业在建构企业制度文化时，应努力将经验管理上升到科学管理，从亲朋经营制走向现代公司治理制。尤其要注意的是尊重制度、树立制度的权威比制定制度本身更重要，它是建立有效的企业制度文化的关键。

第三，要尊重人才和重视员工的情感管理。文创企业要在团队管理过程中贯彻“人的价值高于一切”的文化理念，前提是尊重知识、尊重人才，注重员工情感和人际关系的需求，创造良好的工作环境，使员工能够发挥自己的特长。其次，尊重员工的参与意识和归属感。情感管理是文化管理的主要内容，是一项重要的亲和工程。情感管理要关注员工的内心世界，核心是激发员工的积极情感，消除员工的消极情绪。从内心深处来激发员工的内在潜力、主动性和创造精神，使他们真正能实现心情舒畅、不遗余力地为企业开拓新的业绩。这种情感力量，是一种内在的自律性因素，它可以深入到人的内心，有效地规范和引导员工的行为，使员工乐于工作。

第四，要重视团队共有价值观的提炼。企业文化是成员共有的价值观与行为规范体系。核心是共同价值观体系，使企业独具特色，以区别于其他企业。中小企业在企业文化的培育中，要注意及时总结、提炼共有价值观。培育文化资本不能只停留在口号上，文化是表现在员工身上的优秀品质，是经过提炼形成的全体员工认同的准则。具体来说，共有的价值观的提炼要从三个层面来考虑：一是关于产品与物的价值观；二是关于人员的价值观；三是关于社会的价值观。它更多体现在企业的责任、社会义务等方面。

第五，还要做好企业文化的沟通传递工作。企业文化作为一种特殊资产，如何使之价值最大化，关键在于各级中小企业管理者做好沟通传递工作。企业文化的发展经历企业家个性魅力(企业家文化)到企业个性魅力(企业文化)，直至最终形成的社会个性魅力(竞争性文化)三个阶段的过程。因此，企业家以自身的言行积极主动地传递企业价值对企业文化资本的积累是至关重要的。那么，文创创业团队文化从理念到行动、从抽象到具体、从口头到书面的过程，要得到员工的理解和认同，转化为员工的日常工作行为，形成员工的良好习惯。

一般企业文化建设要经过几个阶段，首先是自发形成阶段，其次是塑造阶段、培育阶段、巩固阶段和创新阶段，最后又回到培育和巩固阶段。如果企业一开始就重视企业文化建设，塑造具有个性的企业文化，那文化自发形成的阶段就会大大缩短，从而促使企业快速健康发展。一般的文创企业创业团队具有小巧灵活、人情味浓、管理者与员工接触机会多等优势，这也为它们改变传统人事管理模式，确立以人为本的管理理念，建立以互信为前提的企业文化提供了可能。建设适合企业创业团队的文化才能吸引到企业所需的人才，才能使企业员工潜能得到发挥，使企业的其他人力资源管理手段得以产生相应的效率。

## 拓展阅读

### 成功创业团队的8个特征

一个成功的创业者应该知道如何管理团队，并具备领导团队的能力。一般而言，成功的创业团队应具备以下几种特征：

1. 坚强的凝聚力

团队是一体的，成败属于全体而非个人，成员能够同甘共苦，经营成果能够公平公正地分享，团队就会形成坚强的凝聚力，员工更快与公司融为一体。

成员应将团队利益置于个人利益之上，且充分认识到，个人利益是建立在团队基础上的。因此团队中没有个人英雄主义，每一位成员的价值、表现是对于团队整体的贡献。成员愿意牺牲短期利益来换取长期的利益，不计较短期薪资、福利、津贴，将利益分享放在成功之后。

2. 与企业共同成长

企业成员保持对企业长期经营的信心，每一位成员均了解企业在成功之前将会面临的挑战，并不会因为一时利益或困难而退出。

3. 企业价值发掘

团队成员致力于创造新企业的价值，认为创造新企业价值才是创业活动的主要目标，并认识到只有企业不断增值，所有成员才有可能分享到共同的利益。

4. 股权分配合理

平均主义并非合理，团队成员的股权分配不一定要均等，但需要合理、透明与公平。通常创始人与主要贡献者会拥有较多股权，但只要与他们所创造价值、贡献能够相匹配，就是一种合理的股权分配。

5. 利益分配公平有弹性

创业之初的股权分配与以后创业过程中的贡献往往并不一致，因此会发生某些具有显著贡献的团队成员，贡献与回报不一致的现象。因此好的创业团队需要有一套弹性的利益分配机制，来弥补上述不公平的现象。例如，新企业可以保留10%盈余或股权，用来奖赏以后有显著贡献的创业成员。

6. 能力搭配完美

创业者寻找团队成员，应该基于弥补当前资源能力上的不足，也就是说考虑创业目标与当前能力的差距，寻找所需要的配套成员。好的创业团队，成员间的能力通常都能形成良好的互补，而这种互补也有助于强化团队成员间彼此的合作。

创业团队的形成并非一蹴而就，往往是在新企业发展过程中逐渐孕育形成优势的创业团队。在这一过程中，成员也可能因为理念等原因不断替换。有人统计，在美国创业团队成员的拆伙率要高于离婚率，由此可见团队组建的不易。团队组成与团队运作水平对创业集资与成败都具有关键影响力，因此创业者必须重视如何发展创业团队，并培养这方面的能力。

7. 创业激情

创业者还需要特别注意，要选择对项目有热情的人加入团队，并且使所有员工在企业初创时就有每天高强度工作的准备。任何人，不论其专业水平如何，如果对事业的信心不足，将无法适应创业的需求，创业初期，整个团队可能需要每天十几个小时不停地工作，并要求在高负荷的压力下仍能保持创业的激情。

8. 互信

猜疑会令企业瓦解。

而建立和维护创业团队成员之间的信任，简单地说，一要增强信任，二要防止出现不信任，避免信任转变为不信任。信任是一种非常不稳定的心理状态，一旦产生裂痕就很难弥合，要消除不信任及其带来的影响要付出巨大的代价，所以防止不信任比增强信任更加重要。

一般来说，创业者在选择创业伙伴时主要考察对方的人品和能力。相对于能力而言，人品更加重要，它是人们交往和合作的基础，也是决定一个人是否值得信任的前提。另外，团队成员要对团队忠诚，彼此以诚相待、公平相处，误会和猜疑产生时应及时沟通化解，避免越积越多而不可收拾。

# 第五章　文化创意产品的策划

## 第一节　文化创意产品的概念和特征

从党的十七大提出推动“文化大发展大繁荣”到十八大明确“建设文化强国”，再到十九大强调的“坚定文化自信”，文化在我国国民经济与社会发展中占据越来越重要的地位。文化创意产品在推动“文化强国”建设中起着非常重要的作用，本节主要从文化创意产品的概念、文化创意产品的属性、文化创意产品的特征三个方面进行介绍。

### 一、文化创意产品的概念

“文化创意产品”涵盖许多方面，既包含有形的产品又包含无形的服务，所有的产品均以满足顾客的精神需求为主要目的，而且文化创意产品往往会受到地域、文化以及文化创意者的个人才情、灵感影响，并以产业化的形式进行生产、销售。有学者从不同角度对文化创意产品进行研究并提出定义，从产业的角度出发，文化创意产品是指文化创意产业中产出的任何制品或制品的组合；从产品的最终形态出发，文化创意产品不能独立存在，它包含两个相互依存的部分：文化创意内容与硬件载体；从满足人们的精神需求层面出发，文化创意产品又包括四个方面的内容：一是核心产品，既满足人们的精神需要，又满足人们对审美的渴望。二是形式产品，既满足人们精神需要的实现方式，又存在于各种各样的行业中。三是期望产品，既满足人们精神需要的效果，又集合各种营销策划手段。四是延伸产品，既满足人们精神需要，又提供消费者的附带利益。

综上可知，文化创意产品包括文化创意商品和文化创意服务。文化创意商品一般是指那些传递思想、符号和生活方式的生活消费品；文化创意服务是那些旨在满足文化兴趣或需要的活动，这样的活动不包括物质产品本身。同时文化创意产品是物质与精神、功能与审美、技术与艺术、文化与经济的综合，其物理载体决定了它的有形物质价值，文化创意的精神维度则决定了它的无形价值。因此从根本上决定了创意产品具有多层次的价值体系，也是文化创意产品区别于普通产品的最为显著的特征。

## 二、文化创意产品的属性

文化创意产品的属性主要包括两个方面，第一方面是具有文化创意价值属性，第二方面是具有经济价值属性。文化创意产品的价值属性是指文化创意产品所表达的人类精神活动。文化并不只是借鉴和引用后就搁置甚至放弃，而是通过经济、社会与科技快速发展的脚步，让文化自身成为一种在全球市场可以买卖流通的商品或服务，不仅是促进经济发展的无形力量，也是民族文化传播的创意名片。文化创意产品通过把无形资本转换为有形的货币价值，带来直接和间接的经济增长和就业增长，这些经济效益的总和就是文化创意产品的经济价值，其经济属性决定了文化创意产品以其有形资本或无形资本为内驱力，创造经济效益，实现经济转型升级，尤其在产品研发、制造、营销的过程中，应更多关注能产生高附加值的研发设计，以及降低风险的营销设计。

## 三、文化创意产品的特征

### （一）文化创意产品的无形性

所有商品的价值，一般来源于两个部分：有形资本和无形资本。以中秋佳节吃的月饼为例，传统月饼每块原料成本约 1 元，加上水费、电费、运输费、包装费，每块月饼的成本约 2 元。然而，前几年月饼市场一路攀升越做越贵、越做越大，“天价”九万九一盒的真金月饼，再到昆明一款标价 31 万多元的月饼礼盒。直到中央“八项规定”、纠正“四风”等一系列政策要求的出台落实，月饼消费才回归理性，“过度包装”“天价月饼”逐渐消失，人们越来越重视月饼本身的健康、口味、工艺和性价比。月饼生产商更是打出“月饼包装太豪华，不要！包装没个性，不要！中看不中吃，也不要！”等宣传口号。以前吃的是实实在在的月饼，现在越来越多的企业尤其是互联网企业定制的月饼不仅口味更加丰富，而且在呈现方式上也是费尽心思，将自己的企业文化和理念作为核心，量身定制。摩拜单车的月饼盒子很有特色，是黑色剪纸镂空的工艺礼盒，看上去很像一个茶杯的外包装，里面只有两块月饼。按下礼盒中的 Mobike 迷你车身模型，“滴滴滴”开锁，就能开启音乐，拔出来音乐就停止了。这样的文化创意产品月饼如一股清流，不仅大大提升了企业的凝聚力和员工的归属感，更把企业的文化通过传统文化载体向社会宣传，从而增加企业的知名度和影响力。

商品的价格差主要是由商品的无形资本所决定的。对于大多数满足人的物质需要的产品来说，有形的物质成本是决定产品价格的主要因素，无形资本是产品的附加价值。厂商获取最大利益的竞争力是通过降低有形成本以及提升无形资本来实现的。“一流企业做标准，二流企业做品牌，三流企业做产品”，就是无形资本比较形象的说明。

### （二）文化创意产品的双重性

文化创意产品是以物质产品为载体的精神消费产品，文化创意产品的这种价值构成，使得文化创意产品的质量评价具有了一定的特殊性。文化创意产品的质量标准是双重的，既有物质形态的质量评价，也有非物质形态的内容评价。往往后者更为重要，也更受消费者重视。就一款运动鞋而言，从质量的评价方面看主要是它的材质好坏，鞋子是否结实耐磨、是否舒适，等等，服饰、箱包亦是如此，质量评价的基础是产品的物质形态，这种质量评价在实践中当然也受到心理因素的影响。比如运动鞋的款式、品牌知名度等。对于运动鞋的质量评价代表了消费者对于大部分产品的质量评价方式。

文化创意产品由于存在着双重质量标准，因此在文化创意产品的生产、传播、消费以及市场监管等各个环节都显示出与一般产品的不同之处。文创产品既需要可量化的质量标准，也需要不可量化的软性质量标准。后者往往更难界定，不可量化的软性质量标准是文化创意产品的一个重要而独特的属性特征，是一个有待进一步深入分析和研究的问题。比如黄色牛筋底回力球鞋，在我国20世纪七八十年代随处可见，回力鞋成为学生在晨练、体育课、运动会中的首选，在国内有着40多年历史、售价仅20多元的球鞋——回力鞋，近日却成为欧美人士争相购买的畅销货。在欧洲，它的身价至少翻了25倍，达到让人惊愕的50欧元。不仅如此，最权威的时尚杂志《ELLE》法国版还为它"著书立说"，它的"粉丝"横跨演艺圈和时尚圈。继中国蛇皮袋被国外时尚品牌克隆后，中国球鞋再度创下时尚界的一个奇迹。

### （三）文化创意产品的弹性需求

与大量的物质性的产品相比，文化创意产品基本上都属于非刚性的软性需求产品，它主要是满足人们精神上的直接消费需求或提升附加值的生产需求，例如音乐会、戏剧演出、电影和广告促销、建筑设计、工业设计等文化创意产品。从需求的性质来分析，通常情况下，越是基础性的需求越是刚性需求，商品的需求弹性也越小，越是高级需求越是软性需求，商品的需求弹性也就越大。影响商品弹性需求的要素包含很多，原因也比较复杂。当人们的收入逐渐增长，满足了基本的生存与安全需要之后，精神方面的需求就会有大幅度的提升，弹性需求也随着市场需求快速增长。

2016年9月4日，G20峰会中一场45分钟的视觉盛宴名为《最忆是杭州》，在杭州西湖景区实景演出交响音乐会，完美结合中西文化元素，节目更是融合了交响乐、舞蹈、越剧、古琴大提琴合奏、钢琴独奏等，中西合璧、精美绝伦。

《云南映象》作为一台融汇云南原创乡土歌舞与民族舞的充满古朴与新意的大型歌舞集锦，服装特色鲜明，场面热情洋溢，还原了少数民族的日常生活。

### （四）文化创意产品的公共性

文化创意产品有着公共性的特点，大多数产品具有某种程度的非竞争性和非排他性。所谓非竞争性，是指一部分人对某一产品的消费不会影响另一些人对该产品的消费，一些人从这一产品中受益不会影响其他人从这一产品中受益，受益对象之间不存在利益冲突。例如，动漫影视作品的表现形式决定了它很难通过明星吸引观众，就算邀请明星配音，作品的形式决定了其需要将重点放在作品内容的新颖性上。通过原创性的故事内容吸引观众，获取市场上的成功。例如，电影《大闹天宫》通过孙悟空闹龙宫、反天庭的故事，突出地表现了主角孙悟空的传奇经历。片中神通广大又顽皮叛逆的孙悟空形象也深入人心。同时，它也深刻地影响了国产动画的审美，满足了观众们对传统审美风格的想象。当我们提起具有中国特色的动画片时，第一个浮现的名字总是《大闹天宫》。2017 年，《大闹天宫》再次进行了重映。哪怕已经过去半个世纪之久，大家都已经在电视上、网络上对这部经典巨作了如指掌，可是面对重映依然热情不减，重映的《大闹天宫》再次斩获了 4000 多万元票房。又如，电影《阿凡达》不但以超过 20 亿美元的全球票房刷新了世界纪录，而且最终使 3D 技术效果成为观众追捧的消费目标，从此开启了电影技术的新纪元。电影的文化创意来自于两个方面，一是一个好故事和创意能够带给观众快感；二是电影本身可以多方面多层次开发。《阿凡达》开启了声与光的全新革命，展现了数字技术的无限可能。无论是哪种文化创意产业门类，创新性都是其重要的特征，也是其赖以发展的决定性因素之一。没有创新的文化创意产品就算内容再丰富也会被市场淘汰。

### （五）文化创意产品的创造性

文化创意产品属于创造性的产出，原创性与超越性是产品追求的重要品质，多样性与差异性是构成文化创意产业的基本特点之一。2022 年冬奥会奥组委办公楼落户首钢园区，原来的冷却塔变成冬奥会单板大跳台，独具创意的改造令奥委会主席都惊叹不已。创新能够带来新奇的精神享受，也能够开启新的产业链。比如近代出现的贵金属艺术品，可能超越当时的审美观，给消费者带来新奇的艺术审美体验。比如工业设计，它的价值就是要突破常规。通过不断的创新开启新的产业链，创造新的需求，不是被动地适应市场，满足已有的消费心理，而是要激发新的消费欲望，赢得市场。

“供给创造需求”这个古典经济学的市场判断，随着市场竞争的加剧以及买方市场的出现，逐渐被“需求决定供给”的认知所取代。其实，更为符合实际的是，供给与需求之间是一种互动均衡的关系。供给会影响需求，需求也会影响供给，只不过在生产力相对不足的时期，供给的影响更大。而在供大于求的市场环境中，需求的市场作用更为突出。文化创意产品的供需总体上也是符合这种互动均衡规律的，但是对于创造性的产业来说，供给的意义和作为显然更为重大。

供给创造文化需求，也创造文化消费者，文化创意产品在消费传播的过程中具有价值循环累积效应。歌剧和芭蕾舞剧，只有对于那些懂得剧目表达意思的消费者才有吸引力。剧目的市场需要从剧目的普及和外语教育开始，随着语言障碍的消除，对剧目背景文化的了解，喜欢这些文化创意产品的市场才会越来越大，才会越来越繁荣。市场的繁荣推动文化创意产品的需求，这是一个相辅相成的结果。就是根据这一特点，当中国的消费者不了解国外动漫作品的时候，大量日美动漫作品，如《圣斗士星矢》《变形金刚》，低价进入中国市场，从而培养了大批热衷日美动漫的消费群体。

## 拓展阅读

### 这些国货的“颜值”，你打几分？

产品包装设计绝对是市场营销最重要的一个部分，尤其是以女性消费者群体为市场的品牌，包装设计甚至直接影响消费者的购买决策。在当今“颜值至上”的时代，厂商对包装设计的重视等同于产品功能的设计。想要脱颖而出，各大厂商不会吝啬在包装设计上的投资。

以最近在社交媒体上刷屏的国民护肤品牌“美加净”为例，包装设计的改变瞬间让品牌从“大妈”变成了“妙龄少女”。这个已经五十多岁“高龄”的国产护肤品牌推出了全新设计的“时刻手护你”系列护手霜，让品牌形象瞬间回到了20岁。

新品发布当天还展示了台湾知名主持人蔡康永为广告歌《时刻守护你》作的词，大打情怀牌。可以说，为了赢得消费能力日益崛起的年轻消费者的心，美加净也是做足准备。

对大部分人来说，国产护肤品牌就是“妈妈用的护肤品”“超市货”的代名词，言下之意就是这些品牌在人们眼里已经“老了”“过时了”。对于像美加净这样人尽皆知的“国民级”老牌护肤品牌来说，如何改变根植于消费者心目中的“过时”形象，如何重新吸引已经习惯了洋品牌的中国年轻消费者的注意力，培养她们购买国货的消费习惯，最直接有效的方法就是先改变原来“土土”的包装。

比美加净更加“高龄”的另一国民护肤品牌——百雀羚，新产品“三生花”以一种区别于洋品牌的中式古典风格的包装设计作为品牌的二次定位，在包装上采用插画形式，将老上海摩登的优雅女性形象化，精准抓住了年轻人的审美取向，成为品牌“年轻化”的成功典型。

揽获诸多包装设计大奖的农夫山泉一直以不断变化的品牌包装提升自己在消费者心目中的形象。此前与网易云音乐的跨界合作更是一种创新的尝试，AR互动营销使包装设计在信息传达与品牌宣传上依托人们日常随手不离的手机，变得更加便捷高效，还大大增进了品牌与消费者之间的亲密互动。

设计的潮流时刻在变化。当今的设计是向极简的趋势发展。如今的设计师不再像20世纪90年代的设计师那样喜欢使用多种元素，繁复花哨，而是更关心留白、干净、简洁。比如食品包装更多地向透明化、自然质朴的方向发展，能让消费者清晰地看见产品状况与标注、标签等重点信息，反而赢得消费者的青睐。

其实，伴随着国民审美素养的逐步提高，国货的包装设计水平也逐步提高，消费者对本土文化的认同会逐渐取代对西方文化的追捧，传统国货品牌不仅能保留在消费者心目中已建立的安全、踏实和质朴的历史传承感，也成为消费者时尚生活的选择。

## 第二节 文化创意产品的价值与功能

我国从"十一五"规划开始，就明确提出了将文化创意产业作为新兴服务业着重发展，以促进创意产业经济的增长以及我国文化软实力的提升。在这一背景下，文化创意产品的设计开发显得尤为重要。文化创意产品是一种集创意、文化资源以及高科技元素为一体的特殊产品形式，不仅具有一般产品所具有的特点，同时还与一般产品有着差别，作为一个融合发展的产业，其产品的价值特征与价值构成也相对复杂，不同类型的创意产品有不同的产权形式与价值特征，因此对文化创意产品的价值和功能进行多层次分析就更有意义。

### 一、文化创意产品的主要价值特征

传统产品的价值主要是指市场价值，体现在使用价值与交换价值两个维度上，而文化创意产品不仅包含市场价值，同时具备以文化价值为主的非市场价值。同时，其市场价值(使用价值、交换价值)又包含了多重价值层次。其中，文化创意产品的使用价值不仅包含了物质载体价值、功能价值等主要由资源与科技创造而来的价值，而且包含文化、审美、艺术、娱乐等精神层面的体验价值，并在这种使用价值的多样性中衍生出特定的市场交换价值。文化创意产品的交换价值的实现主要凭借文化创意价值的实现，体现为知识产权交易以及消费者对产品无形价值的接受与认可。因此，文化创意产品的交换价值不仅包含物的交换，也包含知识产权与知识产权相关权利的交换，消费者对产品的象征价值、体验价值与文化价值的支付意愿，以及市场对于文化创意产品总体价值的直接反应。除此之外，文化创意产品还有一种非市场价值，这是文化创意产品内在的对社会文化的补充和贡献。它不会随着物质载体的消失而湮灭，反而会随着时间推移而日益彰显，包含社会价值、文化价值、美学价值、艺术价值、遗赠价值、选择价值等多个方面。社会建构了文化创意产品的使用价值，并且通过创意产业生产运营的具体形式，在特定的社会结构中产生出文化创意产品的交换价值，这使得文化创意产品处于商品、社会和文化的三重结构中。因此文化创意产品的这些价值因素不能单独割裂开来，而是作为一个有机的整体，共同构成了文化创意产品的多维度价值体系。(如图 5-1 所示)

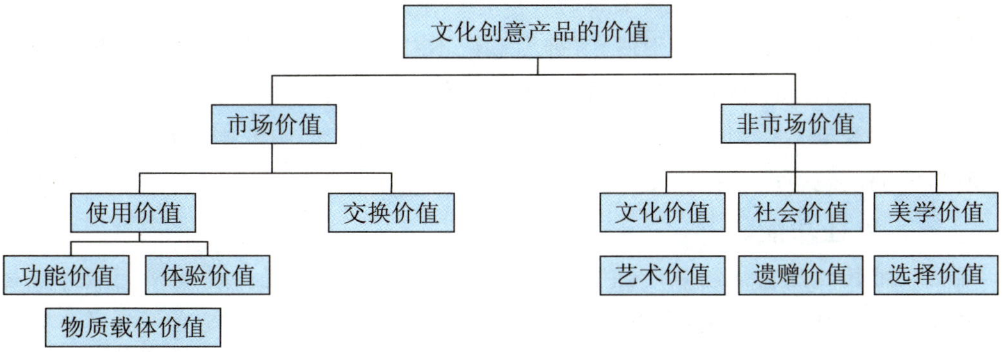


**图 5-1　文化创意产品的多维度价值体系**

## 二、文化创意产品的功能

从狭义功能来理解，功能就是指产品的用途，即产品的实用性，它既包括产品的总体功能，又包括产品各部分特定功能的有机组合。然而对于文化创意产品而言，其功能属性不仅仅停留在实用性上，同时还包括文化价值的延伸和传播。因此文化创意产品的功能主要体现以下在五个方面：实用功能、认知功能、象征功能、审美功能、文化功能。

### （一）实用功能

文化创意产品首先是一个产品，它除了文化属性之外还应具有商业属性，而商业产品是以需求为导向的，实用功能是满足需求的第一要素，在这一前提下，再考虑设计与文化元素的融入。实用功能是指通过产品自身完成物质、能量交换的过程，满足人类的某种物质文化需求，即通过将设计思想转化为实物，满足人的物质需要，重在体现设计物的实用价值。

WEAVER 系列包含茶罐与冲茶器。从“编织”的概念出发，将东方常见的竹编纹路，设计成陶制茶罐的上盖纹饰以及金属冲茶器的网孔。茶罐上盖材质为赤陶，能保持茶罐内的干燥。冲茶器则以汤匙为灵感，延伸成为能直接舀取茶叶的泡茶道具。

### （二）认知功能

文化创意产品的主要呈现形式是产品的视觉元素，包括造型、色彩、肌理、材质、图案。文化元素的使用上不应简单地拼凑贴合，要考虑到地域、民族、风俗及文化元素的应用，表现产品现代感与传统和谐共融的形式感，使设计与文化形成匹配。消费者通过视觉、触觉、听觉等感官接受来自文化创意产品的各种信息元素刺激，从而形成整体认知。

例如，有着几百年历史的故宫，各种文创元素可谓取之不尽，在故宫文创产品的销售平台“故宫淘宝”上，可以买到许多带有故宫元素的文创产品，从卡通的手机壳、行李牌、书签、电脑包、鼠标垫、U 盘，到纸胶带、钛金眼镜、手表、香皂，甚至还有真丝被、棉被等。故宫博物院出品的“萌萌哒”系列文创产品一经推出，便迅速走红，备受推崇，并且创造了不菲的价值。“御用笔记本”“故宫猫橡皮”“故宫皇后杯”“故宫书签”，这些产品都很好地将故宫元素融入到了产品认知功能中去，使消费者在产品使用过程中也能感受到文化创意的文化价值，例如“御用笔记本”中的服饰花纹图案、“故宫皇后杯”中的顶戴式样，等等。

### （三）象征功能

象征功能传达出文化创意产品“意味着什么”的信息，它是一种间接记号，也是一种思想工具，象征功能本身就包含了经验、直觉、价值观、文化规范等要素。如一辆汽车的豪华程度，不仅表现了它在实用功能方面的进步和完善，同时还是汽车使用者经济地位和社会地位的象征。

《变形金刚》里的大黄蜂从一辆 1974 年的老款雪佛兰变换为 Camaro 概念车，在大黄蜂变身的刹那，很多观众都为之惊叹。借助电影这种文化创意传播渠道，让雪佛兰 Camaro 重新出发展现自我，成为一种文化创意类产品，使消费者可以感受到驾驶 Camaro 就是一种对时尚的追逐、对高科技的执着，更是年轻人自我标榜的一种宣示。

### （四）审美功能

文化创意产品内在和外在形式激发人的审美感受，满足人的审美需求，体现了设计物与人之间的精神关系。物在使用过程中是否能激发人的美感，是判断其是否具有审美功能的依据。文化创意产品的实用功能与审美功能应该是相互统一协调的，文化创意产品的审美功能是人主动去创造符合感官的一种美，同时实用功能给使用者带来了意外的惊喜，满足了人们的需求。产品在体现了它的存在价值之后，也附带了因功能而产生的美。文化创意产品在满足实用功能的时候，也体现了一定的秩序和规律，这本身就带有一定的审美功能。

故宫博物院大胆尝试跨界合作，接受品牌邀约，合力推出跨界产品，将故宫元素融入时尚、生活等不同领域。《时尚芭莎》就与故宫文化珠宝联手，推出了“故宫·芭莎红”玲珑福韵项链套装，套装内的所有物品都能装在双面织有“海水江崖”纹样的手包之中。这只精美的“宋锦手包”平展挺阔，搭配的长肩带还能将其作为日常背包使用，这套产品巧妙地体现出了文化创意产品的审美功能。

### （五）文化功能

文化创意产品的文化功能也称文化价值，主要体现在产品的非市场价值上。文化创意产品不仅具有满足个体文化需求的属性，同时也承担着传播文化价值的重任。流行创意文化为大众生产出喜闻乐见的多元文化产品，如主题电影、流行音乐、音像产品、体育赛事、通俗小说、新闻周刊等。它们给观众提供的是感官与思维的全新体验，彼此分享这些文化体验不仅具有刺激性，而且伴随着人们的满意感。许多国家认为繁荣的文化创意产业与保护本国文化的独特价值观、生活方式息息相关，甚至国家的文化软实力还事关可持续发展与全球文化渗透策略。这些都可以被看作是文化产业繁荣带来的国家与文化收益。

以迪士尼文化帝国的产业链条为例，通过它的电影、戏剧、主题公园、音像制品以及其他文化传播的媒介，迪士尼世界几乎触及了每一个美国人的生活，也成功走入了遍及全世界观众的生活。迪士尼媒体产品以富于创意、具有高度想象力的动画以及其他创造性的表达方式吸引了众多观众。它创造了一个兼容共存的有机环境，为观众提供了一个文化创意产品的“混合大餐”——它拥有一套全球统一的主题与场景，不断融合人们最新的社会经历与体验并进行富有想象力的重述。迪士尼的文化创意产品是美国主流文化基础性构想的典型体现，但是通过理想化的、近似于乌托邦的形式加以演绎。

## 第三节　文化创意产品的品牌策划

### 一、文化创意产品的品牌策划的作用

在社会经济快速发展的今天，人们的物质生活丰富多彩。在购买产品的时候，有些人想到的是购买品牌产品，但也有一些人会购买不知名品牌的产品。那么产品品牌重要吗？答案是肯定的。对许多人来说，品牌帮助人自我定位，并且帮助他们依照该定位与他人交流。由于品牌的存在，会影响消费者对于各种产品的认识，甚至改变对于品牌产品的观感。品牌，具有的特殊意义可以改变消费者对产品的认知和体验，同样的产品对消费者而言，会凭借品牌认同或所赋予的属性有不同的评价。品牌同时可以让消费者容易做出购买行为，充实生活的独特性。

在当今市场竞争中，品牌所表现的是一个产品及其企业的素质、信誉和形象。更有甚者，认为品牌体现一个民族的素质、一座城市乃至一个国家的形象。参照海内外知名企业成功的经验，创立和发展品牌，是企业长久不衰和保持市场旺盛生命力最有效的手段之一。

文化创意产业大发展、大繁荣的新形势下，从品牌策划的高度去塑造文化创意产品，扩大文化创意产品附加值，塑造具有企业特色的高知名度的文化创意产品品牌，对一个民族的素质提高、一个城市品牌的塑造和一个国家形象的提升都有很大的促进作用。首先，促进新经济发展。文化创意产品具有创新性的业态特征，塑造文化创意产品品牌能够创造财富和促进社会就业，对加快经济创新具有独特的促进作用。其次，促进新文化塑造。文化创意产品品牌能够提升文化创意转化力，将文化资源转化为经济资源，有助于提升新文化创新力。最后，促进新形象建设。文化创意品牌塑造不仅能够提高文化创意产品的附加值，还能够提升文化创意品牌的影响力，这对于文化创意品牌的输出，形成持续性的竞争优势能

够发挥巨大作用。

## 二、文化创意产品的品牌策划的路径

现阶段，我国很多文化创意产品品牌价值单薄，品牌定位单调、特色不明显、缺乏个性、品牌的可识别度低。文化创意产品品牌深度挖掘还很不够，文化资源转化为文化创意产品的品牌通道不够顺畅。很多地方缺乏文化创意产品的自主创新能力，缺乏市场运作能力，对文化创意产品的品牌塑造、知识产权的保护也处于较低的阶段。文化创意产品跟风严重，产品形态严重雷同，缺乏创造力和想象力。只是简单地在毫无特色的产品上贴一个地方品牌，文化创意产品的品牌元素鲜活度很低，使得有独特地方风格的优质文化创意产业品牌数量少、知名度低、竞争力差，品牌缺乏个性、品牌识别力弱。由此可见，文化资源的潜在价值难以转化为文化创意产品的品牌价值，直接导致了文化创意产品的苍白无力，品牌价值无法得以呈现，地方性的文化特色无法得到传承。品牌传播内容平庸，不能展示产品品牌的核心理念与个性，缺乏与消费者的深层互动交往。在传播内容上重产品传播而轻品牌传播，贪一时之功而无长久之利，国际主流文化创意的产品品牌则会将其打造成符合品牌定位、体现品牌内涵的传播活动。

为了提升文化创意产品的品牌价值，文化创意产品的品牌策划可以从以下几个方面加以优化提升。

### （一）优化品牌战略思维

首先，观念要转变，品牌战略思维是文化创意产品品牌建设的基础。因而，必须尽快转变观念，建立对文化创意产业品牌战略思维的正确认识，意识到文化创意产品要想有出路，品牌战略思维是关键，更多地从品牌战略思维的角度对文化创意产品进行思考，从而强化实施品牌战略思维的意识。高品质的文化创意产品品牌建设不能急于求成，是一个系统的工程，需要一个长时段的塑造过程。产品品牌战略思维是从事各种活动的指导方向。所以，品牌战略一经制定，要求保持战略的一致性，从而使整体资源得到合理利用，发挥品牌最大优势，提升品牌识别度。同时，文化创意品牌战略思维往往决定着这一文化创意产品的内涵是否能够准确地传递给消费者。对品牌战略进行准确的定位，是塑造品牌的核心。当然，品牌战略是需要挖掘特色和持续创新的，通过持续的创新，产品品牌将会使无形的文化内涵转化成有形的文化产品，从而不断强化和维护品牌的核心价值。

### （二）完善品牌识别系统

在品牌战略思维的指引下，尽可能地优化品牌识别系统，将战略和文化统一起来，才有可能创造出高水平的品牌识别系统。将文化创意产品品牌理念、标识、公共关系、文化使命、服务等作为一个整体，而不是将它们视为相互独立的行为。真正有价值的文化创意产品品牌应具备在品牌与文化之间建立长久关系的能力，而文化可以通过这种关系发挥多种多样的作用。只有认识到文化创意产品品牌识别系统的重要性，知名度才会持续上升。完善品牌识别设计超越了品牌的局限，创造出包括主品牌、象征物、色调、核心产品、服务承诺、推广口号在内的设计语言。设计语言具有连贯性与整体性，对于文化创意产品品牌各项识别符号，不同的人会有不同的理解，所以我们只有不断地完善文化创意产品品牌识别系统，才能有助于文化创意产品的成功发展以及产品品牌的不断巩固。

### （三）整合品牌传播体系

整合品牌传播体系是在品牌战略指导下，从消费者出发，以影响购买行为、塑造品牌为目标，整合品牌推广的规划、组织和流程，运用整合手法进行全方位的传播推广、达到效果最优化的过程。在整合品牌传播体系的传播方式上，过分地强调某一种传播方式或者机械地将几种传播方式轮流使用，都不利于品牌的经营，甚至会造成品牌结构的缺陷。品牌整合可以分为横向整合和纵向整合两种。横向整合：对各种传播工具进行整合，要重新制定品牌推广的游戏规则，将推广沟通战略由原来的传统媒体扩展开，特别重视对新媒体的运用。纵向整合：强调把企业的一切传播活动如广告、促销、公关、CI、包装等进行一元化的整合，让消费者从不同的信息渠道获得对品牌的不同侧面信息，增强品牌诉求的完整性。总之，品牌整合的核心是使消费者对品牌产生信任。

### （四）融合科技创新能力

科技将成为文化创意产品的重要推动力，新技术也将助力创意者创作更多别具一格的文化创意产品，所以文化创意产品与高新技术密不可分。科技与文化创意产品品牌的互促发展不能仅仅满足于科技为创意提供更丰富的载体。因为，一方面，创造或创意才是创意产业的灵魂，要尊重人的创造力和个性思想，以丰富深刻的文化内涵避免陷入文创企业发展的误区，更好地满足现代社会个性化、多元化的文化需求。随着大众文化需求逐步进入“内容为王”和“读图时代”，文化创意需要更高的科技平台来表达丰富的文化内涵。另一方面，科技与文化创意产品品牌的互促发展还要充分发挥文化创意产品品牌在符号创造方面的领先优势，更好地创造和引领市场需求，为技术创新成果的产业化提供便利。

### （五）增强消费者满足感

有消费，才有经济的增长。关键是增强消费者满足感，提高消费的附加值。以创新发展促消费，才能以高质量的文化创意产品和新颖周到的服务打动消费者。利用社交网络、独特的促销方式、良好的售后服务，以独到的服务带给消费者惊喜，从而改善销售与购买的关系，与消费者建立友谊，增加消费者的信任，也就是增强消费者对文化创意产品品牌的偏好，成为品牌的忠实顾客。这要求我们在经营的过程中，除了要信守一些基本的原则，如诚信原则，还需要消费场所的舒适、服务人员的良好态度、售后服务的便利性，让消费者感到物有所值，并且愿意再次光顾。这些理念的贯彻，需要持续不断地推动，并落到实处。

## 拓展阅读

### 熊本熊品牌策划案例

日本熊本县以一只笨拙的卡通熊作为吉祥物打造区域品牌。短短几年内，“熊本熊”为熊本县带来12亿美元的经济效益，包括观光和当地特色产品销售，以及9000万美元广告收入，创造了区域公用品牌与卡通代言的奇迹，成为区域品牌化策略的典型个案。

这只行动笨拙、自带两坨腮红的卡通熊迅速风靡全世界，成为年轻人追捧的对象。如今，熊本熊的火热程度甚至超过萌物界的“前辈”Hello Kitty和哆啦A梦。熊本熊不仅有自己专属的本田小摩托，还有专属Mini汽车，甚至还有专属的徕卡相机，俨然一副“熊”生赢家的样子。然而熊本熊是如何一步步走到这个“熊”生巅峰的呢？缘起九州新干线。

大家都知道熊本熊是来自熊本县的地方吉祥物。但要说到“熊本县”，就是日本人也只能说出它位于九州，至于有哪些特产和景点则一概不知。至少在熊本熊诞生之前，熊本县的知名度在日本国内都是非常低的。

然而，2011年，贯通整个九州的新干线将全线开通。这意味着临县，以及关西地区的旅客可以更便捷地来到九州观光旅行。县政府看准这个千载难逢的机遇，准备做一些特殊的推广活动，吸引旅客到熊本来观光。

于是，县政府找来了出生于该县的知名作家小山薰堂来构想这个创意，他找到了自己的好友——著名设计师水野学。两人最初想以“熊本惊喜”的概念制作一个Logo，但随后水野学希望能以一个更加吸引人的方式推广这个概念。于是他们在Logo之外又提出了被称为“Kumamon”的熊形地方吉祥物。这个名字结合了“熊本”(Kumamoto)与熊本方言“人”(Mon)的发音，意为“熊本人”，明确了“熊本熊”出自“熊本县”的概念。水野学以熊本城的主色调黑色与萌系形象经常采用的两颊腮红(红色也呼应了熊本县“火之国”的称号)为基础，创作出了数千种形象组合，最后在其中选出了如今看到的呆萌的熊本熊形象。

配合外貌，策划团队也为熊本熊设定了时下人见人爱的“呆萌”和“贱萌”的性格。

为了更好地推广和宣传熊本县的形象，水野学提出了以不收授权费的方式推广熊本熊的建议。只要通过县政府审核，证明商品有助于熊本的宣传，商家就可以使用熊本熊的形象。从诞生的2010年3月5日起，熊本熊呆萌的形象就逐渐出现在熊本县出产的商品上。

随着曝光度的增加，熊本熊的知名度开始打响。不过，此时熊本熊的知名度仅限于熊本和九州地区，要想让全日本都认识这只熊，就得靠经纪公司——县政府地支持了。

1. 与熊本熊一起疯的县政府

明星要想红，除了自身要具备出色的条件外，经纪公司的大力培养也是不可或缺的因素。在熊本熊正式诞生后，县政府启动了相应的营销计划，先后开通 Facebook 主页和 Twitter 账号，并为其申请到宣传预算。相较于当时日本绝大多数的地方吉祥物来说，这已经是最高级别的待遇了。

一切准备就绪，县政府开始了与熊本熊一起疯的营销计划。首先，县政府聘任熊本熊为临时公务员，接着，县知事(县长)蒲岛郁夫将“在大阪分发一万张名片，提升熊本县知名度”的任务交给了它。

不过在大阪出差途中，熊本熊被大都市的魅力迷住，竟然下落不明。蒲岛郁夫知事为此紧急召开记者发布会，希望有知道熊本熊消息的人通过 Twitter 告知县政府。

这里要提一下名片上的内容，比如“希望变得越来越有名，有名到有假货来冒充”“其实我很敏捷”等，看了让人忍俊不禁，加深了对它“呆萌”的印象。

随着一系列宣传上的成功，熊本熊被正式任命为熊本县营业部长，该职位在县政府内部仅次于知事与副知事，体现了县政府对熊本熊的重视。

2013 年，县政府又开始了一次精心的全民营销活动。这次，熊本熊遗失了自己两颊的腮红。没了腮红，那就只是普通的熊了。县政府认为此事件非常严重，再次紧急召开新闻发布会，表示县政府已成立调查组专门调查此事，并呼吁大家帮熊本熊找回腮红，熊本熊也跑到东京警视厅报了案。

县政府还在各处张贴“寻腮红启事”，甚至通过电视台发布启事，希望观众提供线索。其实县政府是希望通过这一事件，让外界了解“红色”对于熊本县的意义。它不仅代表了熊本县的火山地貌，更代表了众多美味的当地特色食物。这次事件达成了 6 亿日元(约合 3360 万元人民币)的广告营销成果。

除了这些县政府亲自参与的推广活动之外，策划团队还很好地利用了 Facebook、Twitter 等社交媒体，发布熊本熊的行程，并且在每一条新消息的最后，都会加上熊本熊的语气词“mon”。

策划团队还会借势热点进行营销。比如在冰桶挑战期间，熊本熊就被人点名参加。而他参加冰桶挑战时的反应也是非常搞笑。这些营销策略都让熊本熊增加了知名度和影响力。

2. 投入的熊本熊扮演者

还要谈一下藏在熊本熊皮套里的演员。无论是县政府工作人员客串，还是邀请专业的皮套演员进行骑车蹦极等高难度动作，他们都非常卖力地展现出了熊本熊“呆萌”和“贱萌”的性格。

如今的熊本熊早已享誉全球。到国外出访、在皇室面前大跳体操舞、被印在各种大牌商品上、参加时装周走秀、参演歌舞伎等，在熊本熊持之以恒的宣传下，熊本县的知名度也有了极大的提升。2013 年，日本地方经济综合研究所的调查显示，九州、关西和首都圈地区的居民对熊本县的印象分别从 2011 年的第 6 位、第 6 位和第 7 位，上升至第 2 位、第 3 位和第 5 位。此外，民众前往熊本县观光旅游的意愿也有大幅提升。申请授权的商品从 2011 年的 3600 件，升至如今的 20000 件。根据日本银行的计算，熊本熊出道的头两年，就为熊本县带来了 1244 亿日元的经济收益（约 76.3 亿元人民币）。

3. 熊本熊的成功启示

熊本熊的成功，是吉祥物的创作者与地方政府，以及幕后工作人员密切配合的成果。设计师从 Logo 到吉祥物设计的奇思妙想，再到提出极富远见的营销建议，县政府都支持这种创新。而县政府在熊本熊的营销活动中，也一改以往古板的政府形象，变得亲民且幽默。蒲岛郁夫知事甚至出书，详细阐述了熊本熊营销成功的心得。而浓缩为书中的一句话，就是“提拔吉祥物做营业部长，这是勇于‘打破盘子’的创新精神”。

从“熊本熊”案例中，我们得知大力发展和推进文化创意产业的品牌塑造，对于推动社会经济全面而协调发展具有非常重要的意义，有助于推进城市产业结构的调整升级，有助于经济发展方式转变，有助于突破城市资源的制约，大力促进城市社会经济可持续发展。

## 第四节　文化创意产品的价格策划

### 一、文化创意产品的价值构成

文化创意产品的市场化是一个必然的过程，文化创意经济就是文化创意产品创造与交换的过程。文化创意产品的价值构成是一个值得研究的体系。首先，任何文化创意产品都是由一定物质或服务形式构成的；其次，任何文化创意产品都具有交换的功能，能够获得交换价值；最后，任何文化创意产品都有其价值：具有某种象征性的、能够影响消费者的，或令消费者认同该产品价值的东西。与传统的物质产品相比，文化创意产品在生产、流通、分配和消费等方面都有着自己独特的发展轨迹和运行规律。由于文化创意本身是综合性概念，其产品也有各自的特征，一些人将文化创意产品归类为普通商品的一种，从使用功能角度进行价值分析，却忽略了文化创意产品与普通产品的文化差异。我们要基于多维度视角分析文化创意产品价值构成，并从市场价值实现方式对创意产品进行分类分析，为日后对不同类型文化创意产品的价值评估奠定基础。

文化创意产品在生产中涉及了某种形式的创意，传达了文化象征意义，体现了知识产权的产品和服务，同时具备经济和文化价值。文化创意产品的价值包含以使用表现出来的功能价值，而文化价值则是文化、美学、艺术等的结合。一切文化创意产品都是重叠着功能价值、文化价值、艺术价值的产品和服务。每次交易都包含无形的知识产权价值和有形载体的价值。文化创意产品的本质属性与价值特征决定了文化创意产品包含不同价值维度，同时具有明确的知识产权特征。

文化创意产品包含大量复杂的文化创意产品的外延以及相应的复杂特性。文化创意产业作为一个融合发展的产业，其产品的价值特征与价值构成也相对复杂，不同类型的文化创意产品有不同的产权形式与价值特征，对文化创意产品进行分类研究更有价值。因此，文化创意产品是经过创意活动产生的，具备一定象征意义与文化创意价值，能够满足人们一定的精神需求，体现了某种形式产权特征的产品和服务。

从表现形式来看，大多数文化创意产品的物质载体价值远低于其文化、艺术内容含量，以无形产品为主；从消费的角度看，文化创意产品以顾客价值导向为原则，满足消费者精神方面更高层次的需求，其核心价值契合了消费结构的升级；从价值实现角度看，文化创意产品的价值包含文化价值、经济价值的双重实现，且可以通过多种路径实现。

## 二、文化创意产品的价值特征

文化创意产品的核心价值体现在文化内涵和知识产权上，其市场价值实现过程是一个文化内涵和知识产权不断增值的过程。文化创意产品与传统物质产品在研发方法、生产过程、视觉形象及推广过程中有着显著的差异，可以从以下几个方面来探讨文化创意产品的价值特征。

1. 多重价值特征

文化创意产品由有形物质价值和无形文创价值组成。这决定了文化创意产品具有多层次的价值特征，也是文化创意产品区别于普通产品的最为显著的特征。传统物质产品的价值主要体现在使用功能上。文化创意产品不仅包含使用功能，同时具备文化、审美、艺术、娱乐、心理等由其文化创意带来的体验价值。文化创意产品作为一种象征意义的表达，其市场价值的实现主要凭借文化创意价值的实现，主要体现为知识产权交易以及消费者对其无形价值的接受与认可。因此，文化创意产品的价值体现在消费者对其象征价值、体验价值与文化价值的支付意愿，以及市场对于文化创意产品总体价值的直接反应。同时，文化创意产品内在的、固有的对社会文化的贡献，不会随着物质载体的消逝而湮灭，反而可能会随着时间推移而日益彰显，文创产品包含社会价值、文化价值、美学价值、艺术价值、遗赠价值、选择价值等多个方面。文化创意产品的这些价值作为一个有机的整体，共同构成了文化创意产品的多层价值特征。

2. 无形产权特征

文化创意产品只有在法律权属上进行强制性保护，才能真正具有价值；只有明晰文化创意产品的产权，才可以用来交易。这种产权保护做得越好，就越能创造出更多更好的文化创意产品。文化创意产业以知识产权为核心资产，文化创意产品通过知识产权的开发和运用实现文化创意成果的价值。与物权特别是其中的所有权这种历来被视为有形的财产权相比，知识产权是无形的财产权。文化创意人需要承担高昂的成本，因此可以索要远高于边际成本的价格，从而以利润的形式收回部分贡献于社会的收益，才有足够的激励继续创作。这也内在决定了文化创意产品的规模报酬递增属性。文化创意的激励在于文化创意人不仅能获得社会效益，也能预期获取经济利益，这样才能继续对社会有贡献的价值创造。产权体制的健全在这个过程中起到了关键作用，从而促进了文化创意经济持续快速地增长。高附加值的文化、文化创意、知识、技术含量往往以知识产权的形式体现出来，这使得文化创意产品具备了明确的无形产权特征。

3. 价值动态特性

文化创意产品的价值体现在多个方面，文化创意产品价值的动态与不确定性都增加了价值评估的难度。消费形态差异也比较大，因此文化创意产品的价值呈现出动态变化与不确定的特征。在不同时期，文化创意产品的价值可能是动态变化的，甚至差异还很大，这与社会的文化导向与审美取向有关。但真正有价值的文化创意产品一定具备跨越时间与空间的价值增长潜力。另外，由于文化创意产品会给消费者带来持续的内在影响，文化创意的品牌价值对于产品来说非常重要，一旦形成品牌影响力，其文化创意产品的价值也会大大提升。一般来说，文化创意产品的文化创意价值越高，长远来看，其经济价值一定越高，同时，经济价值也可以提升文化创意产品的认同感。

4. 价值多样特征

文化创意产品跟普通商品的不同还体现在市场价值的实现方式的多样化。文化创意产品具有高附加值特征，是一种高附加值的产业，它的价值可以通过知识产权授权多次实现，它的文化创意设计要素的价值随着它的售出也可以不断增值。普通产品一般是银货两讫，价值在交易中一次性实现。而文化创意产品的经济价值有的是在单次交易中一次性实现，比如文化创意工艺装饰品；有的文化创意产品的经济价值可以在不同途径多次实现，如一本小说将其版权通过许可、授权、转让等不同方式拍成电影、电视剧以及制作衍生产品分别实现价值；还有一种比较特殊的是反复交易，比如电影，观众一次消费过后还是抱有兴趣，可能会重复体验，且每一次体验的经历可能又有所不同。这些对于分类研究文化创意产品的市场价值都是一些重要的参考。

## 三、文化创意产品的价格形成

文化创意产品的价格＝使用功能价值＋文化创意价值，既可以在使用功能上创新，也可以在文化创意上创新。而文化创意产品的价格，既可以很低，也可以很高，低得几乎可以忽略文化创意价值，这样的文化创意产品是没有生命力的，我们应该着力增加文化创意产品的文化创意价格。大家都知道好的艺术品价格很高，同理，好的文化创意产品的价格也可以很高。创意思维是产品的灵魂构架，没有灵魂的产品是没有价值的。好的文化创意产品的创意价值有多高？往往超出我们的想象。

可口可乐瓶子的外观设计价值值多少呢？一个最原始最保守的数据——600 万美元（创意专利价格），这个价格不是今天的，而是 1915 年时的价格。玻璃上带有棱带或花纹，带着可口可乐特有标志，辨识度高，增强了牢固感、易握感和美感，在当时这无疑是饮料瓶子上的一场革命。这个创意的成功，带给可口可乐巨大的品牌效益和经济效益。

文化创意价值并非体现在能够换取多少财富上面，而是代表着一种新的理念或是新创意。经济价值是创意产品的附加属性，而并非唯一属性。在国内，很多人购买产品只是核算材料成本，轻视了文化创意构思设计的重要性，导致购买文化创意产品没有良好的消费体验，对于文化创意产品的定价是模糊的。每一件产品的面世，都是需要更多的脑力、体力、灵感以及个人经验的结合。附带文化创意元素的产品更具价值，能提升消费者的购物体验。创意具有一定感染力，升华精神境界，愉悦心情。消费者购买文化创意产品，买的不仅是一种有形产品，而是期望能够达到某种精神满足。所以核算成本时应考虑文化创意思维成本，而并非单一核算制作材料成本。

当然，如果把文化创意产品比作自家酿造的“美酒”，为了走出“巷子”，也需要其他推销手段辅助，当文化创意产品得到市场的认可，那么价格自然就会稳定，甚至走高，如果一直在“巷子”里，没有市场销量，那么再好的文化创意产品，其价格也不会高，就算定价高，也是没有实际意义的自娱自乐。

# 第六章　文化创意产品的营销推广

## 第一节　营销概述

### 一、营销的概念

营销(marketing)兴起于20世纪50年代，第二次世界大战后世界经济的发展逐渐步入正轨，营销学作为适应市场发展需要的学科，也逐渐形成和完善。市场处于变化的环境之下，且企业之间的竞争日趋激烈，面对来自生存环境和竞争对手的压力，企业必须要适应市场和社会的需求，才可以在最大程度上获得利润，实现良性的发展。

市场营销是一种社会经济活动的动态发展过程，其目的在于满足社会或人类不断发展的物质需要，实现社会发展总体目标。同时，市场营销是企业经营活动的职责，它将产品及劳务从生产者直接引向消费者或使用者以便满足顾客需求及实现公司利润。该定义具有一定的超前性和先进性，认为营销一方面是满足客户对产品的需求，另一方面也指出企业发展是以取得盈利为发展目标。

现代营销大师菲利普·科特认为，市场营销是与市场有关的人类活动。市场营销意味着和市场打交道，为了满足人类需要和欲望，去实现潜在的交换。因此，市场营销是个人和集体通过创造产品和价值，并同他人自由交换，来获得其所需的一种社会和管理过程。他突出了营销的导向价值，是通过交换，各取所需并获得价值。他认为，市场营销是指企业的一种职能，“认识目前未满足的需要和欲望，估量和确定需求量大小，选择和决定企业能最好地为其服务的目标市场，并决定适当的产品、劳务和计划(或方案)，以便为目标市场服务”。

美国市场营销协会对市场营销作了更完整和全面的释义：市场营销“是对思想、产品及劳务进行设计、定价、促销及分销的计划和实施的过程，从而产生满足个人和组织目标的交换”。该定义较之前所述更具完整性和适用性。主要表现是：

(1)产品概念外延扩大了，它不仅包括产品和劳务，还包括思想；

(2)市场营销概念内涵扩大了，市场营销活动不仅包括营利性的经营活动，还包括了一些非营利性质的组织活动；

(3)强调了产品、劳务及思想交换的过程；

(4)突出了市场营销计划的制订与实施。

到2005年，美国市场营销协会进一步完善了市场营销的定义，认为：市场营销是组织的一种功能和一系列创造、交流并将价值观传递给顾客的过程和被用于管理顾客关系以让组织及其股东获利。

美国经济学家马苏则认为，市场营销是“传送生活标准给社会”。人们普遍认为该定义生动地体现了市场营销的实质。例如，数码产品、汽车行业、公用设施、娱乐服务产品等许多行业领域的市场营销活动，体现出人们不断追求新的生活质量和生活标准的向往，同时对于促进这些行业产品的市场销售也起到了积极作用。这一概念，进一步肯定了营销在市场经济中的独特作用。

## 二、营销模式与演变

营销经济发展水平影响着消费者的需求层次，也进一步决定了企业营销模式的选择。在传统经济向新生经济推进的过程中，企业的营销模式也经历了由产品导向到服务导向，进而发展为知识营销、体验营销、文化营销等隐性营销模式的演化。

### （一）以企业为导向的营销模式及其发展

传统营销理念认为企业实力在一定程度上决定了产品质量，进而对消费者的品牌决策产生影响，最终导致其采取不同的购买行为。杰罗姆以传统营销观念为基础，提出了4Ps营销组合，即产品(Product)、价格(Price)、渠道(Place)和促销(Promotion)。该营销模式以生产者为导向，旨在满足相同或相似的顾客需求，实现利润最大化。该理念是将单个企业作为分析单位，认为影响企业营销活动效果的因素有两种：一是企业无法控制的因素，例如政治、法律、经济、人文、地理等环境因素，称之为不可控因素，统称为企业所面临的外部环境；另一种则是企业可以控制的，如产品、定价、分销、促销等营销因素，称之为企业可控因素。该理论指出，企业营销活动的实质就是一个不断利用内部可控因素来适应外部环境的过程，即通过对产品、价格、分销、促销的计划和实施，对不可控因素做出积极的反应，促成交易的实现和满足个人与组织的目标，因此4Ps营销组合理论认为，市场营销活动的核心在于制定并实施有效的营销组合。

20世纪80年代，随着国际市场竞争的不断激烈，各个利益企业集团通过发达的社会信息传播网络，来传播企业的信息，因此许多国家加强了对经济的干预，政府通过产业政策、税收与财政政策等来提高市场准入，贸易保护主义再度兴起。

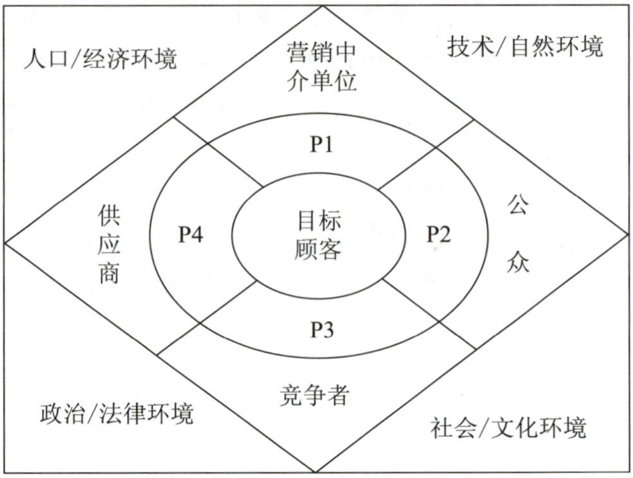


P1—Product（产品），P2—Price（价格），
P3—Place（渠道），P4—Promotion（促销）

**图 6-1　4Ps 营销组合模式**

在此背景下，科特勒提出了“大市场营销”战略，加入了政治力量(Political Power)和公共关系(Public Relations)两个因素，形成了“6Ps”组合模式。该理论认为营销不仅要考虑市场环境因素，还要考虑政治和社会等其他因素。企业营销者应借助政治和公共关系技巧，在全球市场上有效地开展工作。而政治权利可以使企业向产业官员、立法人员和政府官僚们提出自己的主张，以获得预期的利益和关注，公共关系则可影响公众的观点。企业应当在公众心目中树立良好的产品和企业形象，从而促进企业发展。

随着服务业的发展，已有的传统营销组合理论的经验主要来自生产标准化消费品的企业，难以适应服务性企业的营销要求。服务营销与传统的 4Ps 营销模式有所不同，为了克服这一理论缺陷，布姆斯和比特纳提出增加三个服务性的“P”，即参与者(Participants，也有学者称之为 People)，物质环境(Physical evidence)，过程(Process)，构成了“7Ps”理论。

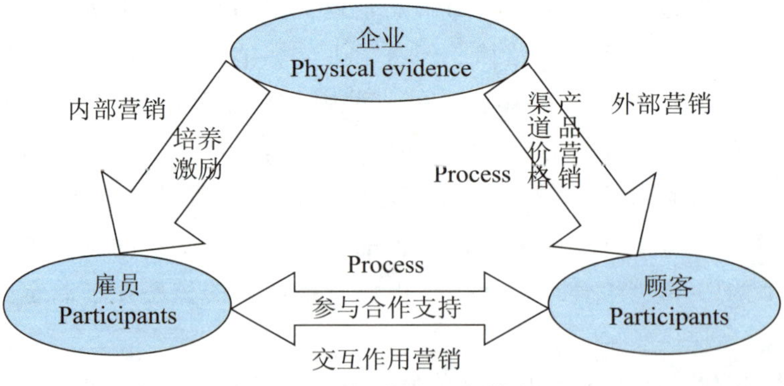


**图 6-2　7Ps 营销组合模式**

在随后的研究中，科特勒又从战略层面引入探索(Probing)、细分(Partitioning)、选优(Prioritizing)及定位(Positioning)策略，将理论扩充为“10Ps”营销模式。科特勒认

为，只有在制订好战略营销计划的基础上，战术性营销组合的制订才能顺利进行。因此，为了更好地满足消费者的需要并取得最佳的营销效益，营销人员必须精通产品、渠道、价格和促销这 4 种营销战术。

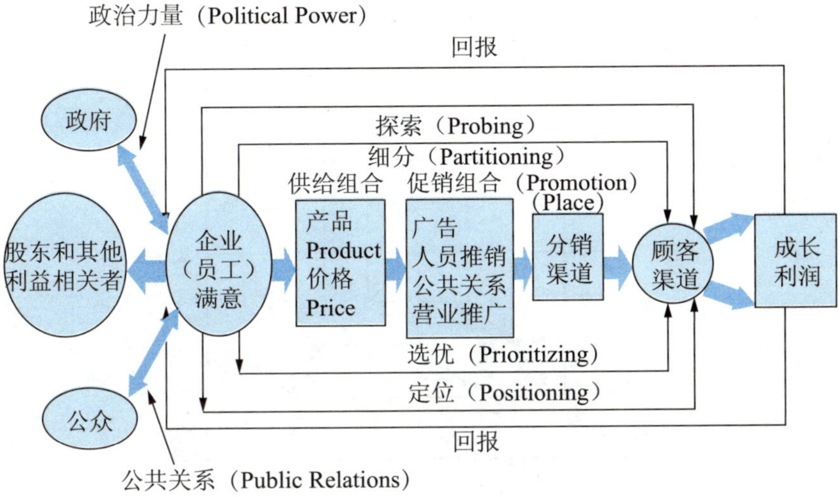


**图 6-3　10Ps 营销组合模式**

### （二）以消费者为导向的营销组合模式

服务经济时代的到来引发了企业对顾客的广泛关注和研究，以生产者为导向的 4Ps 营销策略日益让位于以顾客为导向的 4Cs 营销组合理论，即以顾客价值(Customer Value)策略取代产品策略，以顾客成本(Cost to the Customer)策略取代价格策略，以便利性(Convenience)策略取代渠道策略和以沟通(Communication)策略取代促销策略。

该理论关注的重点由企业转向了消费者，强调根据消费者的需求来生产产品和提供服务，以此切合消费者的实际，依据顾客支付能力来进行定价决策，并从方便顾客购买及为顾客提供服务的角度来设置分销渠道。通过企业与顾客的情感交流，消费者会对企业的产品或服务有更好的理解和认同，从而企业能更好地寻求同顾客的契合点。其营销模式的目标在于满足现实和潜在顾客的个性化需求，培育和提高顾客满意度。此外，国内研究者李振华等在此基础上添加了信用(Credit)、变革(Change)和核心能力(Core Competence)，进一步丰富了 4Cs 营销组合理论。

### （三）注重企业与顾客关联的营销组合模式

4Rs 营销模式产生于客户经济时代，舒尔兹对 4Rs 营销组合作了系统的表述。舒尔兹认为企业与顾客是一个利益共同体，营销的最高境界是处理好企业与顾客的双赢关系，他将这种关系营销简单地概括为 4Rs，即关联(Relevancy)、反应(Respond)、关系(Relation)、回报(Return)。他还指出，在当今相互制约的市场中，企业应该站在顾客的立场上及时倾听顾客的渴望和诉求，并做出迅速的反应，满足顾客需求，并与顾客建立长期稳固的关系，同时企业也必然会获得利润、声誉等物质和精神回报，进而实现企业效益。此外，埃滕伯格将 4Rs 营销组合界定为包括关系(Relationship)、节省(Retrenchment)、关联(Relevancy)和报酬(Reward)的策略组合。本质而言，4Rs 营销模式旨在满足顾客的服务和品质需求，培育顾客忠诚度。

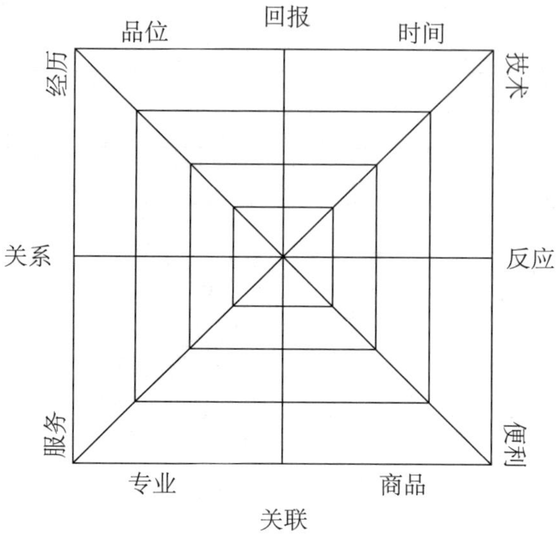


**图 6-4　4Rs 营销组合模式**

### （四）基于顾客个性化导向的营销组合模式

进入 21 世纪，高科技产业的迅速崛起，高技术产品服务的不断涌现，互联网、移动通信工具、发达交通工具和先进的信息技术，使得企业和消费者之间信息不对称的状态得到了改善，沟通的渠道也走向了多元化，越来越多的跨国公司开始在全球范围进行资源整合。

在此背景下，营销理念和营销方式也不断创新和发展。罗文坤首次提出了 4Vs 营销组合理论，即产品的多样性(Versatility)、价格的价值性(Value)、渠道的复合性(Variation)与促销的互动性(Vibration)。该理论认为，在市场日益细分带来的竞争压力下，企业在营销时应根据产品的销售条件、销售环境等具体市场操作因素的不同，采取包括产品差异化、市场差异化和形象差异化三个方面的差异化营销，树立企业和产品形象，并且依据消费者个性化的需求，弹性地提供不同功能的系列化产品，通过技术创新、服务创新和品牌文化创新等方式来增加产品的附加价值。从而实现，在给消费者带来价值最大化的同时满足企业的利润极大化，实现顾客和企业的双赢的局面。

国内学者吴金明将 4Vs 营销理念阐释为差异化(Variation)、功能化(Versatility)、附加价值(Value)和共鸣(Vibration)，并提出 4Vs 组合是优于 4Ps 和 4Cs 组合的第三代营销模式，它旨在满足顾客追求个性化和效用最大化需求，培养顾客价值。但无可置疑，从表述内容看，4Vs 营销组合理论是在结合 4Ps 策略基础上发展起来的，是对 4Ps 营销组合理论的重新界定和完善。

### （五）基于体验导向的营销组合模式

体验经济的兴起使得企业的产品设计、生产运作及营销策略等一系列因素也发生了根本性的改变，企业纷纷借助观摩、聆听、试用等方式使目标消费者体验产品（服务），增加对产品（服务）的认知，促成购买，体验营销一时声名鹊起。汪烈鑫提出了4Is营销组合模式，即调查（Investigation）、识别（Identify）、改进（Improve）和强化（Intensify）。4Is营销组合模式是体验营销理念的集中体现，它着重强调了消费者的核心地位，使顾客能够在购前、购中和购后认知产品价值。4Is营销模式以创造需求并满足需求为导向，通过与顾客的传递、沟通，识别顾客需求，引导顾客的消费理念。

### （六）网络营销组合模式

随着计算机互联网技术的发展，网络营销和电子商务构成了企业新的营销市场，于是出现了适用于电子商务的4Ss营销组合。该组合包括范围（Scope）、网站（Site）、协同（Synergy）和系统（System）。该理论从战略、运作、组织3个层次揭示了网络营销战略计划过程：企业通过市场分析，确定参与竞争的市场范围，包括市场潜力、潜在顾客构成以及竞争对手状况等；揭示新的市场机会，确定企业的战略目标和战略角色；然后通过网站的建设与管理，在网站上展示产品、销售产品，列出价格目录和销售配送网点等，并采取协同运营的方式，实现销售配送网络结构和互联网伙伴之间的必要的流程整合，即前方整合、后方整合和第三方整合。其中网络营销中的系统，即网络营销中的技术问题和网站的服务问题，是协同运营能否顺利实施的保证。

以上六种营销模式是企业根据当前经济运行模式、产品特点、市场状况等各方面因素进行营销策略调整的结果。

## 三、营销在文化创意创业中的作用

文化创意产品营销，是将文化创意产品与市场营销相结合，是将营销方式应用于文化创意产品的价值实现过程，这一过程通过挖掘或培养文化创意产品的内在价值，最大限度地满足顾客的文化需求、提高顾客满意度，有助于实现企业和顾客文化价值共鸣，实现企业利润的增长。

### （一）有助于实现文化创意产品的价值

作为满足消费者文化需求的创意产品，内容创意是关键。内容创意不是凭空产生的，而是建立在一定的文化资源之上的，比如信仰、价值观、神话故事、传统习俗等。这些文化资源限定于特定的群体，具有较强的隐性特征。因此，有学者认为，文化价值是文化创意产品的隐性价值，功能价值、体验价值和信息价值等则是文化创意产品显性价值的表现形式，是表现文化价值的价值形态。通过适当的营销手段，有助于其内在价值的外化，展现产品的文化价值。

具体可以理解为，一方面，在文化创意产品的设计阶段，设计者会用现代眼光重新解构文化创意产品所蕴含的文化精神，从中提炼出具有代表性的文化符号，如建筑形象、人物性格、文学形象等，并将其体现在文化创意产品的外观上，实现其价值的外化，有助于彰显创意产品的文化价值。另一方面，在产品生产阶段，企业通过适当的营销策略，全面、客观地了解消费者的文化需求，制定合理化的产品生产方案，生产出的创意产品，吸引消费者眼球，更好地满足消费者的客观需求。

### （二）有助于满足文化创意产品消费者的需求

消费需求是消费者对消费品的需求和欲望。随着经济的发展和消费者文化程度的提高，消费者的消费需求也在不断升级。人们的基本需求如生存需求、安全需求已经不是消费者最主要的追求，而精神需求、文化需求正成为当下消费者新的需求目标。但也有部分消费者的文化需求尚处于潜在的消费阶段，要转化为现实的消费需求，还需要借助相应的营销手段。

具体来说，一方面，文化创意产品的消费具有体验性。随着文化消费体验的积累，消费者的文化需求就会由潜在转化为现实，进而产生消费者的文化消费行为。另一方面，文化需求具有新奇性。在市场经济竞争的时代，物质产品较为丰富的情况下，消费者有更多的选择余地，消费文化创意产品时会更注重产品的新奇性。适当的营销手段，可将创意产品的文化内涵和外在的形式进行有机融合，加强文化创意产品的新奇性，从而进一步满足消费者的文化需求。

## 拓展阅读

### 互联网改变营销方式

互联网已经成为人与人、人与企业、人与产品以及与营销服务之间连接的纽带，是信息交互性传递与沟通不可或缺的平台。由于互联网的广泛应用，它给企业的营销环境带来深刻的变化，要求企业转变现有以产品为中心的营销理念，并改革现有的营销策略。在传统的市场营销中，企业采用的策略往往是产品组合、价格、渠道以及促销策略。在互联网时代下，营销环境发生了变化，导致营销理念的变革。与此相适应，市场营销策略也不再局限于传统，而要进行相应的变革。

#### （一）产品设计个性化

“人心之不同，各如其面”，充分地显示出人与人之间的差异性。受生活习惯、认知观念、审美标准、兴趣爱好等因素的影响，消费者的需求是有差异的。在传统的营销策略中，企业往往忽视了需求的差异性。在互联网时代下，企业可以从客户的信息反馈把握消费者对产品的需求信息，可以根据消费者的需求设计产品。此外，企业还可以通过建立客户档案，跟踪客户的消费，为客户多次提供服务。这是利用互联网大数据开展营销活动巨大优势的体现。

### （二）产品体验个性化策略

消费者是否购买某种产品，在很大程度上取决于消费者对产品的信任程度。为此，企业可以通过产品体验的方式激发消费者购买的欲望。所以，产品体验设计的目的是为消费者提供感受与服务途径，通过体验，促使消费者对产品形成良好的感受。具体的做法是，企业可以通过建设场景体验区的方式，把一系列能够被顾客感知的因素设计成独立的模块，通过模块的组合满足不同顾客的体验需求，从而增加产品的客户体验价值，内容包括顾客感受舒适度、美感体验、产品和服务口碑、企业信誉和品牌价值观等。网络营销的目的不仅是通过信息刺激消费者的购买欲，更重要的是通过消费者的体验增加对产品和服务信任。

### （三）抓住客户端的用户群

用户群是产品销售的潜在对象，只有拥有大量的客户群，才有可能拥有更多的消费者。目前，我国的互联网用户主要包括三类：第一类是微博用户；第二类是微信用户；第三类是 APP 用户。对于上述三类客户群体，可以展开微博营销，微信营销，APP 营销三种营销策略。其中，微博是早期的社交软件平台，拥有大量的客户。微博营销的主要方式是利用微博发布产品信息、服务信息，以及与产品或服务相关的品牌实例，以此吸引消费者。微信是继微博之后兴起的社交平台，在微信中的朋友圈、公众号上发布产品与服务信息，消费者也可通过微信平台发布需求与反馈信息。APP 是客户端，比如，抖音、快手和映客通过 APP 客户端，为消费者提供短视频或直播服务。

### （四）注重内容的营销

内容营销是指向消费者推送的具体内容，因为消费者的购买欲望与动机在一定程度上是由消费信息的完整性、准确性和真实性等因素所决定的。所以，对于企业的营销来说，推送信息的完整性、准确性和真实性是最基本的要求。只有满足这一要求，才有助于消费者做出购买决策行为。

## 第二节　文化创意产品的营销策略

团队或企业是文化创意产品营销传播的主体、创造者，文化元素、创意是产品的端点。创意是一种文化行为，营销传播是一种经济行为，通过加工、生产和复制将文化元素和创意转化成文化创意产品，营销也是将文化创意产品和服务转化成经济效益的关键环节。不同的经济发展水平影响着人们的需求层次，而不同的需求层次决定了企业采取相应的营销模式。针对消费者对文化创意产品的消费主要集中在较高层次的情感、文化、心理等需求上的特点，具体的营销传播策略分析如下。

## 一、企业导向的营销策略

### （一）产品策略

好的品牌关键在于拥有好的产品，产品是市场营销过程中的核心要素。产品策略是企业生产、营销、传播的基础，4Ps理论中其他三点要素(价格、促销、渠道)的进行也是围绕着产品展开的。因此，在制定文化创意产品策略时要尊重产品的差异性，如定制化、性能质量、特色、型式、可靠性、耐用性、可维修性、风格等。通过这些产品差异化的特点生产满足消费者欲望与需求的文化创意产品。现在消费者受互联网的影响颇深，且消费观念也发生了巨大的变化，追求独特新颖、精致美观的产品。所以，文化创意产品在设计时，应当考虑到消费者的价值层级，分为五个层次：核心利益、基本产品、期望产品、附加产品、潜在产品。一种产品不可能网罗所有受众，这需要根据文化创意产品的文化元素深入分析研究，从而添加、衍化、丰富文化创意产品；同时，需要针对不同消费需求制定不同的营销传播方案，最终让消费者乐于购买产品。

### （二）价格策略

市场营销策略中，价格策略是能产出经济效益的元素。价格策略的优势在于，可以根据市场与顾客需求及时、快速地做出调整，而产品策略、促销策略、渠道策略等在调整时会耗费更多的时间。企业需要考虑到定价的多种因素，如公司、消费者、竞争者与市场反馈。由于市场变幻莫测，文化创意产品价格拟定后，还应该根据市场需要做出相应的调整。同时，文化创意产品的定价往往不是以制作成本为主，其定价的特点在于文化的高附加值，文化创意产品的消费不是日常的柴米油盐，价值的估量在于所承载的文化内涵与消费者的需求度，其核心价值在于文化本身而非产品的技术、材料。因此，在文化创意产品的营销传播中，消费者在付出经济价值时，看中的是它的文化附加值，并满足自身对文化的需求。在营销方案的制定中，也要考虑其文化价值对消费者的实际吸引力，合理定价，获取更大的经济利益。

### （三）渠道策略

渠道营销策略是管理者面临的最重要的决策，企业所选择的渠道营销策略将对其他所有营销决策产生深远影响。文化创意产品的渠道营销策略是指运营团队依靠各种中介的营销推广，致力于使某种文化创意产品可以被使用或消费的过程。影响渠道的因素有地点、商品分类、覆盖区域、位置、运输、库存等。文化创意产品营销的三种渠道模式分别为：线下渠道模式、垂直渠道模式、线上销售模式。线下渠道模式，指依靠各地方已有的文化创意产品商店、报刊亭、文化用品店等获得盈利。垂直渠道模式，指由文化创意产品的创作者、营销人员、分销商等形成的统一的整体，成员之间拥有一定的产权。在垂直渠道模式中，创作者、营销人员、分销商都可能对文化创意产品的营销起支配作用。这种模式充分考虑各渠道商的利益，避免不必要的冲突，使文化创意产品带来可观的经济效益。线上销售模式，指借助互联网和移动终端的影响，利用当下网络消费倾向进行线上销售，根据网络消费特点制定宣传、销售计划。线上销售能够解决年龄、文化、地域等因素存在的差异化，及时满足消费者的需求，同时可以用电子媒体等技术，多元化地展示产品价值，目前已经有越来越多的营销团队采用线上销售的形式。可以预计，在未来线上销售将会占据更大的市场份额，成为文化创意产品销售的主流。

#### （四）促销策略

促销是营销活动中的关键组成部分，由各种主要为短期的激励工具构成，用来促使消费者或经销商购买更多特定产品或服务。促销包含的因素有销售人员推销、促进、广告、公共关系、直接营销。在文化创意产品的促销中，主要以新媒体的营销运用为主。首先，该模式可以更好地呈现文化创意产品，在产品推出市场之前进行调查分析，通过网络将文化产品的创意点、文化内涵传递给消费者；其次，通过新媒体营销手段可以及时地掌握市场变化，了解消费群体对文化创意产品的意见，并做出相应方案；最后，新媒体始终活跃在市场第一线，将文化创意产品推广给受众的同时，不断打造文化亮点，传达与其文化有关的信息，树立品牌形象，为后期其他产品的推广、营销打好坚实的基础。所以，将文化创意产品与新媒体营销手段紧密结合，一举多得。因此，企业在具体营销中，要做到前期宣传、网络销售、线上反馈，实现树立品牌形象、抢占市场等多重优势。

### 二、品牌营销策略

品牌营销策略是一系列能够产生品牌积累的企业管理与市场营销方法，包括 4Ps 理论与品牌识别在内的所有要素。品牌策略包括品牌创建、品牌形象、品牌传播、品牌延伸、品牌更新等。在文化创意产品市场的运营中，文化创意产品的运营者应该采取准确的品牌策略来满足消费者的需求，吸引消费者购买产品，从而获得可观的经济效益。品牌的产生是伴随产品而来的，在产品市场无限增容后，产品的异彩纷呈，导致消费者难以识别，而需要一种符号代表具体产品，在消费者心目中形成区位差的产物。科特勒认为品牌是一种名称、设计、名词或标记，或是它们的组合运用，其目的是借以辨认某个销售者的产品，并使之同竞争对手的产品区别开来。文化创意产品的品牌是建立在品牌内涵基础之上的文化品牌。文化创意产品团队所要创建的品牌，不仅意味着产品以及消费者可以获得的独特价值，而且是消费者对品牌所代表及传达的价值观、文化倾向的体验与认同。品牌在文化层面上所具备的张力，也是自身实力的象征。品牌的直观展现是 logo、名称与宣传语，可以区分不同品牌间的差异性。直观、贴切的品牌符号可以强化消费者对产品或服务的接受度。借助品牌可以识别一种产品的来源或生产者，使得消费者要求特定的生产商或分销商对其行为负责。创意文化产品团队的品牌形象能够在市场里树立，是由于被消费者熟知和接受。科特勒还认为营销者可以通过以下两个方面来强化文化创意企业的品牌，第一，文化品牌代表什么产品，它的核心利益是什么，它将满足什么样的需求；第二，文化品牌如何使产品看起来更优良，哪种强大的、令人喜爱的、独特的品牌联想应该存在于消费者的头脑中。文化创意品牌的形象会随市场弱化，使消费者对该品牌产品或服务的购买力减弱，致使经济效益下滑。所以，文化创意产品企业需要制定品牌强化的策略，提高产品或服务的质量，扩大市场份额。

## 三、体验营销策略

所谓体验营销，是指通过观摩、聆听、尝试、试用等方式使目标顾客体验产品(服务)，以使其认知、偏好并购买产品(服务)，实现双方交换目标的一种营销方式。在文化创意产品的营销中，以动漫产品为例，其优美的动画、音乐效果，恰恰满足了人们对于美好事物的追求，通过引起心理的共鸣而达到满足。进一步来讲，人们也会愿意购买动漫产品的衍生产品，获得心灵的满足。体验营销是现代营销理念的反映，它强化了消费者的核心地位，使顾客由购中、购后的认知转变为购前的预知，使消费者的购物风险得到了提前释放，自身利益得到了保障。也正因为如此，体验营销在全球范围内受到消费者的普遍欢迎，正在成为企业获得竞争优势的先进武器。具体到相应的营销策略是：

### （一）创新

体验经济时代的消费者的消费需求是“贪婪”的，他们对满足自己需求的期望越来越高，没有止境，所以文化创意企业必须不断创新才能跟上消费者需求的步伐。因此，只有创新才能有与众不同的思路，才会有好的主题和创意让顾客留下深刻的记忆。而创新更是文化创意产品得以生存和发展的基础。文化创意产品若想更好地满足消费者的需求就必须不断进行创新设计，并完善制造工艺，通过提高产品的品质，满足消费者的精神需求，提供美好的体验。这并不是跟消费者玩文字游戏或简单地利用消费者的猎奇心理，而是通过对市场深入的调查，对消费者需求的精准把握，对产品自身科技、设计、价格等正确估量的前提下，使产品无论在核心层次，还是附加价值上都能最大限度地满足消费者需求的期望，从而提升企业的增值能力，增强顾客忠诚度。

### （二）注重对顾客心理需求的分析和产品心理属性的开发

在体验经济时代，由于物质水平已经达到较高程度，所以消费者的心理需求就成为影响其消费行为的主要因素。具体到文化创意产品，应该加强产品的心理属性即产品的品位、形象、个性、感性等方面的塑造。注重对这些因素的开发，从而使生产出的产品与顾客的心理需求相一致。

### （三）制定灵活的价格策略

在体验经济之前，企业的定价模式是根据“利润/成本”的模式来制定的，所以产品的定价比较刚性，在变动趋势上也是可以预测的。体验经济时代的定价策略不是取决于企业付出的成本，而是取决于顾客获得的价值，所以定价策略可以比较柔性，空间相对灵活。

### （四）注意创意衍生产品的开发

提供产品衍生品不仅是企业赢利的来源之一，而且衍生品可以引发顾客对美好体验的回忆，刺激顾客重复购买，也能使体验社会化，方便顾客拿出来与他人分享，并且衍生品具有广告价值，可以吸引更多的顾客。

### （五）强调企业与顾客的互动

企业与顾客互动是满足顾客个性化需求的必备条件，只有互动才能了解顾客的需求，更好地设计出满足顾客要求的创意产品。体验经济时代，为了更好地吸引顾客，引起顾客的兴趣和注意力，就必须加强互动。

## 四、文化营销策略

所谓文化营销，是指适应知识经济，符合顾客消费个性化和价值取向的文化特征的一种市场营销方式。文化营销过程中表达了部分消费者的价值认同，从而能引起价值共鸣，在价值共鸣中达成促销，完成文化营销的历程。

在不同文化的商业活动中，营销的最重要因素就是理解消费者观念、价值观和社会需求的差异。由于营销是基于满足客户的需求，当这个需求以文化为基础时，营销应该努力去了解所要开拓的市场文化。创意产品是文化营销的载体，创意产品是根据创意环境的不同，进行有差异的设计，使之符合消费者的消费个性和消费价值，从而成为以物质消费为依托而以文化消费为目的的产品。作为一种文化或精神的现实体现的创意产品，它可以是观念上的、形体上的，也可以是美学上的、知识上的，还可以是习惯上的、品位上的，等等。因此，文化创意产品的“文化因子”有许多，如历史渊源、流派、品牌、信誉、服务、形象等。“文化因子”不是附加在产品上，而是与产品有机统一的。这也就是说作为具备文化意识和文化需求的顾客在消费文化创意产品的时候，在满足文化需求的同时也实现了一种心理上的愉悦，所以对于文化创意产品营销的操作就不能仅仅局限于经济手段，还必须充分认识到其中的文化因素，注重挖掘创意产品的文化内涵，让消费者在获得产品实体的同时，还能获得精神上的极大愉悦与满足。这种融入了文化因素的营销观念适用于创意产品的文化营销策略。

文化创意产品的文化营销的实施过程表现为两个层次：产品层面和品牌层面的文化营销。从产品文化营销的角度看：产品仅仅是价值观的实现。产品文化营销包括产品的设计、生产、价格、分销、促销等方面。品牌文化营销是产品文化营销的进一步发展。厂商创立品牌的过程，就是不断地去积累文化个性的过程。当品牌竞争在质量、价格、售后服务等要素上难以有所突破时，给品牌注入文化内涵，其价值就不仅仅是物质因素的总和，也不是原来意义上的竞争，而是一种更高境界的较量。具体来看：

### （一）产品层面的文化营销

产品层面的文化营销是创意产品文化营销的核心。它具体表现为设计、造型、生产、包装、品牌、使用等各个方面。将文化寓于创意产品设计、生产、包装环节中，创造全方位、高品位的文化氛围，以文化点缀和装饰产品，就增强了产品的亲和力。可以根据目标顾客的文化背景体现出产品的民族地域文化特色，或是异国他乡的文化风采。既要继承传统文化，又要创新发展融合时代风貌，利用文化特色增添产品的魅力。销售创意产品时要挖掘产品中蕴含的文化象征和精神元素，将其同实体的产品一起销售出去。体验经济里很重要的一块就是体验文化。世界是丰富多彩的，不同的地方都有其独特的文化，如果能充分利用文化作为主题，再配以相应的环境和情调，就会对消费者产生吸引力和新鲜感。所以说，文化是体验因素的重要载体，或者说是体验实现的主要途径。

#### （二）品牌层面的文化营销

在消费者为中心的时代，品牌能够满足消费者的个性化需求、情感需求和心理需求，也为消费者在高度同质化的产品中进行理智选择提供了保障。而在现在的市场营销中，品牌不仅仅便于消费者识别，还成为产品形象和文化的象征，品牌是产品的一种“视觉语言”，有着丰富的文化内涵。

### 五、公共关系与事件营销策略

公共关系也是文化创意产品营销的重要手段，它通过在一定区域内参与公众关注的公共性事件，制造新闻由头，引起媒体的广泛关注，进而树立品牌良好的社会形象与责任感，从而间接地影响消费者的决策。此外，公共关系还可以用来处理突发事件，宣传企业的形象和品牌价值。目前许多地方政府部门经常会利用“广告词征集”的方法，吸引全国范围内的公众参与，达到宣传地区或区域品牌形象的目的。在文化创意产品的营销上，可以结合具体的地区特性，使消费者对品牌有更大程度的认可。与公共关系相近的还有公共宣传。一般来说，公共宣传主要是通过建立良好的媒体关系，广泛传播各种产品信息。因此，在营销上，应当策划各种新闻事件，积极利用各类媒体的新闻报道，传递有价值的信息。事件营销是当今产业营销所热衷的传播工具，就是通过制造各类事件来创造营销机会，传播区域品牌价值。

总之，文化创意经济正挑战着传统的工商业模式，过去处于支配地位的工商业将逐渐被创意产业所取代，文化创意产品的营销重在出奇制胜，给观众心理上的刺激，期盼观众能因为新奇的感受而记住产品或通过引起共鸣而牢记品牌。传统智慧已不足以充分应付新的消费模式，为了追求更新、更好、更快的效果，人们只有求助于突破性的创意，希望能够跳出原来的思考模式，希冀能创出新思路，营造新格局。开创成功的创意就是能够在市场上为顾客的需求创造新价值。

具体到企业，应该通过艺术创新、文化元素导入等途径推动产品创新，实施需求导向的运营策略，开展定制化生产和精确营销。同时，努力改善服务，实现服务的柔性化确保消费者能够认识到产品的使用价值和体验性价值，提高顾客满意度，树立良好的品牌形象。

## 六、文化创意产品营销策略的选择

### （一）创意产品文化营销的层次

基于文化创意产品同一般产品的差异性，针对文化创意产品的营销模式，主要可以划分为两个具体层次，分别为产品层次、品牌层次的文化营销。

1. 产品层次的文化营销

产品是文化价值的承载体，是文化创意产品营销的重要领域。产品层次的文化营销涉及产品的创意、设计、生产、价格、分销多领域，将文化因素有效嵌入产品的设计、生产及包装环节，打造高品位的文化氛围，借助文化提升消费者的精神需求。在此过程中，企业要对目标客户的文化背景进行准确把握，凸显文化创意产品所蕴含的元素及内涵，注重文化差异性的塑造，强调用户的文化体验感，在文化主题上下足功夫。

2. 品牌层次的文化营销

品牌层次的文化营销，是在产品文化营销基础上的进一步拓展。当产品在营销过程中难有突破时，就应该在文化创意产品品牌中融入文化内涵，其所产生的市场经济效应，可以弥补产品层面的不足，在满足消费者情感需求的同时，也能够加深消费者对企业的忠诚度。品牌层次的营销，需要不断进行产品个性化的积累，形成更加深厚的文化内涵，需要借助消费者接受的个性化营销技术手段完成。文化创意产品的品牌文化营销脱离了产品层次，逐渐上升到了另一高度，需将文化因素融入不同的营销路径中实施，从而使消费者群体明确辨识理解其文化内涵，形成文化要素的传达渠道，扩大创意产品的市场经营效益。

归根结底来看，文化创意产品事实上就是精神产品的一种，因此其最主要的核心要素应当是精神内容本身。对于消费者来说，针对精神内容所产生的消费欲望是来源于心理和情感上的需求，因此也就更加青睐品牌所具备的文化内涵与社会象征。以奥运会为例，其本身是一个超大规模创意活动集合，吉祥物是奥运会的核心识别标志，每届奥运会的吉祥物所产生的品牌效应衍生的区域品牌市场、域名注册市场、相关产品市场可创造出近百亿元的利益空间，即使是奥运会结束之后，吉祥物的后续效应依然会发挥作用，这就是文化品牌的营销力量。

### （二）文化创意产品营销模式的选择

1. 电子商务营销模式

在当前的信息时代发展下，电子商务的快速崛起为文化创意产品的推广与宣传提供了崭新的渠道，文化创意产品企业可以通过建立销售网站的方式来实施营销，同时也可以依托淘宝网、京东商城等知名度较高的电子商务平台来进行网点营销。

但是由于绝大多数的知名电商平台上畅销的都是消费群体庞大的普通产品，很多受众范围较小的文化创意产品并不适合在此类平台进行销售。基于此，文化创意产品企业还可以通过微博、微信等精准化的社交平台来吸引更多的特定消费者，继而打造出辨识度较高的电商营销渠道。同时由于很多文化创意产品的消费群体有着明确的消费需求和不易改变的消费习惯，因此，文化创意产品的营销者可以专门针对这一部分消费者群体来开通相应的微信公众号与交流论坛，利用一些专业性与实用性较强的文章来吸引消费者，增加用户黏性，培养用户的消费习惯。除此之外，营销者还要加强同消费者之间的交流与互动，一方面要在第一时间解答由消费者所提出的疑虑与问题，另一方面还要为消费者提供精准的个性化服务，减少不必要的销售环节。

2. 产品生产环节的文化显性价值体现

文化创意产品是一种创新理念的展示，同时也是一个产品价值深度开发的过程。在文化营销理论下的创意产品开发，虽然有别于一般产品营销，但是同样也具备市场适应、文化驱动、文化渗透、文化创造、文化改造的系统性。在实际的营销实现中，依托文化载体切实凸显其产品显性价值。以迪士尼为例，其所推出的每一部动画片，均是在产品生产之前，就已经确立了文化显性价值体系，并不是基于单一角度着眼生产，而是秉承了系统整体发展的思路，从全局生产视角给予不同市场文化消费的关注。例如《米老鼠和唐老鸭》动画片的生产，不仅仅在内容方面给予儿童文化元素充分的关注，还在生产过程中有步骤地推出了唐老鸭、米奇等经典动画相关产品，通过书籍、周边等创意产品，发掘了产品显性价值，而后在全球范围内兴建的迪士尼乐园，更把握了市场消费者潜在的文艺怀旧情怀、传统家庭亲情观，实现了文化创意关联消费。而在此生产链下，文化创意产品的显性价值被发掘得更为彻底。

3. 产品运营环节的文化因素关注

文化创意产品在市场运营过程中，往往存在着模式化同质化问题，忽略了对其文化基点及差异化营销的体现。作为区别于其他常规产品的文化创意产品的营销，不能照搬营销模式，而是需要契合自身产品风格、文艺特色等，做好整体形象、营销的定位。在符合公众及文化审美基础上，做出图文选择、文字编排、风格内容界定等；并且在运营过程中，有针对性地选择具有大众普适性、知名度高、社会形象较好的推广运营商作为合作方。且在营销过程中需要做好文化基点的选取，避免同类产品不相适应，产生自相矛盾问题；由此通过市场紧密衔接、配合，保持稳定、长效的发展，尤其需要扭转以往的固化运营模式。在营销中，确保文化因素的选取，能够符合创意产品特质及被市场大众所接受、认可，还需要从人文角度选择创意产品的精神、文化主题。向市场推出产品的过程中，多介绍产品的符号、文化内涵，从而促使消费者理解产品蕴含的人文精神，在学习感受过程中，建立消费品位。

4. 文化事件营销

文化事件营销方式，是近年来较流行的一种推广手段，目前不乏文化事件营销的案例。在文化创意产品营销过程中，应当着力学习借鉴文化事件营销模式，在实施过程中系统确立目标观众、建立互动关系、销售有关创意产品、获得正面宣传效果。在实施文化事件的营销过程中，文化创意企业需要把握好创意产品的品牌形象塑造，本着提高创意产品市场知名度及增强创意产品市场营销服务能力的原则，有意识地做好创意产品良性事件的开发。通过组织策划、利用良好的创意产品新闻，吸引社会大众的兴趣与关注度。因此，文化创意产品企业也可通过主动策划创意产品文化事件，吸引消费者的关注。因为文化创意产品本身有着良好的公众吸引力，而通过文化事件营销无疑能够提升创意产品的品牌价值，扩大文化事件营销影响力。同时，也可实现文化创意产品的大范围传递，形成品牌效应，刺激更多消费者进入产品消费体系之中，促进创意产品市场营销的效率。

## 拓展阅读

### 网络视频营销传播的4I原则与策略

网络视频营销传播的4I原则包括趣味原则(Interesting)、利益原则(Interests)、互动原则(Interaction)、个性原则(Individuality)。遵循这四个原则，结合成功的网络视频营销案例，提出网络视频营销的主要策略。

**（一）与品牌相关的视频创意众筹**

视频创意众筹即品牌设定奖励机制，鼓励用户积极参与到与品牌相关的网络视频拍摄中。这种方式既有利益需求，同时也极富趣味性。品牌将粉丝的视频作品制作成广告并传播出去的方式，极大地满足了粉丝的自我实现需求，这将在今后的品牌传播活动中进一步激发粉丝们的创作热情，提升他们对于品牌的忠诚度。对于品牌而言，既拉近了与消费者的距离，也提升了自身的品牌价值。迪士尼也曾在Vine上发起过一场“迪士尼周边大比拼”的活动，鼓励用户上传视频表达对迪士尼的热爱。在信息碎片化的时代下，趣味性的话题常常是用户们最为关心和感兴趣的话题。对于迪士尼的品牌忠诚者而言，此次活动激发了他们寻找迪士尼周边的乐趣，同时在虚拟空间结识了更多具有共同兴趣的用户，满足了他们对于社交的需求。此外，对迪士尼来说，活动帮助自身更清晰地界定了目标消费群，了解了目标消费群的行为特征，同时也积累了大量的创意素材。因此，这种视频创意众筹策略对品牌和用户来说可谓是双赢的。

**（二）品牌推送趣味和实用内容**

品牌要在短时间内吸引视频用户的注意，就需要发布一些趣味性和实用的内容。视频营销需要品牌充分利用视频的社交化属性，一般而言，趣味性和实用的内容更容易让用户分享。首先，品牌可以利用产品以及热点话题来制作一些有趣味性的视频。如小米公司曾在微视上发布过一则模仿大热韩剧《来自星星的你》的视频，该视频将小米手机拟人化，将其悬空翻转比拟成都教授附身，这种趣味性的短视频会让用户觉得饶有兴趣，进而让他们主动点赞、评论和分享。另外，一些趣味性的视频还能激发用户模仿的欲望，How—to是Vine上的热门标签，一些品牌会教用户一些另类的玩法，如Intel在Instagram上发布的“如何用一件毛衣DIY一个电脑包”，小米手机在美拍上发布的“教你一分钟变萌主”等，尽管有些与品牌无关，但这种意想不到的玩法确实能激发用户模仿的热情，提升用户参与互动的积极性。其次，在视频内容上，品牌可以发布一些与产品制作和使用相关的实用信息。例如食品品牌可以将产品的制作过程呈现出来，这样既满足了用户对食品安全的利益需求，同时也提升了品牌的美誉度。最后，在视频内容上，品牌还可以去展示品牌故事和形象。依据趣味原则，视频要求品牌故事和形象极具亮点和趣味性，能从多方位刺激用户感官。

### （三）将短视频达人个性与品牌精神相结合

基于个性原则，品牌主在选择与视频达人合作时需充分考虑视频达人个性与品牌精神的契合性，如果相互契合，那么在进行品牌的深入植入时将会让品牌变得更为“个性化”。可口可乐曾与Vine上的短视频创意达人Zach King合作，在Zach King发布的6秒短视频中植入可口可乐，每一则短视频都利用可口可乐产品讲述了一个魔法小故事，并有上万的用户为之点赞。在Vine的官方账号上，可口可乐会经常发布一些创意视频，也会分享粉丝们制作的一些创意视频，而可口可乐的广告也多是极富创意的，此番与创意达人的合作，反映了以年轻人作为目标消费群的可口可乐对创意的重视，也十分符合可口可乐的品牌个性。因此，在达人拍摄的短视频中，要实现品牌的深入植入，务必要考虑达人个性与品牌个性的契合度，以便在用户心中形成一个更为清晰的品牌形象。

### （四）无时不在的互动

品牌在进行短视频营销时，要时刻注意与用户之间的互动，这种互动将显著提升用户对品牌的信任感。通过互动，品牌将更加了解用户的需求，了解用户对于品牌的评价和好感度，并且可以及时对问题做出反馈。对于用户制作的与品牌相关的高质量短视频，品牌可以及时给予点赞、评价和分享，这将鼓励用户更积极地参与创作更多高质量的视频，也将促使一批用户转化为品牌忠诚者。对于用户在视频中反馈的问题，品牌可以选择以评价或发布视频的方式将问题予以澄清，努力减少负面口碑。在品牌发布视频时，要重视用户的评论，同时也可以“抛砖引玉”吸引用户参与上传自己的视频。在与达人合作进行品牌植入时，也要重视达人粉丝的反馈，根据用户的反馈及时调整自己的营销策略。

## 第三节　文化创意产品的新媒体营销推广

互联网＋浪潮带来巨大革新的时代，文化创意产品的营销思维也随之发生巨大改变。与传统营销模式相比，数字科技、网络技术等新媒体的出现使得营销方式变得多样化。新媒体为企业的品牌传播提供新的方式与手段，也为品牌营销带来新的机遇与挑战。当前，新媒体营销的价值受到各行各业的广泛关注，国内外的一些知名企业也运用新媒体渠道展开市场营销，并取得良好反馈。随着手机移动端的迅速扩张、微信微博等社交网络如火如荼地发展，新媒体为品牌带来更有效、更精准的传递方式。近年来，文化创意产品最先运用新媒体营销进行品牌传播，来扩大品牌的影响力和竞争力。

### 一、新媒体营销概述

基于新媒体平台进行营销的模式称为新媒体营销，包括新媒体营销渠道和新媒体营销方式。新媒体营销渠道，即新媒体营销平台。它主要包括但不限于：门户网站、搜索引擎、SNS、微博、微信、博客、移动设备、手机、APP 等。新媒体营销并不是单一地通过上述渠道中的一种渠道进行营销，而是多种渠道的整合营销，甚至可以与传统的营销模式相结合，形成全方位、立体化的营销策略。新媒体营销方式伴随着新媒体营销的各个渠道参与，也是新媒体营销中的重要手段。新媒体营销方式主要分为八种：事件营销、病毒营销、饥饿营销、口碑营销、互动营销、知识营销、情感营销、会员营销。

在互联网文化的引导下，新媒体经历了四个发展阶段。

一是新媒体＋社交的 1.0 时代，新媒体与社交的结合可以称之为新媒体商业模式的 1.0，其代表模式为：微信、QQ 空间、微博、Facebook、Twitter 等。这些新媒体的本质是为用户提供信息与内容，构成社交根基，而社交又驱动了媒体内容的扩散和发酵，这是新媒体发展的基础阶段。

二是新媒体＋服务的 2.0 时代，在新媒体与社交结合的 1.0 时代，新媒体的社交生态已经形成，逐渐为社交用户提供商业服务。当信息内容出现细分时，服务也随之变得多样化，垂直细分领域催生出了无数的垂直细分服务。在垂直化、个性化内容的基础上，相应的特色服务模式也会呈现出来，新媒体与服务结合的 2.0 时代由此而生，其代表模式为微信服务、支付宝服务等。

三是新媒体＋电商的 3.0 时代。以微博为代表的社交化电商，以蘑菇街、美丽说为代表的图片媒体电商，以各类视频媒体为代表的视频电商等都是新媒体与电商模式相结合的应用，是新媒体的 3.0 时代。当用户社交黏性与服务生态体系建立之后，通过积累起来的用户关系和特色服务来实现品牌商品的推广与营销。经过新媒体与社交、服务建立关系的一系列进化路程，新媒体与电商的结合水到渠成。

四是新媒体＋社群的 4.0 时代，新媒体与社交、服务、电商由内而外构成了新媒体生态的基本路径，但本质上是构成了以新媒体为生态底层的社群经济。新媒体与社群结合的 4.0 时代，是以意见领袖为基点，通过直播打造网红、短视频吸引粉丝，在电商模式中以其强大的影响力和号召力加快信息内容传播速度，从而在社交媒体上打造独特的品牌和服务。新媒体的发展充满着无限可能，各种新技术、新产品、新渠道随着科学技术的进步、互联网的高速发展而不断涌现。从最初单一传播信息的媒介，到与社交、服务、电商、社群的多样化整合，未来新媒体的发展不可限量。

从其发展历程来看，新媒体从其发展之初，就与产品营销密不可分。一方面，新媒体为企业提供营销平台；另一方面，企业也为新媒体平台增加流量。在发展上，两者相互促进。

## 二、新媒体营销推广方式

### （一）新媒体＋社群的 1.0 时代的营销方式：媒体＋社交

媒体的本质是为用户提供内容，而用户构成社交的根基，所以在这一阶段，媒体内容不仅充实和丰富了社交，更吸引用户推动社交的发展。媒体＋社交构成了媒体＋时代的基本商业模式蓝本，媒体首先形成的生态便是社交生态，无媒体、不社交。社交驱动媒体内容扩散和发酵，媒体的舆论监督和商业载体作用在社交身上得到实现。

这一阶段的营销模式，可以理解为媒体＋商业模式的 1.0，这类营销模式的代表：微信、QQ 空间、微博、陌陌、各类视频媒体等。这些营销模式以媒体内容为生态基层，定向向用户传递信息，构筑媒体生态，形成了商业模式的典范。

### （二）新媒体＋社群的 2.0 时代的营销方式：媒体＋服务

伴随着媒体社交生态的形成，向社交用户提供商业服务，当内容出现细分时，服务也随之多样化，无数垂直细分内容领域诞生出垂直细分的服务，餐饮、旅游、农业、工业等各种产业形态细分下的垂直生态迅速生长，服务将会随着媒体内容的细分和导向而自成生态，在垂直化、个性化内容的基础上，相应的特色服务模式将逐渐呈现，由此衍生出的个性化服务成为企业营销的基本路径，因为随着信息的碎片化、内容的细分性，服务也随之呈现细分性，适合市场的服务才能帮助企业在竞争中获得优势。

这一阶段的营销，依赖于评论媒体，比如美团、大众点评等，实现用户之间的分享和沟通；豆瓣电影，电影评论＋购票 O2O 模式，以及可待开发的垂直领域的问答媒体等都将是未来的营销方向。

### （三）新媒体＋社群的 3.0 时代的营销方式：媒体＋电商

这一阶段，媒体＋服务的营销模式已成，以用户交易为根本的媒体＋电商模式成为营销的典范。当用户的社交黏性已经建立，服务生态体系业已建成，在社交和服务的基础上，一系列的产品和服务的交易实现水到渠成，商家可以通过这个模式进行商业营销，将用户所需要的服务通过媒体连接线下实体商家，通过 O2O 商业模式完成服务的交易，在垂直媒体的作用下，通过积累起来的定向用户对媒体服务的相应商品实现推广和销售。

这一阶段，其代表有：以微博为代表的社交化电商，以美丽说、蘑菇街等为代表的图片媒体社交化电商，以各类视频媒体为代表的视频电商，以各类 O2O 服务为代表的服务电商，媒体＋电商或将成为未来商业模式的主流。

## 三、新媒体营销之微信营销推广

微信营销是网络经济时代企业营销模式的一种创新，是伴随着微信的广泛应用而兴起的一种网络营销方式。从其使用模式来看，微信用户可以不受时间空间的限制，根据自身的需求主动关注企业的微信公众账号，与企业形成一种紧密的联系。企业则可以通过微信公众平台向微信用户提供信息，推广自己的产品，从而实现 F2F(点对点、面对面)的营销。商家通过微信公众平台，结合微信会员卡管理系统，展示商家的微官网、微会员、微推送、微支付、微活动，已经形成了一种主流的线上线下微信互动营销方式。微信在市场营销中具有重要的作用，它能够在市场营销中辅助和刺激人群的心理感受活动，激发消费者的购买欲望。

### （一）微信营销的主要特点

1. 一对一营销

微信拥有庞大的用户群，借助移动终端、社交服务和位置定位等优势，能够让每个用户都有机会接收到信息，帮助商家实现点对点精准化营销。

2. 百分百到达率

营销效果很大程度上取决于信息的到达率，这也是所有营销最关注的地方。与手机短信群发和邮件群发被大量过滤不同，微信公众账号群发的每一条信息都能完整地发送到用户终端，到达率高达 100%，确保了消费者信息的获得。

3. 形式多样

微信功能非常丰富，包括小程序、朋友圈、公共平台等，为企业的营销提供了灵活多变的营销渠道，商家企业可以根据自己的企业特点和财务情况选择适合自己的营销方式。通过微信开发平台，应用开发者可以接入第三方应用进行内容选择与分享，增加了销售的形式。而小程序的推广，也为商家提供了更多的营销方式。

4. 用户主导

微信的营销是基于用户许可的。除非用户通过扫描二维码或者输入账号的方式添加品牌的官方微信，否则不可能收到来自这个品牌的推送消息。因此，公众平台粉丝的质量是远高于微博的，只要发送的内容得当，有可能获得忠诚的客户，增加用户的使用黏度。

5. 成本低廉

无论是注册微信账号还是获得官方认证都是免费的，这对于自营微信的个人业主来说，微信营销这条渠道的成本几乎为0。而对于大型品牌来说，进行微信营销的投入也远低于传统营销。即使部分第三方平台需要收费，但其费用也相对较低，且能帮助企业获得更好的营销成果。

6. 互动性强

与传统营销的单向传播不同，微信营销的传播形式主要是双向传播的，传播的互动性较强。微信的使用者不仅仅是信息的接受者，同时也是信息的传播者。这种互动性的增强，一方面有利于信息传播者及时从消费者那里得到反馈来实现自身信息的调整，另一方面也有利于消费者发挥自己的主动性和意愿，使得人们使用微信营销的目的性与选择的主动性更强。

### （二）微信营销推广策略

1. 内容抢占眼球

企业推送的广告内容不仅要结合企业的特点，还应该从用户的角度着想，保证具备实用性和趣味性。企业在营销过程中，应当明确，微信不是为企业服务的，而是为用户服务的，只有顾客从微信当中获得想要的东西，才能增加用户黏度，提高企业的销售成功率。结合具体的文化创意产品营销，在微信推广中，应以消费者感兴趣的内容为主，将时下热点与产品特质相结合，突出产品的文化内涵，加强消费者对产品的理解和认可。

2. 合适的推送频率

现在微信公众账号每天都有1次群发消息的机会，部分账号有多次群发的机会。对用户来说，微信用户都会关注多个账号，推送的信息太多根本不会查看。因此，商家在发送信息时，要保证合理的推送频率，过多的推送会使消费者产生厌烦心理，从而取消对公众平台的关注；而过少的推送会使用户觉得公众平台只是一个摆设，无法获得需要的信息。商家应当珍惜推送机会，确保每次传递的消息得到用户的认可。

3. 精准推送信息

微信的本质是沟通平台，沟通不是单向的传播，而是双向的互动，因此，互动性和精准推送信息是微信营销的一大特色，商家可以通过公众平台向粉丝推送商家资讯、产品更新信息、折扣活动等。微信这种“一对一”的信息传播方式，能让消费者更精确地获得相关信息，也能及时将看法回馈给商家。消费者也更有自主选择权，选择想要的产品，更大程度上接受企业的营销，提高微信消息的利用率。

4. 线上线下齐关怀

微信营销多以线上沟通为主，但从具体的营销效果来看，线下的活动更能拉近与消费者的距离，增加消费者的认可程度。因此，在具体的营销过程中，可以适当开展线下活动，和消费者进行面对面的交流，增加用户忠诚度，同时还能更好地获得消费者的反馈，帮助企业打造更加优秀的营销平台。

5. 关注竞争对手

微信营销最显著的特点就是透明化，营销策略是透明的，也同样能关注到竞争对手所采取的策略。因此，在具体的实践过程当中，也应多了解竞争对手的营销模式，做到知己知彼，这样营销战略的制定就不会无的放矢，也会具有非常强的实战性。微信营销是不能独自钻研营销理念的，应当结合实际情况，关注大家探讨的话题，学习前沿信息，不断更新不断进步。

6. 信息二次开发

微信平台推送的案例必须经过营销人员的再次开发，将微信公众平台和企业的数据库对接，实现强大的客服功能，这也是微信公众平台最富有想象力的地方所在。现在也有很多提供第三方使用的微信开发平台，提供丰富的应用。但不要过于依赖二次开发，切实做好内容和互动，保障用户基础，再整体考虑定制化的二次开发，增加平台的应用性。

7. 完善信息反馈

信息接收的及时性以及信息交流的互动性，是微信营销所具有的两大明显优势。用户可以在微信平台上畅所欲言，随时与企业进行沟通交流。而愿意在微信平台上发送信息的用户，往往是消费过企业产品的老客户或者是对企业产品已经具有强烈购买欲望的潜在目标客户，可见这些用户对于企业发展而言至关重要。因此，在微信平台的运营过程中，企业一定要注意提高用户信息回复的质量，让用户感受到企业对他们的重视。虽然现在根据用户发送过去的信息关键字，微信公众平台在大多数情况下都能够智能化地给出自动回复，但是时常会出现答非所问以及干脆没有回应的现象，不利于拉近客户与企业的关系。

## 四、新媒体营销之微博营销推广

微博营销是一种新兴的网络营销模式，是借助微博平台进行的包括品牌推广、活动策划、形象包装、产品宣传等一系列的营销活动。与传统的媒体商业营销不同，微博营销是在网络上进行的一种更加方便、快捷的营销模式，它把网络上的公众作为潜在目标客户，具有浏览人数多、海量信息内容等特点。在这个新的商业营销模式中，企业可以通过微博来进行品牌推广、产品销售等一系列活动。由于微博本身的特点，微博营销也具有快捷方便、实时、互动等优点。同时，微博营销可以使用多媒体技术，大量吸引受众，帮助企业获得更好的营销效果。

### （一）微博营销的特征

微博营销的特征可归纳为4个A，即Anyone，Anytime，Anywhere，Anything。

Anyone，即任何人，指微博具有门槛低的特点，任何人都可以参与。对于企业来说，门槛低意味着受众广，操作成本低。受众广是由于微博的长度在140字以内，只言片语都可以作为微博内容，相较于其他媒介，微博的草根性较强，注册和信息发布都比较方便，是适合各种背景、职业用户的媒介。因此，微博拥有着极其广泛的用户群体，并具有巨大的成长空间。且微博的操作成本低，不需要大量的人力物力成本，任何一个营销人员都能担任微博管理者的职责。因此，企业可以将更多的时间和精力投入进微博内容的丰富上。同时，发布微博无需经过传统营销手段的行政审批程序，从而节约了大量时间和成本。

Anytime，即任何时间，指微博的便捷性与即时性特点。微博是一个24小时开放的平台，信息在任何时候都可以发布，受众也能即时获取到实时更新的信息。由于支持移动客户端、WAP、网页、桌面等多种登录方式，企业营销人员也可以随时接触到微博。对于活动直播、危机公关等时效性极强的活动，相较电视、杂志、报纸等传统的营销平台的滞后性，微博能够第一时间将发布内容传播出去。对于官方微博的日常更新、发布等常规内容，营销人员还可以借助微博所提供的强大的应用平台提前设置好发布内容的时间，在工作时间外也能不费力地实现营销行为。

Anywhere，即任何地点，是指微博具有开放性裂变式传播的特点。由于微博支持WEB、WAP、手机客户端、平板客户端、微博桌面等多端口登录，因此只需要有一台连接网络的电子设备，在任何地点都可以轻松地发布微博信息。而且微博具有转发功能，每一条微博都可以被发布者的粉丝转发，而粉丝的粉丝在看到转发后可以继续转发，从而实现"一传十，十传百"的信息传递。这种传播方式改变了传统的一对一线性传播，对信息进行了裂变式传播，使得微博营销亦被形象地称为"病毒式营销"。裂变式传播突破了传统媒介覆盖面狭窄的问题，任何人都有可能看到发布的信息，大大增强了营销的效率与影响力。

Anything，即任何内容，指微博的多媒体与信息碎片化特点。微博的发布内容具有极大的兼容性，无论是文字、图片、表情、视频、音乐、投票，还是外网的链接，都可以作为微博的内容发布。这也使得微博的内容具有极大的可编辑性，提升了微博的信息量与可包装程度。而上限140字的长度又决定了微博内容呈现碎片化，即使是只言片语也可以发布。随着微博文章的发展，更多的信息量也能被用户接受。内容的多样性使企业得以灵活选择和搭配发布微博的内容、形式，既可以在新闻发布、直播活动时贴上照片、视频、录音；也可以转发与企业所从事行业相关的微博并加以简短评论；还可以通过提问、抽奖等方式与网友进行互动。借助微博这一工具，企业能更好地了解用户的需求，增强和用户的互动。

微博营销的过程，是企业使消费者或意见领袖通过微博渠道分享对品牌、产品或服务的评价或讨论，从而树立网络口碑的过程。因此，微博营销的重点是网络口碑的营销，通过加强网络口碑营销，能够很好地提升微博营销效果。

### （二）微博营销策略

1. 微博活动营销策略，转发＋评论＋关注＋@

转发、评论、关注是目前企业微博营销活动中运用最多的手段，通常的规则是要求参与者关注企业微博，转发、评论企业的活动微博，并@数名好友，即有可能获得奖品。这类活动能够帮助企业在短时间内获得大量的分享和曝光，但是用户维护的效果却并不理想。活动结束后，如果企业没有其他手段吸引用户的关注，其粉丝数量就会迅速减少。因此，引导粉丝发表活动感想、邀请中奖粉丝晒奖、发布迎合粉丝口味的微博、与粉丝互动对话，如何增加粉丝黏度，是企业微博营销操作的重点。此外，企业要对微博活动进行效果评估，尽可能形成可视化数据分析，为企业今后的活动营销提供借鉴。

2. 微博事件营销策略

事件营销是指企业通过策划、组织和利用具有新闻价值、社会影响及名人效应的人物或事件，吸引媒体、社会团体和消费者等的兴趣与关注，从而提高企业或产品的知名度，树立良好的品牌形象，最终促成产品或服务的销售。这种营销方式的特点是突发性强、受众面广，在短期内使信息达到最大范围传播的效果，可以为企业节约大量宣传成本。尤其是近年来，事件营销已经逐渐成为国内外流行的一种公关传播与市场推广手段。企业若想使用该策略，就必须关注近期热点事件，找出与本企业之间的联系，发掘一切可以利用的资源，精心策划，以达到宣传的目的。在实际运营过程中，企业微博团队必须具备犀利的眼光、丰富的想象力，才能完成有效的事件营销。由此可见，高效的微博团队对于企业的营销十分重要。

3. 微博互动营销策略

在互动营销过程中，一方是消费者，另一方是企业，只有找到巧妙的沟通方式方法，才能将两者紧密结合起来。互动营销尤其强调双方都采取共同的行为。微博的“互动营销”，主要指企业利用微博平台即时性、互动性的特点，回复粉丝的评论、私信，组织活动让粉丝参与进来，通过积极互动调动粉丝的积极性，吸引更多的粉丝，提升企业微博人气，打造良好的企业形象，获得消费者的认可，从而使企业在消费者心中拥有良好的品牌形象。

微博互动营销的目的不仅仅是短期内吸引大量粉丝，更注重的是粉丝质量、互动内容质量和人气的持续性，通过精细化的微博运营，继而慢慢发力，打造高质量、高活跃度、高效率、高收益的企业微博。

在互动营销中，企业要注意以下几点：第一，微博账户在发布营销信息的同时，要保持与粉丝间的高频互动，且要注意语气与措辞。第二，企业发布信息要适量，并把握好节奏，过多的消息甚至是“刷屏”必然会引起消费者的反感。第三，企业在微博上发布的内容要经过严格审核，消息必须准确，防止产生网络舆论危机。第四，微博内容要富有阅读价值与传播价值，多发一些新颖、有特色的信息，并及时就这些新鲜话题与粉丝展开讨论，以获得更大转发量和关注度。第五，要意识到“意见领袖”的重要性，他们是广大粉丝的代表，且在粉丝中具有强大的号召力，企业不可忽视其重要性。

4. 微博情感营销策略

微博是企业展开情感营销最好的平台，以情动人，从而帮助企业更好地进行营销。

相较于其他营销模式，在面对微博营销时，消费者能够更好地表达自己的情感，将真实的看法传达给企业。消费者的看法能够帮助企业更好地进行营销活动。只要企业的微博能够引起消费者的情感共鸣，企业和消费者之间就会建立良好的关系。消费者对企业有了好感，自然就会接受企业的营销方式。因此，在微博营销过程中，企业需要持续投入大量的情感。相比于那些官方化口吻的微博，消费者更乐于接受带有人情味的企业微博，也更乐于和这样的微博账号互动。以情动人，有时比降价促销更能打动消费者。企业微博的粉丝大多是现实或潜在的顾客，他们对企业的产品、服务和品牌文化有一定的了解和认同，且受到企业微博的吸引，而吸引潜在顾客的，正是关于企业文化和价值观的共同话题，以及情感的体验和娱乐互动。因此，想吸引更多粉丝保持用户黏度，企业微博首先就是要建立起一条与粉丝间的“情感纽带”，力争现有消费者群体数量不减少，潜在消费者队伍不断扩大。

5. 微博植入式营销策略

微博植入式营销是将产品或品牌信息融入微博内容中，通过微博的快速、深度传播等特性，让用户对企业产品或品牌产生深刻的印象，达到营销目的。微博植入营销对载体要求较高。首先，植入的微博必须具备一定的传播价值，传播主体有较多的粉丝，传播的内容吸引用户，并拥有被转发的潜质。其次，广告最好能与微博融为一体。广告植入太生硬，会遭到消费者的拒斥，产生负面影响。还要注意的是，发布植入广告的微博不要用企业的官方微博：官方微博是权威、专业的信息发布平台，不适合发布植入信息，利用娱乐性较强的微博账号发布微博，更能得到消费者的认可，企业官方微博还可以戏剧化地转发评论，可能会达到更好的传播效果。在具体营销的前期，最好能对植入广告的微博进行人为的转发引爆，在到达一定的转发数之后，就可能自行产生“链式反应”，形成所谓的“病毒式传播”。植入式营销是一种心理博弈，不少企业认为植入式营销存在一定风险，不敢尝试；或者认为在具体应用中无法发挥其作用，从而放弃使用这一营销方式。但只要熟悉网络语言、迎合网民胃口，再结合适宜的时机，微博的植入营销就能顺利完成。而这些因素在一定程度上也取决于微博团队的眼光、执行力和写作能力等。当然，微博植入营销的风险也很大，操作恰当可能带来大量的人气，但一旦犯错，微博的瞬时破坏力也是惊人的。因此，企业在策划微博植入营销时，要考虑的因素还非常多。这需要微博团队的整体谋划，同时还要注意监测和引导舆论，这样才能保证营销效果。

6. 微博代言营销策略

代言营销，指以代言人的方式为企业进行微博营销。这种方式可以吸引大批粉丝，提高微博的关注度。不少企业成功地使用了代言营销策略，获得了大批粉丝，发挥了明星的号召力，也为企业带来了大量的利润。微博上的同类商品营销竞争愈演愈烈，要想比其他企业更胜一筹，就必须打响自己的品牌。而代言营销策略就是一种很好的打造企业形象的方式。企业重金聘请代言人拍摄成本高昂的电视广告，不如利用微博上代言的效应，为企业获取更多的粉丝与社会关注度。另外，微博代言营销比传统代言优越的地方在于，它对代言人的选择不再局限于文体明星，有时，企业的管理者、经营者甚至普通员工都可能成为合适的代言人。这不仅能打响公司的品牌，也拉近了与消费者之间的距离。除了上述几种微博营销策略外，病毒营销策略、个性化营销策略、公关营销策略、内容营销策略、创意营销策略等营销手段，还有一些线下传统营销手法，也被搬到微博上来。有些企业的微博营销同时包含好几种策略，互补互融，达到良好的效果。

## （三）微博营销的注意事项

作为一种新兴的营销方式，微博营销是对传统营销的补充。与传统营销方式相比，微博营销具有低门槛、低成本、传播快、实时性、互动性的优势。伴随着市场的发展，越来越多的企业开始探索微博的营销之路。企业在运用微博进行营销时，应注意以下几点：

1. 正确认识微博营销

从哲学的角度来看，一个事物的发展，总要经历萌芽、发展、成熟、衰退这几个阶段，微博营销正处于发展时期的开端，经历了萌芽期后，越来越多的企业意识到，在社会化媒体迅速发展的今天，微博营销具有非常可观的发展前景。当然，微博营销的发展，也会遭到传统营销的怀疑。作为营销者，应当正确认识微博营销的价值，看到微博营销的双面性，合理使用这一手段。

2. 重视微博运营

有的企业微博运营者将微博当作聊天工具，并没有把微博营销当作正规的营销方式纳入其营销体系中；有的企业只安排一个工作人员兼职做“微博营销”，并不注重微博营销实际的效果。应该说，小型企业或者不需要曝光度高的企业运营微博，确实只要找一两个人即可。但是，对大、中型企业来说，组建一支高效、优质的微博运营团队势在必行。因为小企业微博营销的目的一般只是提高知名度、增加营业额，而有一定规模的企业微博营销的目的则不仅限于此，更应是品牌形象的打造和展示。大企业拥有大量的现实与潜在的消费者，在开通微博后，粉丝数、评论转发数量将快速增长，面临的问题也会越来越多，这就需要一个分工明确的团队来运营企业微博。微博团队成员需要具备的第一个特质就是熟悉网络文化，能够普遍地与微博用户交流。微博团队运营主要分工为：运营经理负责微博运营的日常管理，统筹微博活动，进行微博数据的分析和整理，制定微博运营方针；文案编辑负责收集、整理并发布日常微博；客服人员负责回复用户评论、转发、私信等。企业对于负责回应用户投诉的客服人员，应进行专门培训，保证在面对客户投诉时既能以专业知识解决问题，又能在面对突发情况时保持良好的态度和语气。合理的微博运营团队的打造，能够帮助企业更好地开展具体营销活动，取得意想不到的效果。

3. 加强微博监控，预防网络危机

微博平台上，每天更新的微博数不胜数，有时是用户对企业产品或服务发表的感想，有时是潜在消费者提出有关企业品牌或产品的疑问，又或者是消费者对企业发表的不满。这些信息对企业后续营销的开展有着重要的意义，因此，应受到企业的重视，并得到及时处理。此外，对于微博信息发布的安全性，也应予以高度重视。通过培训等形式，加强企业员工的保密意识，防止商业机密外泄。企业应深入探索社会化媒体时代的微博对于企业营销的价值，熟悉微博营销的手段和策略，将微博营销纳入企业的整体营销策略体系，并吸引优秀人才来运作微博，这样才能发挥微博营销的真正价值。

作为目前成长性最快的营销形式，微博营销必然将被越来越多的企业所采纳应用，也必然会凸显更多的问题。如何根据企业的营销目的，制定最适用于企业的微博营销战略，发挥微博在市场营销中独特的优势，是每个企业亟须解决的问题。

## 拓展阅读

### 直播营销和短视频营销

直播营销和短视频营销是近几年兴起的营销形式，它们所展现出的营销特性深受企业的喜爱。

**（一）直播营销**

网络直播营销是指采用视频直播的形式在PC端及移动端上，为企业商家达到品牌推广或产品销售的目的所进行的营销，主要分为以下5种营销方式：

1. 直播＋电商

这是最直接的一种直播营销模式，利用人气主播和明星向观看直播的用户介绍产品特性以及试用情况的形式来达到刺激消费的目的。由于这类直播常常内嵌于购物APP中，用户可以非常方便地完成观看、下单、支付等一系列操作，因此商品的点击购买转换率极高。

2. 直播＋发布会

这种方式打破了传统线下产品发布会的场地限制，并提供了一个门槛更低、舞台更大的产品展示机会，从而使产品信息更直接、更快地传播到更多人的手中。

3. 直播＋互动营销

这种方式主要通过弹幕、赞助抽奖、冠名口令红包、互动投票、礼物赠送、竞猜、有奖问答等形式调动用户积极地参与到直播中来，加深他们对产品或品牌的认知程度。

4. 直播＋内容营销

这种方式主要通过对直播内容的策划创新来满足用户的好奇心，从而吸引更多用户观看直播，带来广告的曝光率增加。

5. 直播＋个人 IP

这种方式主要通过利用网络红人或者明星的超高人气、自带流量的特性为网络直播迅速聚拢一大批忠实观众，从而带来广告的曝光率激增。

### （二）短视频营销

短视频通常指播放时长低于 5 分钟的网络视频，其主要通过优质视频内容与品牌或产品相结合的方式来吸引大量用户观看，从而实现营销的目的，其具体表现形式有以下 3 种：

1. 植入广告

该类方式主要通过品牌露出、剧情策划、口播等形式将广告信息和视频内容相结合，从而较好地达到企业品牌和产品的宣传目的。但该方法要求视频内容和品牌信息高度契合，生搬硬套反而会降低节目质量，影响用户的观看体验。

2. 贴片广告

该方法与长视频的贴片广告类似，但是由于短视频时长较短，若是采用前贴广告的形式会造成用户体验较差，因此短视频的贴片广告一般在短视频结束时，加入一定时长的广告内容。

3. 信息流广告

该方式与长视频的信息流广告类似，其在视频频道、推荐、搜索等页面植入一定量的广告，从而增加广告的曝光率。

短视频相较传统的网络视频而言，更注重移动端上的发展，并且其创作的门槛较低，互动性和社交性更强。用户不但可以随时随地观看有趣的短视频内容，而且还可以亲自制作短视频并通过微博、微信等社交平台分享给感兴趣的用户。因此短视频在极短时间内火爆整个互联网并迅速聚拢大批用户。

# 第七章 文化创意产业的创业融资

## 第一节 文化创意产业创业的融资渠道与准备

### 一、认识创业融资

融资主要是指资金的融入，也就是通常意义上的资金来源，具体是指通过一定的渠道，采用一定的方法，以付出一定的经济利益为代价，从资金持有者手中筹集资金，满足资金使用者在经济活动中对资金需求的一种经济行为。

创业融资有广义和狭义之分。狭义的融资概念仅指不同资金所有者之间的资金融通，即资金从资金供给方流向需求方。广义的融资不仅包括前者，还包括某一经济主体通过一定方式在自己内部进行资金融通。

融资对于文化创意的企业来说至关重要，而融资前充分的融资准备可以使创业者明确自己的融资目标，增加获得融资的可能性。了解创业融资，需要知道一些基本的概念，下面就融资方式、融资成本、融资动机偏好等作基本的介绍。

**（一）创业融资的方式**

1. 外源融资与内源融资

从融资主体角度，创业融资的方式可以作三个层次的划分：第一层次为外源融资和内源融资；第二层次将外源融资划分为直接融资和间接融资；第三层次则是对直接融资和间接融资再作进一步的细分。

创业企业内源融资，是指创业企业依靠其内部积累进行的融资，具体包括如下几种形式：资本金（除股本）、折旧基金转化为重置投资和留存收益转化为新增投资。创业企业外源融资，则是指企业通过从外部融入资金用于投资。相对于外源融资，内源融资可以减少信息不对称的问题以及与此相关的激励问题，节约企业的交易费用，降低融资成本，也可以增强企业的剩余控制权。内源融资在企业的生产经营和发展壮大中的作用是相当重要的。但是，内源融资能力及其增长，受企业的盈利能力、净资产规模和未来收益预期等方面的制约。现实中的资金供求矛盾总是存在的，并推动着外源融资的发展。任何企业在创业发展过程中，都会遇到一个确定内源融资与外源融资合理比例的问题。

直接融资，是指企业作为资金需求者向资金供给者直接融通资金的方式，一般是指发行股票和债券等；间接融资，则是企业通过金融中介机构间接向资金供给者融通资金的方式，一般是指银行或非银行金融机构的贷款等。

就各种融资方式来看，内部融资不需要实际对外支付利息或股息，不会减少企业的现金流量；同时由于资金来源于企业内部，不发生融资费用，内部融资的成本远低于外部融资。因此它是企业首选的融资方式。

但企业内部融资能力的大小取决于企业利润水平、净资产规模和投资者的预期等因素；当内部融资仍不能满足企业的资金需求时，企业可以考虑转向外部融资，但外部融资方式中股权融资会使企业股东股权稀释，收益减少，并且产生的影响时间较长，而债务融资则成本较高，但影响时间较短。

2. 股权融资和债权融资

按大类来分，企业的融资方式有两类：股权融资和债权融资。这也是两个被创业者和投资者经常提及的名词。

股权融资是指企业的股东愿意让出部分企业所有权，通过企业增资的方式引进新的股东的融资方式。股权融资所获得的资金，企业无须还本付息，但新股东将与老股东同样分享企业的盈利。股权融资的特点决定了其用途的广泛性，既可以充实企业的营运资金，也可以用于企业的投资活动。

股权融资按融资的渠道来划分，主要有两大类：公开市场发售和私募发售。所谓公开市场发售就是通过股票市场向公众投资者发行企业的股票来募集资金，包括我们常说的企业的上市、上市企业的增发和配股都是利用公开市场进行股权融资的具体形式。所谓私募发售，是指企业自行寻找特定的投资人，吸引其通过增资入股企业的融资方式。因为绝大多数股票市场对于申请发行股票的企业都有一定的条件要求，例如，中国对公司上市除了要求连续 3 年盈利之外，还要企业有 5000 万元的资产规模，因此对大多数中小企业来说，较难达到上市发行股票的门槛，私募成为民营中小企业进行股权融资的主要方式。

债权融资是指企业通过借钱的方式进行融资，债权融资所获得的资金，企业首先要承担资金的利息，另外在借款到期后要向债权人偿还资金的本金。债权融资的特点决定了其用途主要是解决企业营运资金短缺的问题，而不是用于资本项下的开支。债权融资产生的结果是增加了企业的负债，按渠道的不同主要分为银行信用、民间信贷、债券融资、信托融资、项目融资、商业信用及其租赁等。

无论是股权融资还是债权融资均有一定的优点，也存在不足，创业者要熟悉不同融资方式的利弊，考虑不同情况下的融资成本，以便做出科学的融资决策，如表 7-1 所示。

**表 7-1　版权融资与债权融资比较**

| 比较项目 | 股权融资 | 债权融资 |
| --- | --- | --- |
| 本金 | 永久性资本，保证企业最低的资金需要 | 到期归还本金 |
| 资金成本 | 根据企业经营情况变动，相对较高 | 事先约定固定金额的利息，较低 |
| 风险承担 | 低风险 | 高风险 |
| 企业控制权 | 按比例或约定享有，分散企业控制权 | 企业控制权得到维护 |
| 资金使用限制 | 限制少 | 限制多 |

债权融资的资金成本较低，合理使用还能带来杠杆收益，但债务资金使用不当会带来企业清算或终止经营的风险；股权资金的资金成本由于要在所得税之后支付，成本较高，但由于在企业正常生产经营过程中，不用归还投资者，是一项企业可永久使用的资金，没有财务风险。创业者在筹集资金时应对债务资金、股权资金的优缺点进行比较并考虑企业的资金需要量，资金的可得性，宏观理财环境，筹资的成本、风险和收益，以及控制权分散等问题来进行综合分析。

### （二）融资动机、偏好与成本

创业企业融资有不同的动机，根本原因是为了企业的发展。创业企业融资的内在动机有：提高核心能力、扩大市场规模和份额、提高企业盈利能力。

融资资源有各种偏好和方式，包括他们将提供多少资金，在创业企业生命周期的哪个阶段投资，资本的成本或他们寻求的预期年回收率。要确定真实的融资资源并制定出相应的融资战略，需要知道投资者或贷款人正在寻求的投资类型。事先对特定投资者或贷款人的偏好做适当研究，可以避免盲目寻找，并节省许多个人资金，同时可以大大增加按可接受条件成功筹集资金的可能性。

创业者融资偏好，应与投资者偏好、融资成本、融资风险以及创业企业的投资性等匹配。投资者根据对风险的偏好程度可以分为：风险偏好者、风险厌恶者与风险中性者。创业企业由于创立的时间不长，成长不确定性很高，潜伏的失败风险极大。一般来说，风险偏好者愿意投资成长性高的高技术企业，期望获得高的收益，如创业投资者。银行等中介机构出于安全性原则，一般不愿意贷款给新兴的企业，新兴企业的风险更高，贷款收不回的可能性更大，所以应实行信贷配给。

融资成本，包括融资的显性成本和隐含成本。显性成本就是创业企业的加权平均资本，包括资金筹措和资金占用费。隐含成本包括创业者融资时所出让的所有权份额、融资不成功所错失商机的机会成本和创业企业融资契约安排下的代理成本。首先，由于创业企业的风险比较大，导致投资者和债权人所要求的报酬率也比较高，如果是权益融资，投资者所要求的所有权份额也比较高；其次，创业企业没有贷款抵押和担保，风险大且盈利能力弱，这种企业无法从诸如内部积累、股票市场、债券市场和银行这些传统渠道获得资金，这样创业企业的资金筹措费用也比较高；最后，创业融资是一种资金、管理与创意相结合的融资，创业者拥有创意和技术，而资金基本上由投资者和债权人提供，因此创业融资的代理成本比较高。

## 二、文化创意产业创业的融资渠道

### （一）自筹资金

包括创业者或团队成员、股东的自有资金、向亲戚朋友借钱和向企业内部成员集资。因为创业企业具有的融资劣势，使他们难以通过传统的融资方式如银行借款、发行债券等获得资金，所以私人资本成为创业融资的主要组成部分。目前来说，国内很大一部分创业企业在创业初始阶段都完全依靠自筹资金。但是国外的创业企业，以美国为例，很少采用自有资金而是更多地去资本市场进行直接融资。

### （二）天使投资

天使投资是自由投资者或非正式风险投资机构，对处于构思状态的原创项目或小型初创企业进行的一次性的前期投资。天使投资虽是风险投资的一种，但两者有着差别：天使投资是一种非组织化的创业投资形式，其资金来源大多是民间资本，而非专业的风险投资商；天使投资的门槛低，有时即便是一个创业构思，只要有发展潜力就能获得资金，而风险投资一般对这些尚未诞生的“婴儿”兴趣不大。天使投资对于互联网创业公司来说至关重要，创业公司以创业初期最为艰难，天使投资介入的时候，是创业者最需要资金的时候，但是由于企业非常弱小，难以获得贷款和风险投资，此时的天使投资无异于雪中送炭。中国的天使投资人群体初步崛起于 2004 年。一批曾受益于新经济、受益于天使投资和风险投资的年轻创业家再次投身于新经济，扶持初创期的企业。早期企业因其规模和投资时机等因素，尚不能得到风险投资机构的青睐，面临进一步发展的困境。天使投资人群体适时而生，在很大程度上解决了早期融资问题。而由于多数天使投资人曾是成功的创业家，无论从管理运营方面，还是在下一步融资时，都能为初创期企业带来经验和价值。

### （三）风险投资

风险投资（VC，Venture Capital），美国风险投资协会将风险投资定义为“是由职业投资家投入到新兴的迅速发展的、具有巨大经济发展潜力的企业中的权益资本”。在这一定义中，有几个关键的组成部分：①权益资本，风险投资是一种股权投资，一般不以贷款等债权投资形式体现；②风险投资的整个投资过程是由专业的风险投资家负责，包括做投资决定、管理投资等；③创业公司，风险投资一般投资那些处于发展期的，或者处于快速成长期的，在未来有可能成为大企业的公司，它不一定是高科技公司，也可以是传统企业，比如2000年的蒙牛公司。在美国两大证券交易所纽约证券交易所和纳斯达克股票交易市场上市的中国公司，90%都是风险投资支持的企业。在中国，由风险投资支持发展起来的企业有很多，比如新浪、百度、分众传媒、携程、阿里巴巴等。从投资行为的角度看，风险投资是把资本投向蕴藏着潜在失败风险的创新型企业，包括技术创新和商业模式创新，目的是促进高科技成果尽快商品化、产业化，以取得投资收益的一种投资过程；从运作方式来看，是指由专业化人才，风险投资家管理下的投资机构，向具有高速发展潜力的企业投入风险资本的过程。简单地讲，就是投资公司寻找有潜力的创新型企业，投资并拥有这些被投资企业的股份，并在恰当的时候增值套现退出。

风险投资一般要经过3至8年才能通过IPO等推出取得收益，在此期间通常需要不断地对有成功希望的项目进行增资。一般来说，为了分散风险，风险投资通常是投资10个以上的项目群，利用成功项目所取得的高回报来补偿失败项目损失。

### （四）私募股权投资

私募股权投资(PE，Private Equity)，是指通过私募基金对非上市公司进行的权益性投资。在交易实施过程中，PE会附带考虑将来的退出机制，即通过公司首次公开发行股票(IPO)、兼并与收购(M&A)或管理层回购(MBO)等方式退出获利。简单地讲，PE投资就是PE投资者寻找优秀的高成长性的未上市公司注资，获得其一定比例的股份，推动公司发展、上市，此后通过转让股权获利。私募股权基金选择投资的企业大多数已经到了比较后期的阶段，企业形成了较大的规模，产业规范了，为了迅速占领市场，获取更多的资源，他们需要大批量的资金，那么，这时候私募基金就出场了。大多数时候，5000万元到数亿元的资金都是私募基金经常投资的数额，换取股份大多数时候不会超过20%。一般而言，这些被选择的公司，在未来2至3年内都会有极大的希望上市成功。国外私募股权基金经过30多年的发展，成为仅次于银行贷款和IPO的融资手段。2012年注资阿里巴巴集团16亿美元的银湖资本(Silver lake)和曾经投资过阿里巴巴集团的数字天空技术(Digital Sky Technology)都是私募翘楚公司。

### （五）众筹融资模式

众筹融资起源于美国，2011年正式进入国内。众筹融资实际上是指大众筹资或群众筹资，是指用团购和预购的形式，向网友募集项目资金的模式。其主要特点是利用互联网和SNS的传播，通过自己的创意让公众关注和支持，然后得到所需的资金支持。其主要模式是：众筹平台对项目的创新性、可行性审核后，批准发起资金募集。投资人可通过第三方支付“捐献”指定数目的资金，并在项目完成后得到“回馈”。众筹具有很好的优势，如更开放的融资模式、融资风险较小、获得更大的知名度、华丽的营销手段等。但是，到目前为止众筹在法律上尚存在一些不完善的地方，比如可能涉及非法集资、金融欺诈、洗钱等问题，以及知识产权保护的问题。在信用上的风险较大，很多标榜回报丰盛的项目，其实只是一个噱头，很容易出现融资方涉嫌诈骗、资金平台和个人信息泄露的问题。目前针对众筹的监管政策较少，项目审核的流程、标准、信用评级制度不完善，可能使投资者的资本受损。因此，作为基于互联网平台的创新融资模式，众筹在完善多层次的资本市场体系、拓宽融资渠道、支持创新和创业活动、帮助工业和信息化等方面都有积极作用，但风险仍然明显存在。在众筹模式上，一方面创业企业要谨慎选择，另一方面，也需要国家尽快出台相关的监管政策。

### （六）政府基金

我国政府于2005年成立了政府引导基金。其运行模式为政府出资设立“母基金”，风险投资机构出资设立“子基金”，由专门的风险投资机构进行实际操作对创业企业进行投资，政府起监督管理作用以此来发挥风险投资对我国创业企业的作用。2015年国家已设立400亿元新兴产业创业投资引导基金，要整合筹措更多资金，为产业创新加油助力。政府引导基金一般是支持发展前景好、具有市场潜力的创业企业，这为其他投资者提供了参考进而产生一种跟风效应，即能够获得政府创业投资引导基金支持的创业企业也会更容易获得其他投资者的青睐。

## 三、文化创意产业创业的融资准备

企业在创业阶段风险较大，融资相对较难，如果不做好准备工作，成功的希望非常渺茫。在创业者缺乏相关经验的情况下，即使意外成功，交易结构和投资条款也对企业很不利，为今后的发展埋下隐患。所以，要成功实现创业企业融资必须预先做好融资准备工作，这里简要介绍创业融资要考虑的主要事项。

### （一）深入进行融资总收益与总成本分析

创业者首先应该考虑的是：企业必须融资吗？融资后的投资收益如何？融资后的收益是否大于融资成本？创业者只有经过深入分析，确信利用筹集的资金所得到的总收益要大于融资的总成本时，才有必要考虑融资。融资成本既有资金的利息成本，还有可能是较为昂贵的融资费用和不确定的风险成本。企业融资成本是决定企业融资效率的决定性因素，对于创业企业选择哪种融资方式有着重要意义。

### （二）合理确定企业的融资规模与融资期限

创业者在进行融资决策之初，要根据各种条件，量力而行地确定企业合理的融资规模。此外，创业者必须做出最佳的融资期限选择，以利于企业的发展。因为融资期限过长，增加了融资成本与融资风险；融资期限过短，则限制企业的发展。创业者作融资期限决策，一般是在短期融资与长期融资两种方式之间权衡，作何种选择主要取决于融资的用途和创业者的风险性偏好。从资金用途上来看，如果融资是用于企业流动资产，则宜于选择短期融资方式；如果融资是用于长期投资或购置固定资产，则适宜选择长期融资方式。从风险性偏好角度来看，创业者对风险越偏好，就越倾向于用短期资金融通永久性资产；反之，则越倾向于用长期资金融通波动性资产。

### （三）尽量选择有利于提高企业竞争力的融资方式

企业融资通常会给企业带来以下直接影响：一是壮大了企业资本实力，增强了企业的支付能力和发展后劲，从而减少了企业的竞争对手；二是提高了企业信誉，扩大了企业产品的市场份额；三是增加了企业规模和获利能力，充分利用规模经济优势，从而提高企业在市场上的竞争力。但是，企业竞争力的提高程度，根据企业融资方式、融资收益的不同而有很大差异。比如股票融资，通常初次发行普通股并上市流通，不仅会给企业带来巨大的资金融通，还会大大提高企业的知名度和商誉，使企业的竞争力获得极大提高。因此，进行融资决策时，企业宜选择最有利于提高竞争力的融资方式。

### （四）有效利用企业的金融成长周期

在中小企业创业初期，企业的信息基本上是封闭的，由于缺乏业务记录和财务审计，它主要依靠内源融资和非正式的天使融资；当企业进入成长阶段，随着规模的扩大，可用于抵押的资产增加，信息透明度的逐步提高，业务记录和财务审计的不断规范，企业的内源融资难以满足全部资金需求，这时企业开始选择外源融资，开始较多地依赖于来自金融中介的债务融资；在进入稳定增长的成熟阶段后，企业的业务记录和财务趋于完备，逐渐具备进入资本市场发行有价证券的资产规模和信息条件。随着来自资本市场可持续融资渠道的打通，企业债务融资的比重下降，股权融资的比重上升，部分优秀的中小企业逐步发展成为大企业。金融成长周期理论的提出，有利于企业据此实行系统化和模式化的金融管理并简化融资决策程序，对于指导企业的融资实践发挥了重要作用。

### （五）慎重挑选合适的投资者

确定实际可行的融资方式以及制定融资策略，必须明白要寻找什么类型的投资者。创业融资是一个双向选择的过程，投资者在选择创业者的同时，创业者也在积极地挑选合适的投资者。创业者一般应选择这样的投资者：的确考虑要投资，并有能力提供相应资金的；了解并对该行业投资有兴趣的；能够提供有益的商业建议，并且与业界、融资机构有接触的；为人处世公平合理，并能与创业者和谐相处的；具有此类投资经验的。具有这些特质的投资者是稀缺的、有价值的、难以复制的不可替代的人力资源，他们可以给企业持久的竞争优势。理想的投资者可以分为三种：一是友好的投资者，如家人、朋友、未来的雇员和管理者、商业伙伴、潜在的客户或供应商；二是非正规的投资者，如富有的个人(医生、律师、商人)；三是风险投资产业的正规的或专业的投资者。

## 第二节　文化创意产业创业的股权结构设计

### 一、股权结构及其作用

股权是指公司的股票持有者具有的与其股票比例相对应的权益和承担责任的权利。股权结构是指公司股份中不同性质的股份的比例和相互关系。股权结构是公司治理的基础，股权结构不同，对应的组织结构也就不同，从而导致公司治理结构的不同，最终决定公司的行为和绩效。

对于创业企业而言，股权结构设计的基本目标不是股东利益的最大化，而是有利于公司整体的快速发展。科学合理的股权结构，是至关重要的。创业企业股权结构设计的首要目的，是明确团队成员之间的权责利，科学地体现各团队成员对企业的贡献、利益和权利。具体来讲，创业团队在设计股权结构时，要努力达到如下目的：

1. 保护创始人的控制权

在未来融资时，股权要稀释，合理的股权结构，有助于确保创业团队对公司的控制权。公司控制权是指选择和监督公司代理人的权利，以及公司的经营管理决策权。股权持有人凭借其表决权、选择管理者的权利等支配性权利，从根源上掌握了控制权。创业团队在组建过程中需要制定股权分配方案，其目的是保障公司有一个最终的决策者，用控制权树立创始人在团队内部的影响力和话语权。

2. 凝聚团队成员

股权架构的设计，要能够凝聚团队成员，要让团队更有竞争力。当下创业竞争加剧、节奏加快，联合创业的成功率远高于个人创业。一方面合理的股权结构使团队成员对未来的回报有一个期望，能够留住现有的团队成员；另一方面，创业就像是接力赛，需要分阶段地、有计划地、持续地招募人才，股权是吸引人才的重要手段，因此创业团队最初分配股权时应该有意识地预留一部分放入股权池，为持续招募人才开放通道。

3. 促进投资者进入

对于创新创业企业来说，资本的助力必不可少，创业企业的股权架构设计要考虑资本如何进入。对于投资者来说，股权结构的合理性也是判断一个企业是否值得投资的重要指标，投资者会要求创业企业有一个作为决策中心的大股东，类似平分股权的股权结构是不为投资者所认同的。大多数投资者认为，股权结构能够在很大程度上影响创业企业日后的发展。

4. 维护公司和创业项目的稳定

股权从根源上决定控制权，而控制权决定了企业的管理者、战略方向、经营目标和策略等重大事项。新创企业可依赖的资源不外乎创业者的点子、技术、资金、资历、经验，投资人的资金、网络资源、管理经验和管理层的个人能力等，因此，协调好这三方的利益关系，最大限度激发他们为新创企业服务的动力，是维护公司和创业项目稳定的最重要的保证，股权便是最好的协调工具。

5. 为进入资本市场做准备

进入任何资本市场，无论国内还是国外的 IPO，都要求拟上市公司股权清晰。赛轮股份有限公司就曾经因为股权结构过于分散没有通过创业板 IPO 审核。

我国《首次公开发行股票并上市管理办法》第十三条规定："发行人的股权清晰，控股股东和受控股股东、实际控制人支配的股东持有的发行人股份不存在重大权属纠纷。"拟上市公司需要股权权属明确，股东与公司之间、股东之间、股东与第三方之间不存在重大股份权属争议、纠纷或潜在纠纷。股东出资行为真实，不存在重大法律瑕疵，或者相关行为已经得到有效规范，不存在风险隐患。

## 二、文化创意产业创业的股权结构设计

### （一）股权设计原则

初次创业的人因为经验不足，认识不到股权架构不合理的危害性，所以不主动去了解，也不会主动去制定。这会导致问题接二连三地出现，让创业者措手不及，等意识到了问题，那时团队离解散也就不远了。

股权不仅是分红比例，而且是掌权比例，它涉及最敏感的两个话题：财富与权利。权利越大的人就越能控制团队的方向，包括日常中一些小事的决策。而财富直接关系到将来能获得多少钱，如果一个团队不把这些事说清，等于埋了一颗定时炸弹，爆炸只是时间问题。在创业初期，为了避免出现因股权导致团队解散的情况，团队成员股权设计应注意以下几个事项。

1. 制定符合团队的协议书

创业初期，团队就要制定好相关协议，占股比例、期权池、稀释方法、退出机制等，一定要分条明细，签字画押。团队成员之所以是团队成员，是因为团队成员永远把自身利益放第一位，如果一味地顾及团队成员间的感情，等到团队解散的那天就不只是伤感情了。另外，团队自己制定的成员制度比较灵活，可以最优化地考虑到每个人，比官方可靠。比如阿里巴巴团队的股权架构就是自己设定的，马云通过自己设计的股权架构成功获得了阿里巴巴的控制权。股权分配在根本上是要让所有人在分配和讨论的过程中，从心里感觉到合理、公平。复杂、全面的股权分配分析框架和模型虽然有助于各方达成共识，但是绝对无法替代信任的建立。创始人最好开诚布公地谈论自己的想法和期望，任何想法都是合理的，只要赢得其他创业团队成员的由衷认可即可。

2. 公平是股权分配的基础

公平分配股权的根本目的，是有效激励各个创始人，提高其参与创业的积极性，

把创业项目做好、做大。股权分配不公平的初创公司，基本上很少有能成长起来的，甚至会在还只是准备创业的阶段，就让创始人团队分崩离析。股权分配的公平性，取决于“创始人贡献及其市场价值是否与股东获得的股权相匹配”，这是股权分配的基础。公平是一种心理需求，既包括对自己付出和收获的感受，也包括看到他人付出和收获后的感受。确保创始人的贡献及其市场价值与股权相匹配，目的在于尽可能让创始人既满足于自己的股权比例，又不会愤懑于别人的股权比例。

3. 杜绝平均

创业团队的股权分配绝对不能搞平均主义。每个团队成员对企业的贡献是不可能完全一样的，但如果股权均分，就意味着股权与团队成员的贡献是不对等的，团队成员一起创业，除了情怀，还包括对经济利益的追求，项目推进过程中可能还比较和谐，但一旦引入了资本，团队成员心态肯定会变化，各种各样的问题就会暴露出来。股权平分，意味着各方股东对新创企业的控制权势均力敌。当企业进行重大事项决策时，双方意见不统一互不相让，而此时平分的股权导致治理结构原本赋予的决策机制失灵。创业团队必须要有一个核心的领导人，能够在决策中具有最大的话语权。

4. 切勿拖延

很多时候，创始人不愿意谈论股权分配问题，这个话题不容易启齿，所以他们要么完全回避这个问题，要么只是说一些模棱两可的约定，比如“我们是平等的”“先做事其他好商量”，或者拖延这个问题的讨论说“我们之间还有什么不好说的，以后再说吧”。如果有 3 个或 3 个以上的创始人，这种讨论就变得更加困难了。创始人普遍会犯的错误是：没有在第一天就把股权的分配问题谈清楚。股权的分配等得越久，就越难谈。随着时间的推移，每个人都会觉得自己是项目成功必不可少的功臣，关于股权分配的讨论就会变得越来越难以进行。最理想的状态是在团队创立的初期就进行股权分配的讨论并达成共识。

### （二）股权分配的梯次与标准

1. 有明显的股权梯次

公司最初的创始人之间的股权分配，最好有明显的股权梯次，彼此之间的股份尽量不要太接近，可以采用 8∶1∶1、7∶2∶1 或 5∶3∶2 之类的结构，只有两个创始人的话，可以使用 6∶4、7∶3 等类似的结构。目前已经上市的一些公司，可以利用其上市时的持股数比大致推算出其创始人的持股比例。乐逗游戏上市时，CEO 陈湘宇、执行总裁高炼惇、CTO 关嵩的持股比例分别为 83.2%、8.4%、8.4%，大致是 8∶1∶1 的结构。汽车之家上市时，李想持有的股份数为 5066483，秦致持有的股份数为 3088929，李想和秦致的持股比例分别为 62.12%、37.88%，只有两个创始人，大致是 6∶4 的结构。迅雷上市时，邹胜龙与程浩持股比例分别为 71.42%、28.58%，大致是 7∶3 的结构。

2. 股权分配的量化标准

创始人的主要工作，就是为公司创造收入，促进公司的进一步发展，或者是投资，或者是营收。所以，创始人的价值由两个因素决定：①各自的贡献；②市场的认可。第①项反映了公平性的原则，第②项则反映了经济因素。根据这两个因素可以列举出一些增加股权比重的要素。

(1)召集人(增加5%左右)

如果某些初创企业的联合创始人都是某个团队成员(召集人)牵头召集起来的，尽管这个团队成员可能是或不是CEO，但如果是他召集了大家一起来创业，就可以考虑适当增加股权。

(2)被执行的创业点子(增加5%～15%)

如果创始人提供了最初的创业点子，股权可以增加5%～15%，关键在于提出的创业点子是否能够商业化，是否能够给创业企业带来收益，未来可预期的收益的大小直接决定股权增加的比例。注意，如果创业点子最后没有执行下来，或者没有形成有价值的技术专利，或者没有潜在地发挥作用，该创始人也不能多获得股权。

(3)为公司发展做出巨大贡献(增加5%～25%)

为创业项目开辟一个难以复制的滩头阵地，可以为公司探索出发展的方向、建立市场的信誉，这些都有利于公司争取投资或贷款。如果某个创始人提出的概念已经着手实施，比如已经开始申请专利、已经有一个演示原型、已经有一个产品的早期版本，或者其他对吸引投资或贷款有利的事情，那么这个创始人额外可以得到的股权，从5%到25%不等。这个比例，取决于“创始人的贡献对公司争取投资或贷款有多大的作用”。

(4)CEO(增加5%～10%)

一个好的CEO对公司市场价值的作用，要大于一个好的CTO，所以担任CEO职务的人股权应该多一点点。虽然这样可能并不公平，因为CTO的工作并不见得比CEO更轻松，但是在对公司市场价值的作用上，CEO确实更重要。

(5)全职创业是最有价值的(增加150%以上)

如果有的创始人全职工作，而有的联合创始人兼职工作，那么全职创始人更有价值。因为全职创始人工作量更大，而且项目失败的情况下冒的风险也更大。此外，在融资时投资人很可能不喜欢有兼职工作的联合创始人。这可能导致你在融资上遇到障碍。所以，所有全职工作的创始人都应当增加200%的股权。

(6)信誉是最重要的资产(增加50%～500%)

如果你的目标是获得投资，那么创始人里有某些人的话，可能会使融资更容易。如果创始人是第一次创业，而他的团队成员里有人曾经参与过风险投资，并且已经有成功了的项目，那么这个团队成员比创始人更有投资价值。在某些极端情况下，某些创始人会让投资人觉得非常值得投资，如果他参与创业、为创业项目背书，那么就会成为投资成功的保障。这些超级团队成员基本上消除了“创办阶段”的大多数风险，所以最好让他们在这个阶段获得最多的股权。

(7)现金投入参照投资人投资

先设定一个理想的情况，即每个团队成员都投入等量的资金到公司，然后加上他们投入的人力，构成了最初的平均分配的“创始人股份”。

但是，很可能是某个团队成员投入的资金相对而言多得多。这样的投资应该获得较多的股权，因为最早期的投资，风险也往往最大。这样的投资应该获得多少股权呢?可以参照通常投资的估值算法，找一个好的创业企业律师来帮助你计算。

例如，如果公司融资时的合理估值是50万美元，那么投资5万美元可以额外获得10%股权。这种做法可能并不适用于所有的团队。不过，如果存在这种情况，那么这些超级团队成员应当增加50%～500%的股权，甚至可以更多。这个增加的比例取决于他的信誉比其他联合创始人高多少，按照以上几点量化标准，可以初步估算团队成员之间的股权比例。

这种股权的量化标准只是作为创业者们的参考和借鉴，实际的情况必然要比这里所描述的复杂得多，还需要更加严密地考量计算，实际操作时可以咨询相关的机构。

### (三) 期权池与期权激励计划

1. 期权池

期权池是在融资前为未来引进高级人才而预留的一部分股份，用于激励员工(包括创始人自己、高管、骨干、普通员工)，是初创企业实施股权激励计划(Equity Incentive Plan)时采用的最普遍的形式，在欧美等国家被认为是驱动初创企业发展必要的关键要素之一。硅谷的惯例是预留公司全部股份的10%～20%作为期权池，较大的期权池对员工和风险投资具有更大吸引力。风险投资一般要求期权池在它进入前设立，并要求在它进入后达到一定比例。由于每轮融资都会稀释期权池的股权比例，因此一般在每次融资时均调整期权池，以不断吸引新的人才。

在创业初期薪水不高的情况下，期权池的设置有利于吸引高级人才、补偿管理层及骨干的创业风险，给员工归属感，使员工与股东利益一致，解决长期激励问题，留住人才。另外，期权池设立后，便于有足够股份吸引未来的员工；有足够的股份在未来用来奖励现在的员工，免除在每次向员工发放股票时都要重新走一遍增发股票的法律流程。

2. 期权激励计划

关于期权池，不少投资者都是采取融资前估值，设定比例在10%～20%之间，其实创业者回旋的余地不大。期权池的设置，除了投资方的意见，还要考虑公司未来两年的招聘情况。预留超过20%，创始团队不易接受，预留低于10%，今后吸纳高级人才又可能会遇到麻烦。一般由董事会在期权池规定的限额内决定给哪些员工发放以及发放多少期权，并决定期权价格。判断期权池设立多大才合适，要看这个创业公司未来需要多少重要员工，期权激励计划必须在公司不同发展阶段，针对不同岗位、不同部门的被激励对象，设计一套切实可行的考核标准，并随时随地进行监控，否则期权激励将失去意义。公司董事会或薪酬考核委员会应当认真制定一套考核标准，按季度或按年度进行考核，符合条件的进行行权，不符合条件的将丧失期权。关于期权激励计划的执行创始人应与联合创始人或公司高管在以下四个方面尽快达成共识。

(1)是否设置期权池，预留多少，什么时候预留，按什么比例稀释。

(2)哪些骨干员工忠诚可靠，有提升空间，能为公司创造价值。

(3)给哪些人发放期权，什么时候发放，考核标准是什么。

(4)期权激励投资人的态度，对提高公司估值会有什么影响，投资人愿意接受什么样的期权激励计划，期权激励计划能否起到"激励"效果。

### （四）众筹股权

众筹从概念逐渐变为实践，"股权众筹是否构成非法集资"已经不再是法律角度的焦点。股权众筹，既然是"众"筹，就说明股东数量非常多。不过，公司法规定，有限责任公司的股东不超过 50 人，非上市的股份有限公司股东不超过 200 人。法律对公司股东人数的限制，导致大部分众筹股东不能直接出现在企业工商登记的股东名册中。这一问题的解决方案一般有两种：

1. 委托持股，或者说是代持股

一个实名股东分别与几个乃至几十个隐名的众筹股东签订代持股协议，代表众筹股东持有众筹公司股份。在这种模式下，众筹股东并不亲自持有股份，而是由某一个实名股东持有，并且在工商登记里只体现出该实名股东的身份。中国国内法律已经认可了保护真实股东的合法利益，也就是即使股东名册里面没有出现众筹股东的名字，只要有协议证明真实股东是真实的出资人，其权益也是被保障的。

2. 持股平台持股

比如，先设立一个持股平台，50 个众筹股东作为这个持股平台的投资人，把资金投入持股平台；然后，持股平台把这笔款再投入众筹公司，由持股平台作为众筹公司的股东。这样 50 个众筹股东在众筹公司里只体现为一个股东，即持股平台。持股平台可以是有限责任公司，也可以是有限合伙。两者对于众筹股东来说都是有限责任的。按照合伙企业法，通常有限团队成员不参与管理，由普通团队成员负责管理。这样，众筹发起人就以其普通团队成员的身份，管理和控制持股平台，进而控制持股平台在众筹公司的股份，也就实际上控制了众筹股东的投资及股份。

## 三、股权结构设计中的几个重要机制

### （一）创始人控制权的保护机制

在与投资方的谈判中，投资方必然会有许多的条款，创业者主要需要关注两个方面的条款：一是价值，二是控制权。其中价值既包括投资时的条款，也包括投资后的回报。典型的条款主要有三种：反稀释条款、对赌条款和优先股条款。投资方往往采用反稀释条款来保证投资方的股权结构和股权的价值不被后进的投资方价值所影响。对赌条款和优先股条款则可能在公司后续的发展中对创业者的股权和控制权产生影响。创业者尤其需要重视这些条款，稍不注意就可能埋下隐患，造成严重的后果，俏江南创始人张兰就曾经因为对赌协议被迫离开俏江南。如果创始人从创业之初就能够对公司接下来的发展所需要的融资有一个整体上的规划的话，也能对公司的股权分配有一个比较清晰的规划。如果在急于用钱的情况下仓促地去融资，可能会导致融资条件不佳，比如过低的估值、释放更多的股权，从而失去更多的公司股份。例如1号店因为资金的原因引入平安投资，给了平安80%的股份，导致早期创始人失去了对公司的控制权。

随着创业公司不断扩大，资本需求会越来越旺，后续融资不可避免，引进经验丰富的运营人才也必须授予其股权或者期权，这些都会稀释创始人的股权。另外，创业者需要注意的是“创始人＋董事长＋CEO≠公司老大或绝对控股”，由于一些创始人不懂这个道理，股权设计不合理，如中国第一家互联网公司瀛海威、中国第一家门户网站新浪等，他们的创始人王志东、张树新等，在与资本的博弈中黯然出局，令人惋惜。

事实上，创始人在公司壮大之后如何不被董事会踢出自己创办的公司，早已是硅谷的经典话题之一。苹果当年是单一股权结构，同股同权，结果乔布斯在苹果上市4年半后被赶出了苹果公司。没有一个创始人愿意失去自己的公司，而创业初期的股权结构设计对于维护创始人对公司的控制权就显得至关重要。风靡一时的K歌APP“唱吧”的创始人陈华对此深有体会。“唱吧”其实是陈华的二次创业，陈华首次创业时做的是酷讯生活搜索网站，经过初期的大规模扩张后，陈华及其联合创始人吴世春考虑收缩战线做旅游搜索，投资方却认为这是大事往小里做，而这两名创始人希望将“生活搜索”大的概念落实到更垂直细分的领域。双方发生分歧，但是由于投资方在董事会中占多数席位，按照游戏规则，陈华和吴世春出局，被迫离开了一手创立起来的公司，酷讯最后被美团网收购。

那么不绝对控股，是否也可以控制公司呢？上市后，创始人所持的股权一般都低于20%。发行优先股、双层股票设计、投票权代理、利用公司章程限制董事会、一致行动人协议等，都可以是备选方案。京东上市前用的是投票权代理，上市后用的是双层股权结构，上市前后无缝对接。

1. 发行优先股

优先股是指相对于普通股而言，在利润分红及剩余财产分配的权利方面，优先于普通股，但其索偿权次于债权人的股票种类。优先股股息率固定，一般不随公司经营情况变动而增减。优先股没有投票权(除优先股股东利益有关决议外)。此外，优先股可以附加多种灵活设计的转换条件，因而被国外投资者广泛使用。

国内著名B2C电商网站京东早期曾进行三轮可转可赎回优先股的融资。通过三轮融资，刘强东获得1.69亿美元。由于早期估值低，今日资本A轮获得的优先股如全部转股就相当于总股本的30%，若非采用优先股策略，京东的控制权早已旁落。当然，投资人同意使用可转换优先股的方式，本质上还是因为对京东管理层和业绩的信任。

2. 双层股票设计

在欧美公司法体系下，普通股可以设计为不同的种类或系列，例如按照普通股所获表决权情况分类，可分为非表决权普通股、复数表决权普通股和部分表决权普通股。非表决权普通股指不享有表决权的普通股。复数表决权普通股是指拥有加倍表决权的普通股，这类股份用于授予创始人和管理层股东，以利于其获得对公司重大事项的决策权。

双层股权结构在美国使用较多，可以使公司创始人及其他大股东在公司上市后仍能保留足够的表决权来控制公司。纽约证券交易所和纳斯达克市场均允许上市公司采用这样的股权结构，采用这种股权结构的公司多为传媒类和互联网行业的大型科技公司。

当前只有资产足够轻的互联网类公司比较适合双层股权结构，在资产重的公司都不合适。尤其是在法制仍不健全的情况下，双层股权结构存在一定的负面性，比如创始人掏空公司，侵害大多数股东利益。双层股权结构在法律层面也暂时难以逾越。内地A股市场与香港资本市场都不允许上市公司采用"双层股权结构"。据我国《中华人民共和国公司法》第103、126条，公司发行的新股是同股同权，即"一股一权"。阿里巴巴正是因为双层股权结构而被香港证券市场拒之门外从而不得不改道美国纽约上市。

我国在海外上市的百度、58同城、京东等中概股，均采用了这一机制。上市前夕，京东刘强东只有18.8%的公司股份，他主要通过设置A、B两种具有不同的投票权的股票，实现对公司的控制。刘强东持有的B类股票每股有20票投票权，而其他股东持有的A类普通股每股只有1票的投票权，这样折算下来，再加上腾讯转移给刘强东的投票权，刘强东的投票权达到了86%，可保持控位及战略经营的持续性。这样，刘强东所领导的管理层即便在未来的融资中股权被继续稀释，也仍能掌握公司控制权。

3. 投票权代理

在应用了优先股和双层股票设计机制后，仍有公司因为融资量大而无法保持控制权，他们会在融资时，要求投资人签订投票权代理协议。投票权代理指将所持股份的投票权通过协议委托的方式交由受托人执行。投票权代理安排是获取控制权最简单、成本也最低的方式，委托一般基于对公司前景和创始人、管理层有高度的信心。Facebook为了保证创始人的绝对控制权，在双层股权结构设计外还设置了表决权代理协议，前十轮参与投资的所有机构和个人，都需要签订该项协议，同意在协议指明的场合下授权扎克伯格代表其所持股份进行表决，且该协议在IPO后仍然有效。这部分代理权总计占比30.5%，加上扎克伯格个人拥有的每股10票的B类股投票权28.4%，他总计拥有公司58.9%的投票权，实现了对公司的绝对控制。众投资者之所以能签署这份协议，也是出于对Facebook和扎克伯格本人的信任，所幸Facebook不负众望。股票权代理安排的弊端便是一般投资人不愿将投票权委托出去。例如，京东上市前就未获得美国老虎基金所持18.1%、高瓴资本13%、今日资本7.8%股权对应的投票权委托，致使京东不得不将双层股票设计为一股20票投票权，而常规的设计都是一股10票。在我国，投票权委托需要在每次股东大会前单独进行，不能通过协议的方式一次性委托，因此实施成本较高，且具有不稳定性。

4. 限制董事会和股东会

如不能通过控制投票权实现决策权，对于未上市公司，管理层还可通过有限责任公司章程的设计，控制董事会席位，制定董事会议事规则，就不同决议事项，采用不同的决议通过机制(简单多数制、特别多数制、一致通过制)，保护自己对公司的实际控制权。阿里巴巴上市前所指定的"团队成员制度"就极具代表性，阿里巴巴董事会的席位不是按照股东的持股比例来分配的，规定阿里巴巴董事会里面的多数席位是由阿里巴巴的团队成员会议来委派的，组成阿里巴巴团队成员会议的是阿里巴巴创始团队成员和高管。通过这种机制，阿里巴巴可以控制它的董事会，即使马云及其团队在公司的股份低于10%都可以很好地控制公司的董事会。

5. 间接持股

股权激励和众筹融资的弊端是令公司股权分散，形成众多小股东，在进行重大事项决策时，征集这些人的投票权要耗费大量精力。解决办法是通过设立一至两家持股平台公司，将股权激励对象的持股装入平台公司，同时创始人股东控股平台公司，再由平台公司对原公司进行持股。通过这样的间接持股方式，既保证了管理层分红的要求，又保证了股权的相对集中，从而实现控制权的集中。

### (二) 股权绑定机制

在美国，初创公司一般对创始股东的股票都有关于股权绑定(Vesting)的机制设置，公司股权按照创始人在公司工作的年数或月数逐步兑现。任何创始股东都必须在公司工作起码1年才可持有股份(包括创始人)。

中国的创业公司没有执行股权绑定是极其普遍的现象，后果可能十分严重，甚至直接导致项目失败或公司倒闭。有些公司的团队成员加入后很短一段时间就离开，仍然认为自己应该因为所付出的时间和精力拥有公司的股份，这对于创业公司其他全职投入的团队成员来说显然是不公平的。没有"股权绑定"条款，创业企业最好不要随便分配股份。

股权绑定是一个很公平的方法，避免一些创始人离开公司以后手上一直还有公司股权，不劳而获。目前来说，在国内，股权绑定机制也叫股权成熟机制，可以有以下几种模式：

1. 按年份

按每年一个整年计算，好的股份绑定计划一般按4至5年期执行，例如4年期股份绑定，工作满一年给25%，然后接下来每年兑现25%。还有一种方式是工作满第一年后兑现25%，然后每月兑现2%。

2. 按项目进度

几种情况：产品测试、正式推出、迭代、推广、总用户数等。

3. 按项目融资进度

这个进度可以印证产品的成熟，这是来自资本市场，即外部的评价，可以实现约定完成融资时的股权分配。

4. 按项目运营业绩

最常用的是按年绑定的机制，比较公平，一视同仁。在创始人的股权未兑现前，如发生以下三种情况之一的，创始人将以约定的价格，一般是低价(如法律就股权转让的最低价格另有强制性规定的除外，其他从此规定)将其未兑现的股权转让给投资人和创始人，投资人和创始人按照其在公司的持股比例受让此股权。

(1)创始人主动从公司离职

主动离职的创始人必须交出股权。

(2)因为自身原因不能履行职务

股东因为自身的原因，比如身体健康问题、能力问题，操守、观念和理念不一样等原因不能履职的，也必须交出股权。

(3)过错或重大事故被解除的

在一些重要的岗位做出伤害运营利益的事情，这种情况下一般会被解职。

(4)离婚、继承等

在项目推进过程中，会遇到比如团队成员离婚、犯罪、去世等情况，这些都会导致团队成员退出，创业团队应提前设计法律应对方案，可以减少对项目的影响。

“股权绑定”还有另外一个好处：有效平衡团队成员之间出现股份分配不公平的情况，例如最初订立的股权分配比例更多是拍脑袋，但项目进行一段时间之后，发现之前股权分配较少的乙对项目的贡献或重要性，比股权分配较多的甲要多，董事会可与甲乙商量后做决议，把双方的还没有绑定的股份重新分配，甲乙都会比较容易接受。因为已经绑定的股份不变，而且如果一方不接受的话，离开公司，也有一个明确公平的已经绑定的股份。

### (三) 股权退出机制

团队成员取得股权，是基于对于公司发展前景的期望，愿意长期共同参与创业。如果没有设定退出机制，允许中途退出的团队成员带走股权，对退出团队成员的公平，却是对其他长期参与创业的团队成员最大的不公平，也使其他团队成员也没有安全感。

团队成员股权战争最大的导火索之一，是完全没有退出机制。比如，有的团队成员早期出资 5 万元，持有公司 30％的股权。干满 6 个月就由于与团队不和而主动离职了，或由于不胜任、其他变故等原因被动离职了，这在新创企业中是很常见的情况。离职后，退出团队成员坚决不同意退股，理由很充分：一方面《中华人民共和国公司法》没规定，另一方面公司章程也没有规定，股东之间也没有相关协议，但是他以金钱的形式参与了投资，也阶段性地参与了创业。其他团队成员认为不回购股权，既不公平也不合理，但由于事先没有约定团队成员的退出机制，对退出团队成员的股权束手无策。为了避免这样的情形，团队要设计好股权退出机制。

1. 团队成员退出的同时股权退出

提前设定好股权退出机制，约定好在什么阶段团队成员退出公司后，要退回的股权和退回形式。创业公司的股权价值是所有团队成员持续长期地服务于公司赚取的，当团队成员退出公司后，其所持的股权应该按照一定的形式退出。一方面对于继续在公司里做事的其他团队成员更公平，另一方面也利于公司的持续稳定发展。

2. 股东中途退出，股权溢价回购

在出资人协议或公司章程中，应约定在某个期限内，任一创始股东如因种种原因(离职、离婚、死亡、犯罪等)需退出，则由其余股东按事先约定的方法回购其股份，回购价格或计算方法也要事先有明确约定。对一些特殊股东，比如兼职人员，为退出方便，也可考虑股权由创始股东代持。

对于退出的团队成员，一方面，可以全部或部分收回股权；另一方面，必须承认团队成员的历史贡献，按照一定溢价或折价回购股权。对于如何确定具体的退出价格，公司创始人要考虑两个因素，一个是退出价格基数，一个是溢价或折价倍数。比如，可以考虑按照团队成员股权购买价格的一定溢价回购，或退出团队成员按照其持股比例可参与分配公司净资产或净利润的一定溢价，也可以按照公司最近一轮融资估值的一定折扣价回购。至于选取哪个退出价格基数，不同商业模式的公司会存在差异。

3. 设定高额违约金条款

为了防止团队成员退出公司但却不同意公司回购股权，可以在股东协议中设定高额的违约金条款。

特别需要注意因离婚导致的股权变动情况。根据中国法律，婚姻存续期间取得的财产属于夫妻共同财产，除非夫妻间另有约定。创业者离婚的直接结果是，公司实际控制人发生变更。土豆创始人王微因为配偶股权纠纷，影响了土豆的最佳上市时机，为此付出了巨大的成本。因此，创立企业时，创始股东配偶对股权的权利及离婚时如何分割都要事先有所考虑和约定。

## 拓展阅读

### 阿里巴巴的合伙人制度

阿里的合伙人制度又称为湖畔合伙人制度，该名称源自当年马云等创始人创建阿里的地点——湖畔花园。阿里的创始人自 1999 年起便以合伙人原则管理运营阿里，并于2010年正式确立合伙人制度，取名湖畔合伙人。

阿里合伙人制度并无固定人数，名额将随着成员变动而改变且无上限，除马云和蔡崇信为永久合伙人外，其余合伙人的地位与其任职有关，一旦离职则退出合伙人关系。

根据阿里的招股书、公司章程及其他公开资料，阿里合伙人制度的主要规定如下：

1. 合伙人的资格要求

(1)合伙人必须在阿里服务满5年；

(2)合伙人必须持有公司股份，且有限售要求；

(3)由在任合伙人向合伙人委员会提名推荐，并由合伙人委员会审核同意其参加选举；

(4)在一人一票的基础上，超过75%的合伙人投票同意其加入，合伙人的选举和罢免无需经过股东大会审议或通过。

此外，成为合伙人还要符合两个弹性标准：对公司发展有积极贡献；高度认同公司文化，愿意为公司使命、愿景和价值观竭尽全力。

阿里合伙人制度在防范创始人控制权被稀释的同时起到拓宽融资渠道的作用，在此种安排下，除了原始债务融资吸收的原始投资，通过该制度也同样筹得部分资金，相当于职工内部筹资，拓宽了筹资渠道。

合伙人制度下的所有股东都被赋予了进入董事会的权利，与“一股一权”治理模式下的公司相比，体现了相对公平。

阿里合伙人制度起到了对员工的激励作用，从招股书来看，合伙人制度是一个动态的体制，公司每年会引入新的合伙人来保持合伙人团队的优秀、创新和持续性。现任27位合伙人中，有22名是阿里的管理人员，4名是阿里小微金融服务集团的管理人员，1名是菜鸟网络科技有限公司的管理人员，其中有两名成员既是阿里的管理人员也是阿里小微金融服务集团的管理人员。而且合伙人必须持有阿里一定数额股份，且在成为合伙人之日起三年内保留其成为“合伙人”之日时所持股权的60%。三年后，若继续担任“合伙人”需保留其成为合伙人之日时所持股权的40%。

阿里合伙人都非公司大股东，其所持公司股权部分来自于公司内部股权激励计划。对于大多数公司而言，基本逻辑是通过一系列股权激励机制，使得公司经营者持有股票成为企业股东，将经营者的个人利益与企业利益捆绑，与其他股东一同分享企业剩余索取权。经营者为了获得个人利益会从企业所有者角度出发，全力工作，实现企业价值最大化与股东财富最大化。而阿里在股权激励的基础上给予了经营者进入董事会拥有投票权的机会，使得经营者在拥有少数股权的基础上拥有了投票权，成为企业所有者。

合伙人制度下的公司股东实质上主要是创始人及其团队。通过这种制度既满足了阿里创始人团队对于董事会席位数量的要求，又保证了创始人团队的绝对控制权。

虽然阿里从未承认合伙人制度是A/B双层股权结构设计，但是从其制度设计核心来看，却实现了A/B双层股权结构的“个别持股极少的股东控制公司”的目的。对于非公众利益实体而言，这种公司治理模式虽然冲击了非合伙人股东的股权行使权，但是却在我国公司法所允许的公司章程自制空间范围内，是合法而有效的治理模式，是一种全新的股权模式。

## 第三节　文化创意产业的创业计划书撰写与展示

### 一、文化创意产业创业计划书概述

#### （一）文化创意产业创业计划书的概念

文化创意产业创业计划书(Cultural and Creative Business Plan)，是文创公司或项目团队为了招商融资或其他发展目标，在前期对项目进行科学调研、搜集与整理有关资料并分析的基础上，按照一定的内容、格式要求所编写的向投资者全面展示公司和项目目前状况、未来发展潜力的书面材料。文化创意产业创业计划书以书面的形式全面描述文化创意公司业务，包括文创特色、产品服务、生产工艺、市场和客户、营销策略、人力资源、组织架构、对基础设施和供给的需求、融资需求，以及资源和资金的利用等诸多方面。

#### （二）文化创意产业创业计划书的作用

无论是把文化创意转变成新产品，还是对现有公司进行重组改革，都离不开计划书。在创业之初，一份完善的创业计划书不仅可以帮助创业者分析创业过程中的主要影响因素，还可以成为创业者在创业过程中的行动指南和风险监控手段。具体来说，计划书可以起到以下几方面的作用。

1. 全面认识自身产品或自身公司

通过制订相应的商业计划，创业者会对自己公司的各个方面有全面的了解，同时理解商业机会的本质。在制订计划的过程中，创业者可以更全面地分析目标市场的潜力和风险、竞争环境，以及财务需求。计划书的制订能使创业者对自身有全局了解，能够协调方方面面，未雨绸缪。

2. 吸引投资人，拿到融资

一份高质量的创业计划书同时也是公司获取投资的一块“敲门砖”。对于金融机构融资，严谨全面的创业计划书也在公司获得贷款上起到相应的作用。

3. 向合作伙伴提供信息

使用计划书，能够增强创业者对自身公司情况介绍的表述能力，在对外发展时为业务合作伙伴和其他相关机构提供信息。

4. 参加创业大赛项目评选

计划书可以作为文创项目成果展示的一种形式，让评委老师更加清晰地了解参赛创业项目的具体信息，同时也可以吸引评委对自己的项目进行投资。

### （三）文化创意产业创业计划书的类型

根据目的的不同创业计划书有不同的形式。不同计划类型之间最大的差异是长度和详细程度。

1. 普通创业计划书

如果需要外部资金，创业计划书的对象就是股权投资者或贷款人，其长度为25～40页。这类计划书也适用于对新员工的招揽，也有助于向新供货商、新客户等利益相关方宣传公司价值。创业者需要认识这些利益相关方，尤其是像风险资本家和专业贷款人这类的专业股权投资人。

2. 操作计划书

这个主要针对创业者和整个创业团队，用于引导项目的筹备、启动和初期增长。这类计划书没有页数的特别规定，但通常都超过80页。这类计划书与前一类计划书的基本格式相同，不同的是操作计划书要更为详细。通过这些详尽的筹划，创业者才能真正深入理解问题的方方面面，而这种深入的理解对如何打造、经营公司是非常重要的。

3. 脱水型计划书

这种计划书比前两种都短很多，一般不超过10页。这种计划书的目的是提供对于这个公司的初步概念，是对人员、机会及财务要求等方面情况的简明描述。这样的计划书能检测他人对文化创意灵感的初始反应。这也是创业者能与其朋友分享的文件，可以通过这种分享获取一些反馈信息，从而决定是否要花更多的时间与精力来准备比较详细的计划书。

## 二、文化创意产业创业计划书的构成

文化创业计划书是创业者商业理念的书面表达，它将判明市场机会并给出文创公司的发展规划。它的阐述必须建立在一系列科学的假设基础之上，并需要证明导致公司成功的假设是敏感和可信的。因此，撰写一份文化创业计划书是一项非常复杂的任务，必须按照科学的逻辑顺序对许多可变因素进行系统的思考和分析，并得到相应结论。在思路确定下来后，应当制定一个详细且合理的提纲，最好是按照商业计划或业务体系进行规划。

具体来说，文化创意创业计划书主要包括介绍创业项目的主体创业者或创业团队、创业项目是什么、文化创意的特点是什么、提供什么样的产品或服务以及如何将创业计划书中的想法落地，如何去执行创业计划。根据这些原则可以将创业计划书要展现的信息概括为以下七个要素。

### （一）摘要

文化创意创业计划书摘要是风险投资者首先要看到的内容，它必须要激起投资人的兴趣，需要用精练的文字从各方面展现公司状况。介绍公司过去的发展历史、现在的情况以及未来的规划。

摘要大多包含以下几个方面的信息：商机描述、商业概念、行业概述、目标市场、竞争优势、经营模式，以及诱人的盈利模式、团队和投资邀约等。摘要需要对商业计划有更加深入的了解，在完成计划书的其他部分之后再回过头来撰写。

文化创意创业计划书最重要的部分就是摘要。如果摘要没能吸引读者，他们就不太可能会阅读计划书的其他部分，或者联系创业者以获取更多的信息。因此，创业者需要把摘要中最具吸引力的部分放在前面，也就是说在第一句或第一段就强调本次商业机会是有潜力的，这样才能抓住投资人的心。

### （二）市场

这个部分的目的在于说明创业者所发现的“商业机会”究竟是否构成机会，市场有多大，为什么这是一个必须抓住的重要市场。首先从文化创意定义入手，从广义上看，公司属于哪一类文化创意。可以尽量把文化创意定义得宽泛一些，从而让阅读者能清晰地看到本次商机的巨大潜力，尽管实际操作中只是聚焦于一个细分市场。

需要用定义行业时所用的词汇来定义细分市场，尤其是要描述这个细分市场的规模、增长、主要公司、趋势等方面的内容，这些因素环境构成重要影响。写这个部分的时候最常见的错误是只关注自己的公司。创业者切忌操之过急，应该理性、客观地分析整个行业，彰显市场空缺。

对市场的描述需要包括以下内容：

描述市场空白点，或者存在的问题，及其严重性(是否为刚性需求)；确定公司有多少潜在用户(细分用户定位)；市场规模和前景如何(市场容量上限和发展趋势)；怎样行之有效地做市场(品牌定位和营销策略)。

与文化创意产品直接相关的市场数据越详细越好，这里所指的市场即微观市场、你力所能及的市场。

### （三）竞争分析

包括对整体行业现状和未来趋势的分析，对竞争对手的了解和研判，明确竞争对手的优势和不足。评估你主要的潜在竞争对手，可通过销售量和销售收入(定价)、增长、市场份额、成本定位、产品类别、客户支持、目标客户群和分销渠道等指标评估。

竞争分析直接衍生自客户分析。具体说来，在已经明确行业所在的细分市场，并描述了客户和他们的需求的基础上，从客户分析过渡到竞争分析的关键因素，是了解客户对某一特定产品的需求究竟有什么特征。这些产品特征是与直接或间接竞争者比较的基础。竞争态势矩阵表是一个有用的工具，可以呈现这些产品特征，反映竞争者们对这种特征需求的应对之道。矩阵表很具象，不仅能抓住眼球，更能反映现今产品系列中的缺口，为描述竞争优势搭建了平台，对公司战略构成了基础。

用上述的相同指标评价自身，说明你的文化创意有什么特色、你有什么特别的核心竞争力。创建竞争态势矩阵表的关键，是要理解市场看重什么，什么是常说的关键性成功因素。例如台灯，人们选择台灯通常有几点考虑，包括价格、质量、外形、功能等。假如对目标客户有非常深入的了解，创业者应该能明确市场空间中哪些是关键性成功因素。一旦把握了这些关键性成功因素，就可以评估每个公司在成功因素上的表现。

### （四）产品或者服务

文化创意产品和服务是计划书的核心内容，主要包括：

第一，文化创意产品或服务对终端客户的价值。

第二，文化创意产品或服务是通过什么技术或手段来实现的。

第三，文创公司将向消费者提供什么。

第四，消费者可得到的好处。

第五，与市场已存在的产品或服务相比，该文化创意产品或服务有哪些优势。

对自己文化创意产品的服务性能各方面情况进行介绍，客观理性的市场分析是一个坚实的基础，完成了这个基础工程之后，才能准确地介绍公司和商业概念。这种介绍应该洋溢着创业者的激情，更好地推销创业愿景，既要有理性的数据，又要有感性的召唤。数据的支持，简明扼要、切中要点的表述会让人过目难忘。

清晰描述了文化创意产品之后，将自己和竞争者的产品用图表方式直观地呈现出来，恰到好处地凸显公司的特别之处。在对手的竞争矩阵中选取两三个主要指标，就能发现自己公司在哪些方面与竞争对手存在巨大差异。对竞争者图表的呈现，能够直观地反映未来有机会填补的市场缺口。

### （五）时间节点

这是指在整个创业过程中规划重要的时间节点，在文化创意商业计划书中通常会包括文化创意产品的上线时间、公司收入零的突破时间，以及财务指标盈亏平衡的预期时间点等。

### （六）财务分析和融资需求

风险投资者将会期望从财务分析部分来判断未来经营的财务损益状况，进而从中判断能否确保自己的投资获得预期回报。包括以下三方面的内容：

第一，过去三年的历史数据，今后三年的发展预测；

第二，投资计划；

第三，融资需求。

文化创意创业计划书中绝大部分内容只是对商业机会以及如何运营的文字和图像表述。财务计划则是这些表述的数字形态。盈收的增长体现机会的乐观前景；支出表明推送产品或服务所需的成本；现金流量表是针对潜在问题(或重大风险)的预警系统；资产负债表体现将生产与销售系统全面落实到位的所需资源。尽管如此，测算实际的财务数据对很多创业者而言确实是让人望而生畏的障碍，很多创业者会想到雇用一名会计来测算这些财务数据。这种想法是不正确的，自己亲手做这些测算工作虽然会劳心劳力，但这样会让创业者对自己公司的未来有真正的了解。

财务报表中的数字能反映所需从事的一切经营活动，测算过程中，创业者会知道哪些活动会增加收益或带动成本上涨，知道公司在发展并盈利时现金流为何会出现负值。此外，创业者日后还必须将自己的计划书展示给投资者和银行家，如果对这些数字知之不详，创业者的可信度会大打折扣。财务电子表格完成后，应该在每份报表前填写一段说明，解释影响这些数据的主要驱动力。

说明要有四个副标题：概述、损益表、现金流及资产负债表。

概述部分要突出影响收益和支出的假设。

损益表要将概述部分没有提到的影响收益和支出的因素进行详细的阐述。

现金流要提及现金注入的时间安排、应付账款、应收账款等。

资产负债表要解释清楚主要比率是如何随着公司成长变化的，如存货周转率，商品出售前存货时间是多长，这些现金与存货之间的转换对公司的现金状况有重要影响，因为存货意味着现金积压套牢。

创业者的财务预测总是显得过于乐观。他们在文化创意创业计划书里面，尤其是财务计划中，滥用的一个词就是“保守估计”。事实证明，大多数创业者在财务预测时总是过于激进，专业的投资者能一眼看出这个问题。这往往会给公司估值带来巨大损害，意味着创业者需要为融资放弃更多股权。怎样才能让这种情况不再发生？应该将自己公司的财务估算与现有其他公司的实际绩效作对比，从而证实预测的合理性。如果能说服投资者相信预测是合理的，并引用现有其他公司为依据，那么公司将得到与期望值接近的估价。

### （七）团队介绍

团队在创业的道路上有着无可替代的作用，也是投资人重点考量的方面之一。这需要全面介绍公司管理团队情况，要展示领导者的人格魅力，以及管理团队的战斗力和凝聚力。

首先明确创始团队成员和他们的头衔。一般来说，主要创始人会担任首席执行官(CEO)一职。但如果创始人还很年轻而且商业经验有限，更有用的方式是阐明公司将在发展的过程中寻找合适的 CEO。在这种情况下，主要创业者可能是首席技术官(CTO)、业务拓展副总裁，甚至就是一个创始人。

确定责任和头衔之后，应该填写姓名和简介。简介要涵盖过往成功案例。如果创始人曾经开过文化创意公司，要突出公司的成就，如果没有创业经验，可以列举以往工作中的成就。举例说，简介一般包括创业者曾经管理的人数，更重要的是经济成功方面的评价与数据，如部门销售增长20%，创造过某些发展纪录，曾通过经营管理实现某个利润水平，曾为利益相关方创造价值等。简介中还要彰显创业者的个人领导能力。为支持、补充这些简介，可以在计划书的附录中加入个人简历。

## 三、文化创意产业创业计划书的撰写

### （一）创业计划书撰写的主要步骤

1. 确定创业计划的撰写目的

撰写创业计划，一般有两种目的。一种是广泛应用于融资，以吸引投资人并成功获取资金资源。在这种情况下，通常是创业者处于资源匮乏的环境，或者需要更多的资金来实现自己的创业计划。如果是为了实现融资的目的，创业计划书就应该侧重于商业环境分析、竞争性分析、营销计划、管理团队介绍以及财务计划等内容。另一种是用于创业团队内部，主要是便于团队内部沟通并认同项目的价值，明确项目的战略规划与行动方案，便于项目的实施管理。在这种情况下，重点在于如何高效地执行这个项目。因此，该类创业计划书对于管理团队、经营管理计划方面的内容无须过多描述(通常情况下，团队内部已经很熟悉)，而应该强调项目的重要性、项目的实施进度等偏实务方面的内容。

2. 确定创业计划书的读者对象

不同的读者对象，所关注的创业计划书内容侧重点会有较大的差别，这当然与你撰写创业计划书的目的，即你的个人需求存在密切的关系。如果你对个人的需求非常明确，对读者对象了如指掌，一定能够将重点信息提供给目标读者。因此，明确你个人的需求，了解读者对象的需求，是成功撰写创业计划书的必要准备，也是你成功实现个人目的的前提。

如果你的创业计划书是为了获取资金等资源支持，那么读者就是投资人或者贷款方。投资人最关注的是盈亏平衡点、投资回报、项目的长期发展潜力以及创业团队的能力，贷款方则更多地关注项目的风险。

3. 收集所需要的信息资料

充足的信息资料将有助于你完成一份分析透彻、论据充分、内容丰富的创业计划书。因为创业计划书涵盖面很广，可能需要就各个构成要素准备信息资料，而且，市场环境分析、竞争性分析、目标市场定位以及项目可行性等关键内容都需要充分的数据和信息来支撑。因此，信息资料的收集和准备也是创业计划书撰写过程中的关键环节。

面对来自不同渠道的大量信息，创业者往往会感到无从下手，更难以在短期内理清哪些是关键信息，哪些是必要信息，哪些是看似无关紧要实则至关重要的信息。因此，掌握一定的信息收集方法，可以帮助创业者准确定位，省时省力地找到需要的资料。常用的信息收集方法有观察法、提问法、比较法和文献检索法。其中，观察法是最直接、最有效的信息收集与市场调查方法，这种方法比对现成信息资料的解读或汇总更为鲜活、有效。

创业者也可以通过对展销会、说明会现场或者生产、包装现场的实地观察和记录来调研取证，收集所需信息。观察的对象可以是人(消费者、生产者、管理者、组织者等)的行为，也可以是商品、展台、车间等客观事物；观察的侧重点以所需信息为准绳。观察的过程中一般是边看边记，最后整理分析，得出结论。为了将现场悉收眼底，观察者往往会借助现代技术，比如摄像机、照相机，来记录现场状况。

为了尽量避免调查偏差，在采用观察法收集资料时应当注意以下几点：

第一，努力做到不带有任何看法或偏见地进行观察。

第二，选择具有代表性的观察对象和合适的观察时间与地点，尽可能避免只观察表面现象。

第三，在观察过程中，随时记录，记录内容尽量翔实。

第四，除了在实验室等特定的环境下和借助各种仪器进行观察外，尽量使观察环境保持自然平常的状态，同时注意保护被观察者的隐私。

第五，在实际观察中，经常与提问法相结合，以提高信息的可靠性和准确度。

4. 设计创业计划书框架

这里所说的创业计划书框架，并非通用的创业计划书内容结构框架，而是一个充分说明你的创业项目特色、各部分子标题更加细分明确的创业计划书框架。换言之，就是构建出创业计划书的目录，以及二、三级标题。

构建创业计划书框架时，要依据你的撰写目的与读者对象，考虑一般创业计划书的基本构成要素，结合你的创业项目的性质与特征，根据所收集的信息资料，逻辑清晰、次序连贯，并且应该便于让自己或读者找到需要重点关注的内容。无论是整体思路和逻辑，还是重点部分的子标题，都应该充分突出和体现你的创业项目的特色与亮点。

5. 开始撰写创业计划书

做好了以上四点准备，撰写创业计划书已经是水到渠成。此时还要注意以下几点：

第一，把握创业计划书的主要要素，且内容完整。

第二，创业项目的特色得以充分体现。

第三，整体逻辑清晰，行文流畅。

第四，分析透彻，论据充分、客观。

第五，针对性强，根据不同的读者对象能够突出自己要表达的重要信息，而一些相对不重要的内容不必用过多的笔墨。

第六，无论是你的论证，还是你的团队能力与具体行动方案，都要让人觉得可以信服。

### （二）计划书撰写工具

作为创业者，可以借助由 Ash Maurya 所提出的精益画布（如图 7-1）来进行自我评价与定位。对自己的情况有一个更好地了解和把控，以这个为基础，勾勒出公司的 BP。在不同时期，画布上的这 9 个方面有不同的侧重点。

<table>
<tr>
<td rowspan="2">【问题】<br>客户最需要解决的三个问题</td>
<td>【解决方案】<br>产品最重要的三个功能</td>
<td rowspan="2" colspan="2">【独特卖点】<br>用一句简明扼要但引人注目的话阐述为什么产品与众不同，值得购买</td>
<td>【门槛优势】<br>无法被对手轻易复制或者买去的竞争优势</td>
<td rowspan="2">【客户群体分析】<br>目标客户</td>
</tr>
<tr>
<td>【关键指标】<br>应该考核哪些东西</td>
<td>【渠道】<br>如何找到客户</td>
</tr>
<tr>
<td colspan="3">【成本分析】<br>争取客户所需花费<br>销售产品所需花费<br>网站架设费用<br>人力资源费用等</td>
<td colspan="3">【收入分析】<br>盈利模式<br>客户终身价值<br>收入<br>毛利</td>
</tr>
</table>

**图 7-1　精益画布**

### （三）创业计划书撰写的技巧与注意事项

1. 研讨创业构想

构想指作家、艺术家在孕育作品过程中的思维活动，也指构想的结果。创业构想是创业者在创业想法形成及实施过程中，对创业计划的思考、论证和分析。创业构想涵盖了创业计划的方方面面，要让创业构想在创业企业日后的经营过程中发挥良好作用，创业者至少要从下面几个方面进行深入思考。

（1）确立正确的创业目标

赚钱是重要的目标，但并不是唯一的目标，因为创业本身应该有理念，理念会带动很多新的产品创意和实践冲动。大多数成功创业者的创业目标并不主要是为了赚钱，而是基于自己的兴趣，或者为了解决现实生活中的一些问题。开始研讨创业构想的时候，创业者一定要明确创业的目的是什么，创业要做什么及如何做等问题。

（2）寻找适合的创业模式

选择合适的创业模式，是创业成功的关键。准确判断自己的优势和劣势，选择最适合自己的创业模式，可以化解很多的不利因素。创业模式是创业者为保障自己的创业理想与权益，而对各种创业要素的合理搭配。一个适合的创业模式，未必需要投资一大笔资金，未必需要具有很大的规模，甚至未必需要一处办公场所或一个店面。对一个创业者来说，一个真正好的模式，应该是适合自己的，即有能力操作而且能把现有的资源进行有效整合。是通过白手起家的方式，还是通过收购现有企业或进行代理、加盟，在家创业还是网络创业，是研讨创业构想阶段创业者必须明确的问题。

(3)规划合理的创业步骤

规划创业步骤是一个循环的过程。首先要分析：创意从哪里来？怎么会有这个创意？资金怎么找？怎么组建团队？产品的市场营销怎么做？对这些问题的考虑是一个周而复始的修改、完善和论证过程。

(4)制定清晰的创业原则

网络上列出的创业原则非常之多，在研讨创业构想的时候，创业团队一定要针对自己的特定情况，制定适合团队和项目的创业原则。一般来说，就像创业的目标不仅仅是为了赚钱一样，在创立公司的时候，创业团队也不应该一直想着什么时候才能赚钱。面对非常艰苦的创业工作，清晰、简洁、能够得到团队成员认可的创业原则，有助于形成团队的凝聚力，帮助创业团队在任何情况下都能坚持下去。

(5)创造有利的创业条件

创业不一定要有重大的发明或全新的创意，只要能够有一定的市场需求，对现有资源的整合和再利用也会有助于创业成功。重要的是创业企业未来提供的产品或服务在市场上会不会成功，市场的需求如何，创业团队的能力怎样。合适的人在合适的时间做合适的事情，会形成非常有利的创业条件。在研讨创业构想时，创业团队应认真对自己的创业条件进行深入思考，选择对创业有利的自然条件，努力创造有利于创业成功的社会条件。

(6)确定明确的创业期限

充分的准备尽管有助于降低创业风险，但是过长时间的准备也可能会消磨创业者的意志，冷却创业激情。因此，创业初期，应确定一个合理的创业期限，包括开始创业活动的时间、将产品和服务推向市场的时间、实现盈亏平衡点的时间等。通过精益创业的方式，有助于缩短产品和服务推向市场的时间以及达到盈亏平衡的时间。

(7)建立良好的投资关系

如何寻找合适的外部投资者，和外部投资者应该建立什么样的关系等，也是创业构想研讨阶段必须思考的问题。当创业需要外部融资时，创业团队就应该考虑投资者关系管理的问题。通过研讨，要确定好创业团队和外部投资者各自的股份比例，要选择能够跟自己一起同甘共苦的投资者，要寻找有很大影响力的投资者。这样一方面可以筹集到所需要的创业资金，另一方面可以借助投资者的经验和力量。当然，创业团队还要通过合理的股份构成和分配机制，与投资者建立长久的良好合作关系。

(8)组织高效的创业团队

高效的创业团队中不一定都是顶尖的人才，事实上只要遵循创业团队的组建原则，做好团队的管理，团队成员适合做创业企业中对应的工作，能够做到优势互补、精诚合作，凝聚在核心创业者的周围，为共同的创业目标而奋斗，就算创业团队比较简单和朴素，团队的成员也不一定很强，但是仍然可以算得上一支优秀的团队。创业构想研讨阶段，创业者就应该了解高效团队的特征，避免日后组建团队过程中的盲目和不切实际。

2. 分析创业可能遇到的问题和困难

认真分析创业过程中可能会出现的问题和困难，做好充分准备，将创业风险降到最低。这个过程有助于创业者做好充分的心理准备和应对策略，减少创业失败的可能性。通过市场调查，以及和圈内专家和同行业企业的创业者进行座谈，创业者对未来可能遇到的困难会有所了解。一般来说，创业过程中可能会遇到创业者自身层面以及创业企业层面两大方面的问题和困难。

创业者自身层面的问题表现为创业者或团队的身心不适应，知识、能力和资源不够，以及对以往社会关系的影响等。

创业初期，创业者可能要投入大量的时间和精力在创业活动上，周末或者节假日工作也不足为奇，因此，一个健康的身体是创业必不可少的要素之一。否则，创业者会感到吃力，体力上先吃不消，也就难以在遇到困难的时候坚持下去。对大学生来说，心理上的不适应可能是创业过程中遇到的更大难题。从一个普通就业者或者在校大学生走向创业之路，就意味着要在创业活动上花更多的心思，要从全局的观点，站在未来发展的角度看问题，而且无论是战略还是战术层面的问题都需要创业者亲自过问。对企业前途的思考和担忧，对企业工作的安排和布局无时无刻不在创业者的脑海中盘旋，尤其是问题出现时的解决之道更是创业者必须思考的问题。这些问题带给创业者的困扰，加上烦琐的日常工作对原有生活秩序的破坏，可能会使创业者感到身心疲惫，有相当长时间的不适应期。对于一些意志薄弱者来说，甚至会因此而放弃。如果创业初期能找到或组建一支合适的团队，就可以将繁重的创业工作进行合理分配，尽快适应创业的生活状态，减轻身心不适应给创业过程造成的困扰。

在资讯快速发展的当今社会，知识的淘汰率很高，据统计，现在新技术信息每两年增加一倍，意味着大学一年级学的知识到大学三年级就有二分之一过时了；现在急需的职业可能在四年后就消失了，这在一定程度上会对创业活动开展造成不利影响。一支知识和技能互补、资源互补的团队可以解决部分问题；创业者学习能力的提高，终身学习的学习习惯的养成，以及社会关系的正常维护，也可以在一定程度上解决部分问题。创业企业层面的问题和困难表现为企业在日后经营过程中可能面临的不同风险，如项目和市场风险、技术风险、团队风险、管理风险、资源风险等。

3. 常见的创业计划书撰写问题

以下几个问题，是创业者在进行创业计划书撰写中经常忽略的问题，需要我们格外注意：

第一，一定要创业者自己撰写，别人无法替代。

第二，投资者关心财务状况，但更关心能够实现预期财务目标的战略。

第三，要清楚地显示出与竞争对手明显的差异，不能陷入“我也是”的境况。

第四，明确目标市场，提供顾客真实存在的证据。

第五，认真校对，不要出现错别字和语法错误。

第六，要有现金流预测，这对新创企业的生存至关重要。

第七，保持计划书的简洁，内容简明扼要，篇幅不要太长。

第八，陈述事实，尽量避免“我认为”“我估计”等主观判断和猜测。

第九，给创业计划一个有吸引力的封面。

4. 检验创业计划的方法

检验创业计划是对创业计划的项目做出的一个可行性的评估，主要是从创业计划的真实性、盈利性、发展性等多个方面进行检验。总的来说，创业者对创业计划的检验是件非常细致的事情，需要创业者有很好的耐心和足够的敏感度。为了降低创业风险，就需要仔细推演和论证，在此基础上不断修正自己的创业计划。

在走上创业这条路之前，你应该先问自己以下几个问题，检验一下你的创业计划：

(1)你能否用语言清晰地描述出你的创业构想？

你应该能用很少的文字将你的想法描述出来。根据成功者的经验，不能将这一想法变成自己的语言的原因大概也是一个警告——你还没有仔细地思考吧！

(2)你真正了解你所从事的行业吗？

许多行业都要求选用从事过这个行业的人，并对其行业内的方方面面有所了解。否则，你就得花费很多时间和精力去调查诸如价格、销售、管理费用、行业标准、竞争优势，等等。

(3)你看到过别人使用过这种方法吗？

一般来说，一些经营红火的公司的经营方法比那些特殊的想法更具有现实性。在有经验的企业家中流行这样一句名言：“还没有被实施的好主意往往可能实施不了。”

(4)你的想法经得起时间考验吗？

当未来企业家的某项计划真正得以实施时，他会感到由衷的兴奋。但过了一个星期、一个月甚至半年之后，将是什么情况？它还那么令人兴奋吗？或许已经有了另外一个完全不同的想法来代替它。

(5)你的设想是为自己还是为别人？

你是否打算在今后 5 年或更长时间内，全身心地投入到这个计划的实施中去？

(6)你有没有一个好的关系网络？

开始办企业的过程，实际上就是一个组织诸如供应商、承包商、咨询专家、员工的过程。为了找到合适的人选，你应该有一个服务于你的个人关系网。否则，你有可能陷入不可靠的人或滥竽充数的人之中。

(7)你明白什么是潜在的回报吗?

每个人投资创业，其最主要的目的就是赚最多的钱。可是，在尽快致富的设想中隐含的不仅仅是钱。你还要考虑成就感、爱、价值感等潜在回报。如果没有意识到这一点，那就必须重新考虑你的计划。

### (四) 文化创意产业创业计划书的展示

1. 创业计划展示的准备

如果想做一个精彩的创业计划展示，就必须精心地准备，并经常进行模拟演练。巧妙构思展示的内容、制作专业的展示幻灯片，可以提高展示者的信心，使展示获得满意的效果。

(1)明确展示的目的与观众

在展示自己的创业计划之前，首先需要确定展示的目的，以及观众的相关信息。这步和撰写创业计划前的考虑因素一样，此处不再赘述。一切文字和表述都要有的放矢，知己知彼，方能百战不殆。

需要注意的是：创业计划必须严格保密，严防落入竞争者手中。为了保密，一般会限制创业计划的复本数量，对特定对象准备特定复本，要求接收文件者不用时将计划放在文件柜或办公室锁好以确保安全。创业计划的封面也会写明“机密文件，未经许可，严禁复印”等字样。

(2)确定展示的人员与方式

对人员的出场或“表演”方式，也可以适当地设计一些花样。一切都是为了更好地表现出创业者的精神面貌，以及产品的独特性。

(3)准备展示的素材和设备

目前在进行创业计划展示时，用到的素材包括创业计划书和展示幻灯片。如果有产品模型，就更是锦上添花了，可以省去很多烦琐的说明。如果需要视听设备，应事先准备好。

无论选择哪种方式展示，要注意展示过程中的核心元素是展示的人。所以展示的幻灯片一定要做得简明扼要，只提供展示的总体框架以及强调发言内容的重点，展示者要将观众的目光吸引到自己身上，再想方设法使展示变得生动有趣、充满激情。可以使用丰富的表情感染、鼓舞观众，也可以多和观众沟通、交流。

(4)进行展示的预演和调整

在正式展示之前，不妨和团队伙伴们一起进行模拟预演，可以请其他同学或老师扮演裁判，帮助你们把展示调整到最佳。练习得越多，你的表达会越熟练，就会表现得更自信、更完美。同时，在这个阶段也可以设想真实展示中可能遇到的种种问题或状况，做好迎接挑战的准备。

最后，再检查一遍必需的物件，回想一遍重要的问题，准时到达指定地点。

2. 展示的幻灯片设计技巧

(1)幻灯片内容设计示例

如前文所述，展示的幻灯片不宜过于复杂，应尽可能简单，不妨应用 6—6—6 法则，即每行不超过 6 个词语，每页不超过 6 行，连续 6 张纯文字的 PPT 之后需要一个视觉停顿(采用带有图、表的 PPT)等。

一般情况下，一场二三十分钟的展示需要 10—15 张 PPT。不追求全面，要抓重点，尤其是观众可能感兴趣的部分。一定要记住：展示的重点应放在观众而不是演讲者感兴趣的地方。下面是一个推荐的展示 PPT 模版，共计 12 张 PPT。

展示的 PPT 往往以标题幻灯片开始。该张 PPT 包括企业的名称/标志，创始人姓名和联系方式。

第一张 PPT：概述。对产品或服务进行简要介绍，对演讲要点做一简介，对该项商业活动带来的潜在收益(经济效益、社会效益)等进行简单说明。

第二张 PPT：问题。说明亟待解决的问题(问题在哪儿？为什么会出现该问题？如何解决问题？)；通过调查证实的问题(潜在顾客的需求是什么？专家有哪些建议？)；问题的严重性如何？

第三张 PPT：解决办法。说明企业的解决办法与其他解决方案相比的独特之处；展示本企业的解决方案在多大程度上可以改变顾客的生活，以及企业的解决方案有什么进入壁垒。

第四张 PPT：机会和目标市场。要清楚定位企业具体的目标市场，对目标市场的广阔前景进行展望；通过图表的方式展示目标市场的规模、预期销售额和预期市场份额等信息，说明拟采取什么方法实现销售计划。

第五张 PPT：技术。介绍技术或者产品或服务的独特之处，尽可能使对技术的描述通俗易懂，切忌使用专业术语进行陈述；展示产品的图片、相关描述或者样品，如果产品已经试生产结束，则最好展示样品；说明可能涉及的知识产权问题，以及企业采用的保护措施。

第六张 PPT：竞争。详细阐述直接、间接和未来的竞争者，展示创业计划书中的竞争者方格，说明和竞争对手相比的竞争优势。

第七张 PPT：市场和销售。描述总体的市场计划、定价策略、销售过程以及销售渠道。说明消费者的购买动机、企业激起消费者购买欲望的方法，以及产品或服务如何到达最终的消费者手中。

第八张 PPT：管理团队。介绍现有管理团队(团队成员的背景和专长，以及在企业中将要发挥的作用，如何进行团队合作等)，说明管理团队存在的缺陷或不足，如果有顾问委员会最好予以介绍。

第九张 PPT：财务规划。介绍未来 3—5 年企业总体的盈利状况、财务状况及现金流状况，尽量将规划的内容显示在一张 PPT 上，而且只显示总体数据，同时做好回答和数据相关问题的心理准备。

第十张 PPT：现状。用数据突出已经取得的重大进展，介绍启动资金的来源、构成和使用情况；介绍现有的所有权结构，介绍企业采用的法律形式及其原因。

第十一张 PPT：财务要求。如果有融资计划，介绍想要的融资渠道及筹集资金的使用方式，同时介绍资金筹集后可能取得的重大进展。

第十二张 PPT：总结。总结介绍企业最大的优势，团队最大的优势，同时介绍企业的退出策略，并征求反馈意见。

(2)10—20—30 法则

著名风投资本家盖伊将他的撰写创业计划方法概括为“10—20—30 法则”，对创业者撰写好创业计划很有借鉴意义。他建议，企业家在阐述商业计划时能用 10 张 PPT 在 20 分钟内用 30 号的字体将你的创业思想阐释清楚。这个法则适用于很多场合：公司融资、产品销售、合作伙伴洽谈，等等。

10 页是 PPT 演示最理想的页数。因为普通人在会议中很难接受和消化超过 10 个以上的概念，投资人也是如此。如果你的业务一定要用超过 10 页 PPT 才能解释清楚，那么说明你现在的业务模型需要调整。

20 分钟演示。你必须在 20 分钟内讲解清楚 10 页 PPT 的内容。也许你有 1 个小时的会议时间，但是之前需要预留时间调整投影仪和 PPT，之后还要考虑到部分人员可能迟到或者必须提早离开。所以理想的演示时间是 20 分钟，其余 40 分钟的时间预留给问题交流和其他意外情况。

30 号字。很多创业计划 PPT 中的字号都在 10 号左右，一页 PPT 中写满了文字，然后演讲者只是去读这些文字。这不是一种很好的方法，因为台下的人一旦发现你在照着读，那么他们会自己去阅读这些文字。而你读的速度肯定要慢于他们阅读的速度，最后造成你和你的观众不同步。

“10—20—30 法则”阐述了简洁对于创业计划书的重要性，不仅是内容，主要是思路。精简的内容意味着明确的思路，明确的思路意味着核心的优势。在竞争激烈，许多二三线队伍依赖细枝末节搏出位的中国创投市场，哪支团队能靠雷打不动的核心竞争力吸引投资人，他们一定是行业中最优秀的。

### （五）项目路演及注意事项

1. 项目路演

写好了文化创意创业计划书，只是融资的第一步。通常，投资人看到文化创意创业计划书之后，可以对项目做出初步判断。如果感兴趣，就愿意和创业团队见面沟通，通常是和 CEO 直接沟通，这种见面沟通也就是通常所谓的项目路演。项目路演通常分为公开路演与一对一路演，在路演中，需要掌握以下要点：

(1)热情饱满

作为一个创始人，必须发自内心地热爱自己所做的项目、所做的事情，向别人介绍项目的时候，让所有的人为创业者的热情所感动。

(2)逻辑清晰

有时候，创意还没开始做，或者说还是一个想法，但一定要把整个逻辑梳理清楚，可以没有完美的PPT，但一定要把整个创业的结构理清楚，为什么(这个创意)能够存在，为什么能够把它做成，未来它是个什么东西。创业者在打磨这个脉络的同时，也在梳理整个创业的想法。

(3)侧重公司介绍

路演重点，不要放在介绍行业上面，成熟的投资者不愿意花太多时间去听行业方面的介绍，创业者应该把重心放在介绍自己的文化创意公司上。

(4)表达生动严谨

每个部分讲什么要事先明确。路演过程中，所配合的PPT要简短、清晰、准确，并且要经过律师审阅，千万不可以出现招股书没有的内容，可以配合一些生动的故事来调节现场氛围。但是不要为了调节气氛而用一些无用的玩笑分散观众的注意力。

(5)关照受众疑惑

路演之前，需要对受众的感受有直观的预测，思考受众对创业公司有哪些疑问。把它整理出来并准备好答案。如果这些问题都能很好地解答，那么创业者在创业中真遇到这些问题的时候，便能够胸有成竹地应对。

(6)善待投资者

投资者跟创业者的关系类似创业者和股东的关系，要把每一个投资者都看成宝贵的资源。创业者应该善待每一个投资者，投资者愿意倾听文化创意商业计划书的介绍，说明愿意在创业者身上花时间，有了初步的投资的可能性，即使投资人不会立即做出对创业者进行投资的决定，但在未来的创业过程中也有可能对创业者提供帮助。要把握每一个机会。对创业者来说，现在创业除了选择方向以外，就是怎么样让业界相信创业者的故事。怎么样让业界的人愿意加入，一起来实现理想。

2. 项目路演及注意事项

创业者要敏锐预见观众可能会提出什么问题，为此创业者就可以做好准备。尤其面对投资者，他们可能会用挑剔的眼光看创业计划，这时，创业者可能会很泄气。其实投资者仅仅是在做分内的事情，提出的问题可能会有很大帮助，会给创业者很大启发。

回答问题阶段非常重要，此时投资者往往考察创业者是否挖掘到问题的本质，以及对新创企业了解多少。现场回答投资者问题要注意：

第一，对投资者问题的要点要准确理解，回答要具有针对性，而不是泛泛而谈。

第二，能在投资者提问结束后迅速做出回答，回答内容连贯、条理清楚。

第三，回答问题准确可信：回答问题建立在准确的事实和可信的逻辑推理上。

第四，特定方面的充分阐述：对投资者特别指出的方面能做出充分的说明和解释。

第五，整体答辩的逻辑性要求：陈述和回答的内容有一致性。

第六，团队成员在回答时有较好的配合，能协调合作，彼此互补，对相关领域的问题能阐述清楚。

## 拓展阅读

### 检验计划书的11条测验

1.“电梯”测验

你能在大约电梯上一层的时间里，用最多两个短句告诉我你的生意如何获利么？电梯测试是广为人知的电梯销售演讲的变本。你必须清楚你如何赚钱。商业计划必须简单明了。

用来检验新公司的一个测验就是看公司被解释的难易程度。如果一个人能在他的名片后面概括他的公司计划的话，通常意味着他能向员工、顾客和利益相关者描述公司的目标。

2.“最多三件事情”测验

成功有赖于创业者将其能力集中在有限的几个关键领域。当你审视一个商业创意时，需要问自己如下问题：这里决定我成功的三件事是什么？我具备在这个范围内成功的必备能力么？如果没有，如何获得？

3.“假如你是顾客”测验

把你放在潜在顾客的位置上。问自己一系列的问题：在已有选择的基础之上，我会买这个公司的新产品和服务么？如果是，为什么？作为一个潜在的买家，我是独一无二的么？还是很多人和我一样？我会以现在的全价购买产品和服务么？购买服务有多快？多容易？我会立刻购买，还是先了解一下？

4.“差异化和市场领导权”测验

成功需要你的生意与众不同并能统治一些东西。当小池塘里的大鱼比当大海里的小鱼要好得多。定义你的市场——即使它只是一个更大市场的一小部分。这样你才有与众不同之处吸引部分顾客，让你统治这个领域。与众不同者必胜，千篇一律者必败无疑。

5.“我会被包围吗?”测验

在创业之前，你必须估计很常见的现象带来的风险，以及妨碍你长期成功的可能性。要使公司具备一些结构特性，从而让供应商和合伙人难以竞争。从一开始你就要考虑你是否能有效构建你的公司，阻止合伙人和供应商复制你向顾客提供的价值的企图。

6.“成本翻番”测验

“成本翻番”测验的本质是：你预料到会出现问题，每件事都比预期的费用要高，通常需要更多的时间实现收益。这个测验检查你犯错误的回旋余地，很显然，余地越大越好。看一下你的利润计划(预期的花费、收益、取得收益的时间)问自己如下的问题：如果成本翻番，这还是一份好的商业计划么？如果第一年的收益只有预期收益的一半，成本又翻番，这还是一个好创意吗？

7. 留下“犯错误试验的空间”测验

好的商业创意通常留给你很大的犯错误的空间。记住，你最后挣的钱不一定来自于打算挣钱的地方。在你投入时间和精力检测你的公司前使用这个测验最有价值。一旦你已经完善了你的业务模式，就没必要选择如此大胆的假设。

8.“依赖性”测验

任何公司的重要风险来源之一就是对某个供应商或者顾客的巨大依赖。首要法则就是单一顾客不能占据一个公司销售额的35%。所以，问问自己：我的公司是否严重依赖某个公司呢？如果答案是肯定的，有办法减少这种依赖性或者减轻潜在的损失么？如果你打算创立的公司严重依赖某个公司，要考虑如下两个问题：这种依赖性会榨取我的利润么？如果我依赖的公司停业或者不再同我做生意，将会发生什么事情？

在当今激烈的竞争环境中，不幸的现实是公司不再像以前那样具有同样的价值了。过去，一个公司在一年中获得特定收入，下一年(管理良好的情况下)也会得到类似的收入。今天，因为没有持续创新，一个公司的收入将迅速逐年下滑。当今的买家要购买的是一个能够不断自我更新的产品，而不是一个一成不变的东西。

9.“多股收入流”测验

控制风险的传统方法之一就是多样化。这涉及公司收入，是指公司从多个来源获得收益的能力。

10.“脆弱性”测验

“脆弱性”测验，或者说用来分析商机的“最坏的情况是什么”的方法，是在开始时问这样一些问题：如果公司开业运转了，什么事情会让我的公司瞬间倒塌？我如何预测现有的和潜在的竞争者对我的公司做出的反应？是否有竞争者有能力将我的公司立刻扫地出门？为什么现有竞争者不会对我的进入做出反应？

11.“不只是一条路”测验

如果你的公司，或者你将使用的技能，能够灵活地朝多个方向发展，你将更有可能成功。但是如果你正在启动一个只有一条路可走的公司，那么停下来，反复思考，你没有多少犯错误的机会。

# 第八章　文化创意与知识产权

## 第一节　文化创意产业知识产权导论

文化创意产业萌芽于20世纪末的西方发达国家，发展于21世纪的世界各国。近年，随着产业结构的不断调整、创新型国家战略的全面实施以及党的十九大对我国社会主要矛盾的新判断，促使文化产品需求量迅速增大，如何满足广大民众不同层次、丰富多样的文化诉求，适应需求侧的变化，高质量公共文化产品和服务的供给侧改革势在必行。

现阶段，对于“究竟什么是文化创意产业”尚没有较为统一的认识，霍金斯这位世界创意之父认为：文化创意产业是在知识产权法保护范畴以内的经济部门，并认为知识产权法的每一类别都有庞大的工业与之相对应，加在一起“这四种工业(专利、版权、商标和设计)就组成创造性产业和创造性经济”，即文化创意产业。联合国教科文组织将文化创意产业定义为：依靠人的天赋、技能与智慧，借助于高科技来提升及创造文化资源，通过对知识产权的运用及开发，有高附加值产生，具备就业潜力以及创造财富的产业。文化创意产业的范围主要包括广告、建筑、艺术、工艺、设计、时装、电影、音乐、表演艺术、出版、研发、软件、玩具与游戏、电视广播、视频游戏等。

可以分为以下几种类型：(1)文化创意边缘产业；(2)文化创意核心产业；(3)文化创意外围产业。文化创意边缘产业主要包括：展览技术创新；广告技术创新；艺术品的修复技术创新、艺术品交易方式的创新；艺术品的鉴赏技术；文化用品及设备设计。文化创意核心产业主要包括：文化旅游产品的开发；文艺作品原创，比如影视、戏剧、音乐、美术、舞蹈等；书、报、刊、音像与电子出版物的出版及原创；广播影视作品的原创，电视、手机、数字电影、数字广播、网络数字音频等媒体的内容原创。文化创意外围产业主要包括：艺术品原创；广告策划、展台设计、展会策划；富有文化创意特色的广告设计、产品研发、时尚设计、服装设计、建筑设计等；游戏和动漫作品原创、游戏动漫衍生产品的营销与开发、网络动漫创作展出平台的设计与开发；文化旅游产品的营销创新；广告业态策划理念的创新。

## 一、文化创意产业与知识产权的关系

知识产权，也称为“知识所属权”，英文为“intellectual property”，其原意为“知识(财产)所有权”或者“智慧(财产)所有权”，也称为智力成果权。知识产权是关于人类在社会实践中创造的智力劳动成果的专有权利，各种智力创造比如发明、外观设计、文学和艺术作品，以及在商业中使用的标志、名称、图像，都可被认为是某一个人或组织所拥有的知识产权，主要包含著作权、商标权和专利权等。

### （一）知识产权与文化创意产业创意需求的激励作用

文化创意产业与知识产权具有天然的联系，知识产权是文化创意产业发展的核心内容，文化创意产业发展主要依赖知识产权的创造及产业化。知识产权属于无形财产的范畴，创造性智力成果是其客体，是创新的且非物质的知识。由此可知，文化创意产业中创意所具备的特征与知识产权客体所具备的特性是一致的、相通的，知识产权是创意产业产权化的创新成果形式。文化创意产业的发展是一个长期的过程，在这个过程中所产生的智力成果，不仅可以供自己使用，也可以通过授权、转让等方式许可他人使用，为企业带来更大的利润。知识产权制度使智力成果固定化，并使其交易得以实现，从资本上为文化创意产业的发展提供内在动力，同时，知识产权的制度保护能够使创意者从创意产品中得到收益，进而得到持续创新的驱动力。

### （二）知识产权的风险规避与文化创意产业的高风险性

文化创意产业发展的本质及核心是将良好的文化创意做成具备交换价值及使用价值的产品，借助市场机制，实现产品的社会价值和经济价值。然而，要想实现文化创意产品的交换价值和使用价值，往往存在诸多风险。由于文化创意产品本来就有“准公共物品”、“复制成本低”、“创造成本低”等显著特征，这些特征非常容易使文化创意产业受到损害，个体嗜好、炒作传播、时尚潮流、地域特色、文化差异以及社会环境等诸多因素可能对消费者意愿的不确定性产生影响。受上述两方面的影响，文化创意产品的交换价值和使用价值很难真正实现，成为发展文化创意产业的瓶颈。而知识产权制度则很好地解决了这一问题，知识产权制度给予生产者对其所创造出的知识产品进行商业利用的权利，在一定期限内享有独占权，排除侵害和竞争，借助市场交易得到丰厚的回报。由此可见，知识产权制度可以大大降低文化创意产业的潜在风险。

## 二、文化创意产业中知识产权保护存在的问题

近年，我国在知识产权保护方面采取了一系列措施，构建了较为完善的知识产权保护服务体系，并且获得了相对满意的成效，在一定程度上推动了文化创意产业的快

速发展。然而，文化创意产业发展的较高需求与知识产权保护的较低水平之间还存有很大差距：

### （一）侵权现象严重

由于文化创意产业自身的特殊性，其所遭受的侵权现象不同于其他行业。比如互动休闲娱乐与电脑软件、音乐、电视电影行业中遭受最多的侵权为“盗版与非法下载”，手工艺行业中遭受最多的侵权为“专利侵权”，时尚设计行业中遭受最多的侵权为“商标侵权”，建筑设计、广告设计行业中遭受最多的侵权为“强占作品”、“抄袭、剽窃”等。“盗版与非法下载”、“抄袭、剽窃”、“擅自使用”、“擅自复制”等成为侵权的主要形式。

### （二）政府市场监管和服务水平不高

文化创意产业要想真正实现产业化发展，那么，政府和社会提供的公共服务便成为必要支撑。知识产权保护能力的提高、意识的增强，不仅迫切需要相关政府部门的努力，还需要借助社会中介的力量。我国绝大多数地区的文化创意产业仍然处在起步阶段，需要中介服务机构的专业支持。文化创意产业的知识产权保护往往涉及相当多的行业和管理部门，如工商局、版权局以及知识产权局等一系列部门。

### （三）法律法规体系有待完善

知识产权保护的法律法规体系仍然有许多待完善之处。我国著作权法明确指出，随着产品的产生，自动获取著作权，但是要想对著作权所生成的证据加以保全，那么作者就应当对著作权登记加以申请，这便意味着作者要进行多次著作权登记，给企业和个人带来非常大的人力和资金压力；对录音录像制作者、表演者的保护范围狭窄，保护不够充分，仅仅有四项经济权利，也就是通过信息网络向公众传播的权利、复制权、出租权以及发行权。文化创意成果方面的法律保护存在真空地带，尤其是时尚设计、建筑设计和广告设计等行业，因设计作品有着较强的同质性，很难定义抄袭和剽窃，相关法律法规在版权保护、专利权保护的范围以及侵权的界定等方面依然存有许多空白。

### （四）知识产权保护意识不强

就文化创意产业而言，我国很多地区的政府支持力度大、扶持优惠政策多、投资大，但落实到直接与文化创意产业发展有关的知识产权政策的完善及制定上却明显不足。我国大多数文化创意企业规模相对较小，企业的知识产权保护能力不高、意识不强，很多企业的创作团队只有几个人，特别是在广告设计、时尚设计等行业更加突出。

## 三、文化创意产业的知识产权保护策略

### （一）提高知识产权保护意识

文化创意产业得以发展的根本在于创意，而知识产权则是创意的有效“保护伞”，因此，企业要最大限度地提高知识产权意识，提高自身的知识产权运用能力及保护能

力，以便使企业的创意能够日益充沛且源源不绝。文化创意企业可以建立内部知识产权制度，激励员工自主创新能力以及促进创新积极性的提高。与此同时，企业还应当加强创意产业价值链知识产权的保护及创造，这是因为要想实现文化创意产品，必须依赖于产业链，产业链的下游是按照大众需求所创造的衍生产品，而上游则是创意，衍生产品是文化创意产业的价值核心。

### （二）建立健全纠纷解决机制

我国知识产权纠纷解决机制有两个主要的问题：其一，制度短缺问题。诉讼拖延普遍存在，司法资源无法满足不断增加的知识产权。其二，知识产权纠纷解决机制无法顺应社会发展，无法做到与时俱进。因此，应当针对主要问题，将多元化的纠纷解决机制建立起来，切实实现重心由诉讼内向诉讼外的转移，同时把诉讼外解决纠纷的方式尽快纳入法制化轨道，逐步形成多元化的纠纷解决机制，以便更好地节约司法资源，并且将各类解决纠纷方式的优势充分发挥出来。

总而言之，文化创意产业知识产权保护的现状不容乐观。面对文化创意产业知识产权保护工作中的问题，政府、相关机构以及文化创意企业必须尽快地制定出行之有效的解决方法，实现文化创意产业有序、长远和健康地发展。

## 第二节　文化创意与版权

文化创意产业具有高知识性和强融合性特点，作为创意的智慧财产权，创意产业与版权制度密切相关。当前我国文化创意产业版权保护仍存在众多不足之处，文化创意产业版权保护制度还需进一步完善。

### 一、版权的基本含义

版权(英文名称：Copyright)即著作权，是指文学、艺术、科学作品的作者对其作品享有的权利(包括财产权、人身权)。版权是知识产权的一种类型，它由自然科学、社会科学以及文学、音乐、戏剧、绘画、雕塑、摄影、图片和电影摄影等方面的作品组成。它是用来表述创作者因其文学和艺术作品而享有的权利的一个法律用语，是对计算机程序、文学著作、音乐作品、照片、电影等的复制权利的合法所有权。除非转让给另一方，版权通常被认为是属于作者的。大多数计算机程序不仅受到版权的保护，还受软件许可证的保护。版权只保护思想的表达形式，而不保护思想本身。

版权的取得有两种方式：自动取得和登记取得。在中国，按《中华人民共和国著作权法》第二条规定“中国公民、法人或者其他组织的作品，不论是否发表，依照本法，享有著作权。”即只要创作的对象已经满足法定的作品构成条件，即可作为作品受到著作权法保护。在学理上，根据性质不同，版权可以分为著作权及邻接权。著作权是针对原创相关精神产品的人而言的，而邻接权的概念，是针对表演或者协助传播作品载体的有关产业的参加者而言的，比如表演者、录音录像制品制作者、广播电视台、出版社，等等。

## 二、文化创意产业的版权保护

版权是文化创意产业的核心，在我国知识产权法律体系中，版权法律保护主要包含三个方面。第一，是指国际公约。1992 年，我国成为《保护文学艺术作品伯尔尼公约》成员国。第二，是指在民法、宪法及法律法规中，与版权保护有关的法律法规。第三，是指我国著作权法及其他相关法规。随着形势发展对文化创意产业版权保护提出的新要求，《中华人民共和国著作权法》分别于 2001 年和 2010 年进行了重新修订。

版权保护是国家扶持文化创意产业的一项重要措施。版权保护也是文化创意产业快速发展的依托。当前，我国文化创意产业方面的版权保护依然存在许多不足之处，与世界发达国家的版权保护水平还有一定差距，主要体现在以下几个方面：

### （一）版权立法缺乏针对性的政策和法律

文化创意产业是新兴产业，需要在良好的版权法律保护环境下才能健康运行。当前，为了加强本国的文化产业发展，世界许多国家和地区都出台了相关法规和政策。在我国，《中华人民共和国著作权法》虽然为创意产业的发展奠定了基础，但针对性不强，缺乏系统化、体系化。第一，我国目前还没有专门的国家级法律法规，也无统一的、完整的分类体系；第二，与信息化的高速发展相比，针对网络传媒文化创意产业的版权法律制度还不够完善，甚至滞后。

### （二）版权管理机构设置和人员配备不足

在我国，由于版权特征和传播方式不同，权利人在对自己版权利益维护中很难控制。在国外，版权管理部门，一般由国家按照法律法规建立，也有的是权利人自发组织，设立程序简便，职能明确，管理到位。我国的版权管理部门，由国家版权局和相关协会共同组建，市场服务机制缺乏，行政管理色彩浓厚，还需要进一步加强版权管理部门的机构设置和人员配备。

### （三）版权保护行政执法有待改进

版权权益的保护不但需要完善的立法，还需要公平公正的行政执法。由于人力、物力、财力、执法队伍设置等一系列因素影响，我国版权行政管理机构在版权保护方面的主动性没有完全发挥作用，机构不完善、不健全、不到位，版权执法队伍和行政管理能力不足，地方保护主义对跨地区版权保护的负面影响等问题还比较突出。同时，文化创意产业的高风险、强融合性以及需求的不确定性，对版权的行政执法也提出了更高的要求。

### （四）版权保护的法律意识不强

我国文化创意产业的规范发展处在初级发展阶段，侵权、盗版是权利人无法回避的现实问题。其主要原因还是因为文化创意产业资源稀缺，版权保护法律意识不强。

### （五）版权价值评估标准化体系缺乏

以版权为主的无形资产是文化创意产业的核心资产，文化创意产业是通过知识产权保护，特别是版权保护来体现其价值的。版权评估，是对版权的无形资产价值进行规范评估。其价值的大小，决定着文化创意企业的核心竞争力。文化创意产业现有的融资难问题，就是版权资产的准确评估难，标准化的、规范化的版权评估能促进文化创意产业有效融资。而我国目前还没有形成系统的、统一的版权价值评估标准。

## 三、文化创意产业的版权保护对策

版权是文化创意产业的核心价值，版权保护决定文化创意产业竞争的大致走势。每个国家版权保护力度的不同，决定了不同的文化创意产业快速发展的前景。文化创意产业中的版权保护是一个系统工程。

### （一）完善针对性的法律规范

由于创意产业的特殊性，制定针对性的法律法规，积极创立文化创意产业市场主体地位，具有现实意义和社会意义。全面规范的法律法规，无论是对创意企业，还是对作者和使用人，都有很好的保护作用。所以，国家应统一文化创意产业的分类、定义和范围，对各种具体文化创意产业的版权类型，制定出规范性的、可操作性强的法律法规，完善相关立法。

### （二）建立健全版权管理机构

第一，为促进文化创意产业的长远发展，应加快推进各类版权集体管理部门的建立。当前，我国已建立的版权集体管理部门只有中国文字著作权协会、中国音乐著作权协会、中国音像著作权集体管理协会、中国电影著作权协会、中国摄影著作权协会五家，难以满足文化创意产业发展的需要。第二，加强版权集体管理部门行使监督职权。国家不仅要健全机构，同时还要加强监督职权的行使，建立并完善行业协会内部自律性管理和集体管理部门监督共同推进的协作监督机制。第三，建立公开、公正、透明的集体管理部门运作机制。这不仅能体现对版权权利人的尊重，也体现版权集体管理部门责任的要求。不同版权集体管理部门之间可以相互联系、相互沟通、相互合作，建立统一的、规范的版权作品信息数据库，收集数据，更新信息，共享资源的同时，也便于使用人进行授权信息检索和查询。

### （三）强化版权行政执法，畅通行政和司法保护衔接

创意产业的发展不仅要加强行政执法，也要与其他部门分工配合。两者相互配合，分工明确，权责清晰，能提高执法效率。版权行政管理部门在机构建设、队伍建设、执法信息交换建设方面要加大力度，以保证行政执法的效率，确保版权法律法规的有效实施。另外，要坚决打击利用现代交通运输工具，贩运、贩卖侵权盗版出版物的活

动，断掉盗版出版物运输及流通渠道。

### （四）建立健全版权保护管理机制

文化创意企业作为市场发展和经济运作的主体，必须具备良好的知识产权保护意识，尊重他人劳动成果，尊重法律法规。第一，文化创意企业要积极保护自己的文化创意成果。第二，文化创意企业要依照法律法规，规范版权使用程序。第三，文化创意企业要更新观念，加强建立版权管理保护理念。第四，积极引导消费者购买正版产品。

### （五）构建标准化的版权价值评估体系

文化创意产业的发展，要求加快建立标准化版权价值评估体系。传统评估方法滞后性明显，导致评估结果的不确定性，已经难以满足现有需求，影响到版权的交易和发展，迫切需要构建标准化的版权价值评估体系。具体措施包括以下三个方面：第一，建立与版权相关的标准数据库，通过规范化的管理系统，把版权交易中的版权价值进行量化。第二，规范版权评估市场，规范评估管理制度，建立标准化版权价值评估体系，明确版权评估机构资质。第三，充分发挥专业学者、专家、版权评估机构和文化创意企业在价值评估体系建立中的主体作用。

# 第三节　文化创意与商标权

文化创意产业的知识产权保护可以视不同情况选择《中华人民共和国版权法》《中华人民共和国商标法》《中华人民共和国专利法》和商业秘密等保护形式。如前文所述，文化创意作为一个产业集合，具备生产性、商品性的特点，即通过生产产品和提供服务获得尽可能多的经济收益，以实现产业的发展。《中华人民共和国商标法》与生产经营活动中的商品或服务密切相关，这为文化创意的商标法保护提供了基础。本节内容从介绍文化创意与商标保护切入，旨在探讨如何利用商标权保护文化创意，在此之前，必须要先理解《中华人民共和国商标法》中的基础内容。

## 一、文化创意与商标保护

商标作为传统三大知识产权之一，被认为与国家经济运行、企业生产和人们生活最直接相关，是企业的无形资产和财富，有些知名商标是企业的巨额财富。因此，有些经济学家把商标称为“永动的制钞机”。一件商标的战略价值往往是惊人的，从这个角度看，获取商标的费用则显得微不足道。

相对于传统行业而言，因为文化创意产业属于新兴产业，在商标注册、运用及保护方面有些不足。但随着文化创意产业的发展，文化创意的品牌意识已为众多文化创意企业所接受，文化创意企业渐渐意识到，在打造文化创意产品或服务品牌的过程中，商标保护起着无可替代的作用。

未来的市场之战或许就是商标品牌之战。保护品牌，保护商标，应该成为文化创意企业的共识。

## 二、认识商标

商标几乎是与商业同时产生的。商标可以让购买者在购买时估量所购物品的质量，也因此被认为是降低信息和交易成本的工具。我国于1982年8月23日通过了中国首部《中华人民共和国商标法》，并于1993年、2001年、2013年和2019年进行了修正。《中华人民共和国商标法》中对商标注册，审查和核准，注册商标的续展、变更、转让和使用许可，注册商标的无效宣告，注册商标的管理，以及注册商标专用权保护等问题做出了规定。

### （一）商标及商标符号

根据《中华人民共和国商标法》第八条的规定，任何能够将自然人、法人或者其他组织的商品与他人的商品区别开的标志，包括文字、图形、字母、数字、三维标志、颜色组合和声音等，以及上述要素的组合，均可以作为商标申请注册。商标被认为是无声的广告，具有识别商品或服务的来源、保证品质、促进销售、树立商业信誉的功能。商品或服务的提供者使用商标标明商品的来源，而消费者通过商标来区别同类商品，做出选择。现代商标也可以简单理解为由其合法所有人控制的标记。

常见的商标符号有®和TM，这两类符号代表着不同含义。符号®代表的是经核准注册的商标，即注册商标(Registered Trademark)；TM(Trademark)代表的则是非注册商标。

### （二）商标与商业标志

实践中，有些商业标志与商标有相似之处，如不加区分，就会给商标保护带来不利的影响。

1. 商标与商号

商号又称字号，即企业名称，企业可以在营业活动中持续公开使用，其主要功能是表明主体身份。商号通常前面附加行政区域，后面附加有限责任公司、股份有限公司等后缀，以表明其类型。

两者的主要区别在于：第一，适用法律不同。商标适用的是商标相关法律法规，商号适用的是企业相关法律法规。第二，使用范围不同。商号的对象是商事主体，商标的对象是商事主体所提供的商品或服务。第三，可拥有的数量不同。一个企业只能有一个商号，但一个企业可以有一个或数个商标，实践中，企业一般根据企业的经营状况及发展战略注册数个商标。第四，构成要素不同。商标可以由文字、图形及其组合、声音等构成，商号只能由文字、数字组成。

以华谊兄弟传媒有限公司(以下简称“华谊兄弟”)为例，华谊兄弟是商号，其代表的是商事主体，该商事主体可以有数个商标。在国家工商行政管理总局商标局官方网站上进行商标检索可以发现，华谊兄弟注册的系列商标中，以各字体的文字、文字加字母的形式居多；浙江广播电视集团注册的商标中有组合商标；咪咕文化科技有限公司注册了声音商标。

2. 商标与商务口号

商务口号一般只有几个字或者一句话，常与商标相配合出现在产品或企业的广告及宣传资料中，有时候，商务口号也被企业注册为商标。例如，我国很多综艺节目通常提出适合自己节目的口号，江苏卫视 2016 年 12 月开播的综艺真人秀节目《我们的挑战》就打出了“我们的挑战，就是了不起”的口号；东方卫视《欢乐喜剧人》的口号“搞笑，我们是认真的”，等等。中央电视台《动物世界》：“人类最亲的朋友”；《焦点访谈》：“用事实说话”；《百家讲坛》：“一座让专家通向老百姓的桥梁”，等等。大部分商务口号因缺乏独创性或显著性而不适合注册商标。可以注册为商标的商务口号需要具备简短易记、感染力强、朗朗上口、特点突出等特征。2015 年，上海玻璃鱼网络科技有限公司在第 35 类和第 42 类上申请注册“用事实说话”商标，目前商标状态显示“申请被驳回、不予受理等，该商标已失效”。(见图 8-1)

| | | | | | |
|---|---|---|---|---|---|
| 用事实说话 | 商品/服务 | | | | |
| | 类似群 | | | | |
| 申请/注册号 | 16149960 | 申请日期 | 2015年01月14日 | 国际分类 | 42 |
| 申请人名称（中文） | 上海玻璃鱼网络科技有限公司 | | | | |
| 申请人名称（英文） | | | | | |
| 申请人地址（中文） | 上海市浦东新区花木路718弄绿缘公寓5号-902室 | | | | |
| 申请人地址（英文） | | | | | |
| 初审公告期号 | | 注册公告期号 | | 是否共有商标 | 否 |
| 初审公告日期 | | 注册公告日期 | | 商标类型 | 一般 |
| 专用权期限 | | | | 商标形式 | |
| 国际注册日期 | | 后期指定日期 | | 优先权日期 | |
| 代理/办理机构 | 柜台办理 | | | | |
| 商标流程 | 点击查看 | 商标状态 | 无效(仅供参考) | | |
| 商标状态图标 | DEAD/APPLICATION/Refused/Dismissed or Invalidated<br>申请被驳回、不予受理等，该商标已失效 | | | | |

仅供参考，不具有法律效力

图 8-1 “用事实说话”商标注册驳回示例

## （三）商标的分类

依据不同的标准，商标可以分为不同的类别。依据是否注册，可以分为注册商标和非注册商标；依据使用对象的不同，可以分为商品商标和服务商标；依据商标用途的不同，可以分为集体商标、证明商标、联合商标和防御商标。

在以上商标分类中，联合商标和防御商标尤其值得关注。联合商标是指同一个商标所有人在相同或类似商品上使用的若干近似商标。防御商标是指在不同类别的商品或服务上注册若干相同的商标。注册联合商标或者防御商标是现代企业制定商标战略过程中经常使用的手段，企业往往将本企业的核心业务注册联合商标或者防御商标，目的在于限制别人在其他相关类别的商品或服务上运用或注册与其商标相近似的商标，对本企业的商标防御可以起到一定的维护作用。例如，迪士尼公司在我国注册了全类(第 45 类)的商标，即为典型的防御商标。阿里巴巴集团控股有限公司除了将“阿里巴巴”注册为商标之外，还注册了“阿里妈妈”“阿里爷爷”“阿里奶奶”“阿里宝宝”“阿里姐姐”(商标类别第 9 类、第 35 类)等，即为典型的联合商标。

因此，现代企业在经营过程中，应当学会善用商标，商标策略运用得当，就可以保护自己的创意，提升企业的知名度，树立并维持企业品牌，防止外部竞争者以及第三方对其价值进行侵蚀。

## （四）商标专有权的获得

在我国，商标专有权有原始取得和继受取得两种途径。原始取得是通过申请商标注册获得商标专有权；继受取得是通过转让或继承的方式获得商标专有权。本部分着重阐述商标专有权的原始取得。

1. 注册商标的考虑要素

企业做出了商标注册的规划之后，需要考虑商标的显著性、对该商标的投入，以及消费者对此商标的认同性等要素。

(1)关于显著性

商标要获得注册，必须具有显著性。根据《中华人民共和国商标法》第十一条的规定，缺乏显著性的商标主要有以下几种情况：

第一，仅有本商品的通用名称、图形、型号的。例如，腾讯科技(深圳)有限公司曾推出手机游戏“全民飞机大战”，2013 年 10 月，腾讯公司在计算机网络提供在线游戏等服务上申请注册同名商标，先后被国家商标局及商标评审委员会以该商标缺乏显著性为由予以驳回。虽然最后北京市高级人民法院经审理认定，“全民飞机大战”是腾讯公司开发的一款网络在线游戏的名称，并非仅直接表示服务的内容及全体特点，且经过宣传使用，取得了较高的知名度，应当认定为具有显著性。即便有可能被相关公众认为是一类游戏的通称，但整体上具有商标的识别作用，予以核准注册更为妥当，但是，腾讯公司申请注册商标的“一波三折”的过程应该能给企业提供了一定的警示作用。

第二，仅直接表示商品的质量、主要原料、功能、用途、重量、数量及其他特点的。例如，从事创业培训的公司申请注册“超级创业”的商标，很有可能被认定为仅直接表示了服务的主要功能和用途。

第三，其他缺乏显著特征的。例如，“美丽不打烊”这样的商标，构成部分“美丽”和“不打烊”没有显著特征，很难注册成功。

上述要素如果经过使用取得了显著特征，并便于识别的，才有可能注册成功。

(2)关于投入程度

在推广某种商品或服务的过程中，有时候需要持续投入资金，通过各种媒体传播信息，或者进行人际传播来进行推广，在推广过程中反复向公众呈现一个主题形象。一般情况下，企业的知名度和企业在竞争中的投入基本一致。换句话说，商标是产品宣传的核心部分，投入越多，商标的传播范围就会更广，更广为人知，该商品或服务的商标的价值就会越高。

(3)关于消费者认同

简单而言，消费者认同就是消费者头脑里的认知，认知一旦形成，就很难改变。如果商标推广卓有成效，在市场中获得认同，消费者就会对该商标念念不忘，消费时往往不假思索，直接选择该品牌的产品或服务。特劳特先生曾说过：“企业家须牢记，顾客心智中不存在企业，只有品牌。企业无法将整个组织装进人们头脑，只能将代表企业产品或服务的符号装入顾客头脑，这些符号就是品牌。”而品牌的核心符号往往表现为商标。因此，获得消费者的认同至关重要。

2. 国内商标注册

对于文化创意企业而言，注册商标必不可少。商标注册包括国内商标注册和国际商标注册，对于初创文化创意企业而言，首先应该了解并加以实施的是国内商标注册。国内申请商标注册的途径、所需资料和程序大致如下：

亲赴国家商标局注册大厅(北京)办理；委托商标局认可的商标代理组织委托办理。2017 年起，还可以通过互联网或者到所在地商标受理处提交申请资料。

申请所需

①商标图样；

②注册商标所要使用的商品或服务范围；

③身份证明文件：

A. 公司申请：需公司营业执照复印件；

B. 个人申请：需个体工商营业执照及个人身份证复印件。

申请程序

①申请注册之前，可以登录国家工商总局商标局网站需要对商标进行查询，如果在先没有相同或近似的，就可以填写并递交申请；

②商标审查阶段：

A. 形式审查

B. 实质审查

③商标公告(异议期间，3 个月)；

④发放注册证(公告期满，无人异议)。

商标注册时间视情况大约需要 12 个月左右。如果商标注册期间有人提出异议，则注册时间会延长。

### （五）商标专用权的正确使用

在我国，商标获得注册后，就产生受《中华人民共和国商标法》保护的商标专用权。商标权主要包括专用权、禁止权、使用许可权、转让权、续展权等内容。

1. 专用权

专用权是商标权的核心内容。《中华人民共和国商标法》第 56 条规定：“注册商标的专用权，以核准注册的商标和核定使用的商品为限”，因此，专用权中的使用范围是商标权人可在核定的商品上独占性地使用核准的商标。或者说是权利人对其注册商标专有使用，排除他人非法干涉的权利。

2. 禁止权

指商标权人有权禁止他人未经许可使用其注册商标。《中华人民共和国商标法》第 57 条列举了七种侵犯注册商标专用权的行为，其中有禁止权的规定，即“未经商标注册人的许可，在同一种商品上使用与其注册商标相同的商标的；未经商标注册人的许可，在同一种商品上使用与其注册商标近似的商标，或者在类似商品上使用与其注册商标相同或者近似的商标，容易导致混淆的”，均属侵犯商标专用权的行为这一规定，能更好地保护商标权人及消费者利益，防止不正当竞争，对于傍名牌、搭便车的行为从源头上予以遏制，维护商标信誉，防止混淆，使消费者权益得以保障。

3. 使用许可权

使用许可权指注册商标所有人许可他人使用注册商标的权利。这是商标贸易的主要途径，是商标权人对其权利的利用。通过对该权利的行使，权利人获得一定的经济利益，收益权随之实现。商标权人通过商标所有权各项权能的分离和恢复来实现商标价值。我国的商标许可主要有独占使用许可、独家使用许可、普通使用许可等几种形式。独占使用许可是指许可方通过许可合同的方式允许被许可方在规定的地区和指定的商品上独占、排他地使用注册商标。许可方不能再允许第三方使用，且许可方自己也不能在合同约定的范围内使用注册商标。独占使用许可的被许可方一般支付的使用费比较高。独家使用许可是指商标注册人在约定的期间、地域和以约定的方式，将该注册商标仅许可一个被许可人使用。这种方式排除第三人使用，但不能排除许可方的使用。普通许可则不具有独占性和排他性。

在使用许可中，双方都应该遵守相关法律法规。许可人应保证商标权的效力，不得擅自转让或注销注册商标；被许可人应按合同约定支付使用费；不得擅自转让使用权；必须在使用该注册商标的商品上标明被许可人的名称和产地；必须保证使用商标的商品的质量，不得损害消费者利益。

商标许可制度具有积极的意义，但也存在一些问题。如许可方盲目滥用使用许可权，采用普通许可方式允许多个企业使用注册商标，不考察被许可方的生产能力和信誉状况，搞所谓的连锁经营，导致监督不力，商品质量难以保证，造成商标信誉降低，最终失去市场。使用许可还可能导致被许可方丧失创新的动力，依赖他人的注册商标。

4. 转让权

指商标所有人依法将注册商标转让给他人所有的权利。《中华人民共和国商标法》未明确规定商标的转让原则，实践中采用自由转让原则。转让人和受让人应当向商标局提交转让注册商标申请书。商标局核准转让注册商标申请的，发给受让人相应证明，并予以公告。另外，需要注意的是，受让人应保证使用该注册商标的商品质量，类似商品使用同一商标不得分割转让，等等。

转让权与许可权的重要区别在于前者发生注册商标所有权的转移，原注册人丧失所有权，主体发生了变更，后者不发生所有权的转移，原注册人仍为权利人，仅仅发生使用权的转移，类似于有形财产的租赁。

5. 续展权

根据《中华人民共和国商标法》第三十九条、四十条规定，商标有效期为 10 年，自该商标注册之日起计算。有效期期满需要继续使用的，应当在有效期期满前 12 个月内按照规定办理续展手续，此为续展期。在此期间未能办理的，有效期满后 6 个月内商标所有人还可以申请续展注册，此为宽展期。期满未办理续展手续的，注册商标将会被注销。

## 三、文化创意中的商标保护

前文就《中华人民共和国商标法》规定的重要内容作了阐述，文化创意成果多种多样，其保护方式也多种多样，在文化创意成果中，创意衍生品、经过提炼的创意理念、创意形象设计以及特别的创意元素，等等，常被文化创意企业作为商标进行申请。

### （一）创意衍生品

文化创意的衍生品极为丰富，食品、日用品、装饰品、玩具，满足了人们的日常生活用品需求和人们的精神需求，涵盖衣、食、住、行、育、娱等各行各业。不管衍生品的表现形式如何，都可以归为商品或者服务，不管是商品还是服务，只要符合商标注册的基本条件，都可以甚至应当注册商标。

### （二）经提炼的创意理念

经提炼的创意理念主要表现为广告语或商务口号，商务口号前文已有相关内容，此处不再赘述。广告语是企业的宣传用语，其目的在于向消费者介绍自己的商品或者服务的特点，并宣传自己的企业文化。一般的广告语都比较简单，主要突出企业所提供的商品、服务或企业文化的核心内容。寥寥数语浓缩了丰富的商业信息。优秀的广告语也是一项好的创意。在我国，能否将广告语注册为商标有一定的争议。一般情况下，因广告语自身缺乏商标应有的识别功能，不能作为商标注册，除非能够证明通过使用获得了显著性。因此，以广告语的形式表现的创意要想获得商标意义上的保护，除了本身在内容和形式上具有一定独创性外，最好能够通过广泛使用而取得一定的显著性。

### （三）创意形象

创意形象设计主要包括卡通形象及所创作的其他形象，这些形象是文化创意企业重要的资源。一般而言，卡通或其他形象作为美术作品，自创作完成之日起即受到版权法的保护。但是，如果将“形象”创意作为商标予以保护，可以有效避免被他人抢注为商标，可以获得更长时间的保护。如果卡通形象作为版权加以保护，根据现行《中华人民共和国著作权法》第二十一条的规定，其著作财产权的保护期限为固定期限，保护期为作者有生之年及死亡后 50 年；如果是合作作品，截止于最后死亡的作者死亡后 50 年；作者为法人和其他组织的，保护期为 50 年，截止于作品首次发表后第 50 年的 12 月 31 日；但作品自创作完成后 50 年内未发表的，著作权法不再保护。注册商标后，则可以通过商标续展不断延长保护时间，理论上可受到无限期的保护。最重要的是可以在经营中实现创意价值的最大化。一旦“形象”注册成为商标后，即享有注册商标专用权，企业可以通过商标许可使用、商标转让、商标质押等多种形式实现更多的商业价值。

### （四）其他创意元素

文化创意中，除了上述内容外，声音（音响效果）或色彩也是常见的创意形式。例如，中国国际广播电台广播节目的开始曲，米高梅电影制片厂的狮吼声，都是文化创意企业利用声音建立起的品牌形象。人们一听到中国国际广播电台的开始曲，就知道节目开始了；一听到电影片头的狮吼声，就能识别这部电影出自米高梅公司。根据《中华人民共和国商标法》的规定，对于这一创意，可以通过商标注册来予以保护。但需要注意的是，并不是所有的创意声音都可以作为商标申请，如一首完整的歌曲和过于简单普通的音调或旋律都不能作为商标注册，只有具有独创性和识别力的一段乐曲或声效才可以作为商标申请注册。

色彩这一元素在创意中也经常用到。不同的颜色及其组合可以赋予品牌个性，传递企业精神。如星巴克的绿色、Christian Louboutin 品牌的“红底鞋”都代表着各自的品牌文化。在我国，根据《中华人民共和国商标法》第八条的规定，只有两种以上的颜色组合才可以申请注册为商标，而单一的颜色则被排除在外。由此可见，企业若有颜色组合方面的创意，完全可以利用申请商标注册的方式寻求对该创意的垄断和保护。当颜色成为注册商标，会带来源源不断的利润。

总而言之，商标凝聚着文化创意企业商品或者服务的品质及企业声誉。将文化创意成果中符合商标申请条件的部分及时注册为商标，一方面可以统一企业形象，开拓衍生产品市场，树立自己特有的品牌；另一方面也可以防止别人恶意抢注，避免自己卷入无谓的纠纷。

## 第四节　文化创意与商业秘密

创意创新与商业秘密紧密相连。商业秘密是企业重要的财富，一个企业可能没有商标权、专利权，但一定会有商业秘密。或者说，商业秘密是每个企业安身立命之本。禁止"盗窃"是一个古老的法律观念，商业秘密应该受到法律保护这一观点已成为全世界的共识，而如何保护商业秘密需要专门的法律知识与技能。

### 一、商业秘密概述

#### （一）商业秘密的含义

我国对商业秘密的法律规定主要来自《中华人民共和国民法总则》《中华人民共和国合同法》《中华人民共和国反不正当竞争法》。2017 年 10 月 1 日，《中华人民共和国民法总则》正式施行，商业秘密纳入了知识产权保护的客体。另外，2017 年 11 月 4 日通过的《中华人民共和国反不正当竞争法》的修订案，对商业秘密保护条款进行了完善，修订后的《中华人民共和国反不正当竞争法》第九条进一步明确了商业秘密的含义及侵犯商业秘密的具体情形，2019 年 4 月 23 通过的《中华人民共和国反不正当竞争法》修订案再次完善了商业秘密的定义，进一步明确了侵犯商业秘密的手段，进一步强化侵犯商业秘密行为的法律责任，并将经营者之外的其他自然人、法人和非法人组织纳入了侵犯商业秘密责任主体的范围。标志着我国对商业秘密保护越来越重视。

2019 年修订的《中华人民共和国反不正当竞争法》第九条对商业秘密的含义进行了修正："本法所称的商业秘密，是指不为公众所知悉、具有商业价值并经权利人采取相应保密措施的技术信息、经营信息等商业信息。"从这一规定，可以看出能够构成商业秘密的信息除了包括技术信息和经营信息两大类，还包括其他商业信息。只要商业信息同时符合非公开性，具有商业价值，采取了保密措施进行保护这三个条件。

#### （二）构成商业秘密的条件

1. 具有非公开性

具有非公开性即不为公众所知悉，不能从公开渠道直接获得，这是构成商业秘密的首要条件。实践中，证明商业秘密的非公开性较为困难。《最高人民法院关于审理不正当竞争民事案件应用法律若干问题的解释》第九条规定：有关信息不为其所属领域的相关人员普遍知悉和容易获得，应当认定为《中华人民共和国反不正当竞争法》第九条第四款规定的"不为公众所知悉"。具有下列情形之一的，可以认定有关信息不构成不为公众所知悉：

该信息为其所属技术或者经济领域的人的一般常识或者行业惯例；该信息仅涉及产品的尺寸、结构、材料、部件的简单组合等内容，进入市场后相关公众通过观察产品即可直接获得；该信息已经在公开出版物或者其他媒体上公开披露；该信息已通过公开的报告会、展览等方式公开；该信息从其他公开渠道可以获得；该信息无需付出一定的代价而容易获得。

2. 具有商业价值

这一条件表明商业秘密能够给其权利人带来现实的或潜在的商业价值。值得注意的是，具有商业价值并不意味着只有运用于商业上的信息才受法律保护，一些尚处于开发阶段的技术或者是即将投入实际运用的信息，也属于商业秘密的范畴。

3. 经权利人采取保密措施

从现行国家法律法规看，目前对采取保密措施要求并不高。同样还是《最高人民法院关于审理不正当竞争民事案件应用法律若干问题的解释》第十一条规定：权利人为了防止信息泄露，所采取的与其他商业价值等具体情况相适应的合理保护措施，应当认定为保密措施。人民法院应当根据所涉信息载体的特殊性、权利人保密的意愿、保密措施的可识别程度、他人通过正当方式获得的难易程度等因素，认定权利人是否采取了保密措施。第十一条中列出的可以获得支持的具体情形：

(1)限定涉密信息的知悉范围，只对必须知悉的相关人员告知其内容。

(2)对于涉密信息载体采取加锁等防范措施。

(3)在涉密信息的载体上标有保密标志。

(4)对于涉密信息采用密码或者代码等。

(5)签订保密协议。即通过与员工签订保密合同、保密条款或竞业限制协议来防止企业商业秘密随着员工的流动而外泄。

(6)对于涉密的机器、厂房、车间等场所限制来访者或者提出保密要求。

(7)确保信息秘密的其他合理措施。即企业只要稍稍采取了一些合理的、适当的保密措施就可以理解为采取了合理措施。

### （三）侵犯商业秘密的具体情形

根据《中华人民共和国反不正当竞争法》第九条的规定，经营者不得实施下列侵犯商业秘密的行为：第一，以盗窃、利诱、胁迫或者其他不正当手段获取权利人的商业秘密；第二，披露、使用或者允许他人使用以前项手段获取的权利人的商业秘密；第三，违反约定或者违反权利人有关保守商业秘密的要求，披露、使用或者允许他人使用其所掌握的商业秘密。第四，教唆、引诱、帮助他人违反保密义务或者违反权利人有关保守商业秘密的要求，获取、披露、使用或者允许他人使用权利人的商业秘密。

第三人明知或者应知商业秘密权利人的员工、前员工或者其他单位、个人实施本条第一款所列违法行为，仍获取、披露、使用或者允许他人使用商业秘密，视为侵犯商业秘密。

## 二、文化创意中的商业秘密保护情况

从我国现行的商业秘密保护法律体系来看，文化创意产业中商业秘密的保护存在很多问题，主要有以下三方面：

第一，没有统一的商业秘密保护法。文化创意领域在寻求商业秘密的法律保护时就会发现，我国关于商业秘密的保护散见于《中华人民共和国反不正当竞争法》《中华人民共和国民法总则》《中华人民共和国合同法》等通用法律中，其中有不少法律规定为原则性规定。另外，司法实践中还存在着判决结果不统一的现象。

第二，现有法律规定难以满足文化创意产业的需求。例如，对于商业秘密，虽然2019年4月通过的《中华人民共和国反不正当竞争法》将其规定为“技术信息和经营信息等商业信息”。在司法实践中，对“技术信息和经营信息等商业信息”到底包括哪些信息还没有定论，只有进行扩张性解释，才能将文化创意的相关内容纳入商业秘密的范畴。

第三，文化创意领域的从业人员保护商业秘密的意识不够。在我国，社会公众普遍对商业秘密的认知不足，没有意识到商业秘密保护的重要性，更谈不上主动保护商业秘密，文化创意领域的从业人员也存在这种现象。

目前，我国立法、司法上越来越重视商业秘密保护。但如上文所述，商业秘密在我国被认知和接受的时间并不算太久，许多问题亟待梳理、探索和完善。而文化创意产业作为正在发展壮大的新兴产业，在商业秘密保护方面也亟待完善。完善的商业秘密保护可以保护和激励文化创意的产生，维护市场的竞争秩序。

## 三、文化创意中的商业秘密保护措施

文化创意自身的特点决定了有相当一部分创意只能用商业秘密的方式加以保护。例如，策划创意、营销创意等内容无法适用《中华人民共和国著作权法》《中华人民共和国专利法》《中华人民共和国商标法》等法律的保护。但这些内容一旦泄露，或者遭到竞争对手窃取，或被离职员工带走，会成为妨碍文化创意企业发展的绊脚石，尤其是对于竞争力相对较弱的中小型创意企业而言，选择商业秘密保护创意资源和产品是十分有利的。与其他知识产权的保护方式不同，商业秘密不要求创意具有新颖性，不要求履行注册或登记手续，也没有时间性、地域性的限制。而是要求商业秘密的权利人积极主动事先预防文化创意的泄露。尽管我国商业秘密保护存在许多问题，在现行法律框架下，合理合法地运用商业秘密保护文化创意，依然是文化创意企业明智的选择。

### （一）清晰认定商业秘密

商业秘密保护的前提是清晰的认定。文化创意企业首先应该确定本企业内部有哪些文化创意属于《中华人民共和国反不正当竞争法》中规定的技术信息和经营信息，并将构成商业秘密的种类罗列出来，进行分级管理，划分和确定商业秘密密级，突出重点，确保企业核心秘密的安全。一般而言，“绝密”“机密”和“秘密”三个级别足以将公司的商业秘密区分开。要做到这一点，文化创意企业应该建立由公司高层直接负责的商业秘密管理机构，或者确定有相关专业知识的专门人员负责管理。只有这样，才能清晰认定，适当采取各种措施。

### （二）科学打造文化创意企业保密制度

文化创意企业应该建立周密的商业秘密保密制度，包括制度文本、与员工的关系、企业对外宣传等各方面内容，打造企业商业秘密的制度保护网。

第一，从企业制度规章角度来说，文化创意企业应拟定商业秘密保密措施，或列入员工手册，或在办公场所公开区域加以悬挂张贴，随时提醒企业员工对本企业商业秘密的保密义务。

第二，从与员工的关系角度来说，应该与本企业相关员工签订保密协议或竞业禁止协议，以防止商业秘密随着员工的流动而外泄，并定期或不定期地对员工进行保密教育或宣讲，让保护商业秘密成为员工的信念。

第三，从企业对外宣传角度来说，文化创意企业应建立信息披露制度，严格管理企业的宣传活动及创意成果的公开和报道事宜，最大限度地防止在对外宣传和广告中泄露自己的商业秘密。经常会有企业在对外宣传过程中，为了吸引客户，或者迎合宣传的需要，过早地公开企业的商业秘密而导致文化创意的流失，给企业带来巨大损失。

另外，文化创意企业还应该根据本企业业务的发展、国家法律法规的修改，及时对企业的保密制度加以修改完善。只有这样，才能有效避免文化创意被窃取的现象发生。

### （三）严格管理涉密文件

涉密文件的管理是商业秘密保护中非常重要的一个环节。涉密文件是商业秘密的载体，主要是指以文字、图表、音像及其他记录形式记载商业秘密内容的资料，包括公文、书刊、函件、图纸、报表、磁盘、胶片、幻灯片、照片、录音带等。为防止商业秘密侵权，企业需要严格管理涉密文件，将涉密文件单独保存，限制传阅范围，不允许私自复制；每份涉密文件都应采取各种技术措施，或加水印，或根据分级加盖不同的保密章；或锁入保险柜，或由专门的保密人员负责管理。严格管理涉密文件不仅事关商业秘密性质的认定问题，还可以为将来的维权提供证据支持。

尤其值得提醒的是，在互联网时代，商业秘密的传播速度更快，传播范围更广，给商业秘密保护带来了更多困难。很多情况下，企业员工无需带走任何书面文件，只要动动鼠标或手机，企业的商业秘密就被带走了。因此，文化创意企业要想保护好自己的商业秘密，除了用传统方式管理涉密文件，还要紧跟时代潮流，更新技术措施，才能较好地防范本企业商业秘密向外散播。

## 第五节　文化创意的知识产权风险与对策

创意是产生新事物的能力，文化创意的“创意”二字用知识产权法的语言来演绎，可以认为是首创或独创。简而言之，首创是前人和其他人没有的，例如，中国的京剧、武术就属于中国首创。独创的含义是虽然由别人首先创造，但经过作者的设计、编排，有了新的个性，形成新的东西。不管是首创还是独创，如果不加以保护，都存在被侵权的风险。因此，运用各类知识产权保护“创意”是我国文化创意产业发展的重要因素。

### 一、文化创意的知识产权风险

表现为无形财产的文化创意成果一经公开，创作者就很难控制其传播和使用，尤其是在互联网时代，复制、使用和传播他人的智力成果易如反掌，剽窃他人的创意现象层出不穷。如果不加控制，会导致创作者在创作过程中花费的时间、人力、物力等投入难以收回，经济利益无法得到保障，创作者的创意就会失去其应有的价值，最终妨碍文化创意产业和创意产品的可持续发展。本部分内容在前文介绍版权、商标权及商业秘密相关知识的基础上，将文化创意产业链分为开发阶段、生产和销售阶段以及衍生品阶段，分别介绍这三个阶段的知识产权风险，以及如何选择不同的权利形态进行知识产权风险的防范。

#### （一）开发阶段的知识产权风险

开发阶段是文化创意成果的起始阶段。对文化创意而言，这一阶段的知识产权风险主要是版权风险和商业秘密侵权的风险。

第一，版权风险。根据文化创意产业的不同类别，开发阶段主要涉及各类方案的开发，例如，创意构思广告方案、时装设计方案、剧本构思方案、游戏设计方案、电视节目设计方案等内容。因此，这一阶段涉及的知识产权主要类型是版权，包括尚在开发过程中的创意，已经有部分或全部表达的创意。

第二，商业秘密风险。对于创意开发方而言，参与项目一般都需要招投标。不管是广告方案、时装设计方案，或者其他相关方案，在这一阶段如果需要招标，就需要披露创意方案。此时涉及的知识产权风险则主要是商业秘密的风险。事实上，在文化创意的开发阶段，即使一个细节的透露也可能导致企业永远丧失这个商业秘密，之前的努力就会付之东流。

此外，在文化创意的开发阶段还存在其他风险。例如，员工所创作作品的归属问题，本单位的员工是否保守商业秘密的问题。

#### （二）生产和销售阶段的知识产权风险

文化创意的生产和销售阶段是知识产权侵权行为的高发阶段，在这一阶段，涉及的知识产权风险类型主要为版权、商标权或者商业秘密侵权，如营销策略、市场宣传和推介方案等。当然，也存在专利权被侵权的情况，本书未涉及专利权之内容，此处不详述。

1. 生产阶段

不同类型的文化创意企业在生产过程中往往都会涉及版权、商标权、商业秘密等知识产权问题。如果不加以重视，不对生产过程中涉及的知识产权状况进行评价与确定，不要求合作方提供涉及的知识产权权属证明。特别是在委托创作、委托加工等相互合作生产的过程中，例如，影视剧本委托创作，广告设计委托创作等，如果不明确合作双方的相关知识产权权责，就会导致各类型知识产权风险的产生。

2. 销售阶段

文化创意企业在销售过程中，除了产品本身涉及知识产权问题之外，产品推广的广告说明、销售策略和市场推介方式都有可能涉及知识产权保护问题。以产品营销广告为例，如果在做出广告方案之前缺乏调查，例如，未对广告主题词、广告使用的图片做必要检索，就有可能涉及版权、商标权等问题，导致企业陷入知识产权的困境。

### （三）衍生品阶段的知识产权风险

衍生品阶段是文化创意产业链的最后阶段，是指文化创意产业下游的产品，文化创意产业的衍生品往往能引发消费者的追捧与购买。衍生品内容广泛，包括服装、玩具、文具、公园、主题乐园等。衍生品的开发模式又包括自行开发和他人代为开发，这又会涉及与他人合作及授权相关事宜。例如，众所周知的美国迪士尼公司除了出品以“米老鼠”形象为核心的动画片外，还在世界各地建造迪士尼主题公园，出售迪士尼形象的玩具、服装、纪念品。还有，近几年受到许多人追捧的 Line Friends 的经营非常多元化，从线上的表情包到线下实体店，再到各类衍生品的开发，包括文具、饰品、餐具、餐饮、家居、彩妆等。

由于衍生品涉及行业众多，因此这一阶段涉及的知识产权问题更为广泛，相应地，知识产权的风险就会更大，会涉及到著作权、专利权、商标权、商业秘密等类型。

## 二、文化创意知识产权的风险防范

风险防范是对文化创意企业强有力的保障，创意企业应在文化创意的开发、生产和销售及后期衍生品等不同阶段，根据自身创意产品的知识产权权利客体选择采用著作权、商标权、专利权、商业秘密等多种手段保护文化创意，建立交叉保护的立体防御体系。只有对文化创意产业每个阶段的知识产权保护都高度重视，才能实现文化创意产业的跳跃式发展。

### （一）开发阶段

在这一阶段，根据企业的具体情况，应注重对文化创意的版权风险和商业秘密侵权风险进行防范。尤其是版权风险的防范，贯穿创意开发、生产、传播到衍生产品阶段等文化创意产业链的全过程。在文化创意产业中，凡是具有独创性并能以某种物质形式复制的作品均可以获得著作权的保护。即便创作者的创意处于构思过程，但仍可能具有初步的表达形式，当然也应当受到著作权法的保护。因此，文化创意企业首先应学会利用著作权的限制制度，合理合法地使用其他著作权人的作品，以最小的投入获得最大的回报。此外，可以采取如下措施进行防范。

第一，及时进行著作权登记。根据《中华人民共和国著作权法》的规定，作品自创作完成之后即获得著作权保护，并不以著作权登记为必要条件，我国的版权登记采取自愿原则。需要注意的是，著作权登记的作用主要是对著作权人身份的认定，登记证书可以作为权利人的初步证据，也是权利人许可使用和转让版权的重要凭证。因此，对于具有现实或潜在经济价值的文化创意成果建议及时进行著作权登记。

第二，发布商业秘密声明。在创意开发阶段，涉及需要向对方单位或者因宣传需求披露相关创意方案时，应当首先声明所涉创意方案是商业秘密，方案中的文字、美术或其他作品的著作权，未经允许他人不得擅自使用。并注意签订保密协议，要求参与者或者相关人员不得向外透露创意方案的内容。也可以在向他人发送电子文档或纸质策划方案时，同时附上回执要求签署，证明他们已收到策划方案，知悉方案内容，以便日后维权时作为证据使用。

第三，注意保留相关证据。不管是版权风险或商业秘密风险，创作者一定要注意此阶段形成的草图、草稿、与他人往来记录等初步资料的收集和保存，作为日后维权的初步证明。

### （二）生产和销售阶段

对于文化创意企业来说，为防止已有的创意由于未及时受到知识产权保护而化为乌有，创意企业应当未雨绸缪。在这一阶段，文化创意企业可以采取如下措施保护创意。

第一，版权风险防范。即对生产阶段出现的符合版权法保护条件的作品要及时采取相关措施加以保护，关于版权风险的防范，可参考开发阶段的防范方式。

第二，商标风险防范。即对于文化创意成果中可能商品化的文字、图形等创意元素，及时进行国内或者国际商标注册。由于我国注册商标所需时间比较长，如果没有提前布局，只能通过签订商标转让合同进行商标受让可以解决燃眉之急。

第三，商业秘密风险防范。即对于该阶段所涉及的商业秘密，可以与企业员工签订保密协议，或采用防伪标签、激光标注、数字加密等通用技术措施，以商业秘密的方式自主给予保护。

生产和销售阶段涉及的知识产权问题很多，如果只注重某一知识产权风险的防范不足以保护文化创意企业，就需要从各方面考虑知识产权的风险问题。例如，动漫产业中，针对盗版、抢注商标等现象可以采取以著作权为中心、多领域同时保护的多维保护模式。动漫作品中独立的动漫形象可以单独进行版权登记，同时，对动漫形象可以进行全方位的商标注册。对于动漫形象所依托的故事可以以作品形式进行版权登记；软件产业中，可以把计算机程序、网游人物形象等以作品形式进行版权保护，可以把将游戏中的典型人物形象注册成商标。另外，由于软件产品进入生产阶段遭遇侵权后难以被发现、难以固定证据，为了预防风险，企业需要事先就软件的版权归属、对相关员工的奖励等事项进行明确的约定；并对游戏软件开发加强保密措施，与员工签订保密协议，加强对游戏开发人员的约束。委托他人代为开发游戏软件的，委托企业还应当与受托人签订保密协议，约定受托人对委托人提供的与开发游戏相关的信息承担保密义务等。

### （三）衍生品阶段

衍生品不是创意符号的简单重复，而是对创意元素的深入挖掘，是文化创意空间的拓展。文化创意从业人员应该首先转变衍生品开发的观念，不要只把衍生品看成是创意产业的附属品，而应把衍生品看作文化创意产业的重要组成部分。充分认识到这一阶段的知识产权保护不但能增加产品的附加值，也能增强消费者对文化创意企业文化的认同感。在这一方面，可以借鉴国外许多创意企业的经验。

这一阶段的知识产权风险呈现多元状态，风险比较大。首先，创意开发者应加强衍生品产业的知识产权战略意识，做好常规的版权、商标权、专利权及商业秘密的风险防范。其次，关注衍生品开发与销售过程中的授权与合作的关系，特别需要注意的就是授权或转让合同(包括版权、商标权等)的签署。尽量在合同中明确约定授权方式、预交金额的性质、售后利润的分配比例等重要内容。

实践中，文化创意产业行业众多，企业类型众多，不同行业不同类型的文化创意企业都具有自身的行业特点，因此，文化创意企业应当结合自身特点，建立完善企业知识产权管理机制，以加强本企业知识产权成果的管理和运用，有效地保护和利用知识产权。概括而言，应从以下方面加强知识产权保护。第一，建立健全的企业知识产权管理制度。健全的知识产权管理制度应当包括成果登记、知识产权相关权利的申请以及保密等制度，做好文化创意企业知识产权的开发、运营和保护，以实现利润的最大化。第二，在企业内部建立预警机制，避免出现本企业侵犯他人知识产权的情况。第三，在企业内部建立监控机制。定期监控企业可能发生的纠纷以及对企业的损害程度，及时向管理层发出警示，并提出防范预案。第四，适时通过司法途径保护本企业知识产权。

## 三、文化创意知识产权争议解决

无论知识产权风险防范措施做得多严密，都有出现知识产权争议的可能性。由于知识产权包含的内容较广泛，所以，涉及知识产权争议类型也就有很多，知识产权争议的解决方式主要有协商、调解、仲裁、诉讼等。

### （一）协商

协商是解决知识产权争议的首选方式，指双方当事人在知识产权纠纷发生后，通过直接的协商和谈判，自行达成和解协议，从而使纠纷得到解决的活动。协商解决知识产权争议最大的优点是可以免去讼累。但需要注意的是，实践中，由于不少知识产权纠纷涉及金额巨大，双方诉求差别很大，难以通过协商加以解决。

### （二）调解

调解是指知识产权纠纷发生后，经双方当事人申请，由调解人从中协调，使双方当事人在自愿协商的基础上，互作让步，达成协议，从而使纠纷得到解决的活动。目前，在理论和实务界较为认同的知识产权调解类型有三种，即民间调解、行政调解和司法调解。狭义上的民间调解主要指人民调解，广义上的民间调解则包括人民调解、行业调解、商事调解、律师调解、专家调解等多种形式。在知识产权纠纷解决方面，调解因其具有低成本、自治性、保密性等特点，渐渐受到当事人的认可。

### （三）仲裁

仲裁指的是知识产权争议双方当事人在自愿基础上达成仲裁协议，将其争议提交仲裁机构审理，由仲裁机构做出对争议双方均有约束力的裁决的解决纠纷的制度。

与诉讼相比较，仲裁有不公开审理、一裁终局等特征。这些特征使得知识产权争议比较适合采用仲裁的方式解决。除当事人有约定之外，仲裁审理程序不公开，这就降低了商业秘密和企业商誉受损害的概率，有利于知识产权的保护。根据“一裁终局”原则，其案件处理的时间会相对比较短，当事人可以减少时间成本，及时得到救济。另外，双方当事人在仲裁中的对抗性比在诉讼中的要小，对继续保持合作关系有利。需要注意的是，知识产权仲裁需要双方在自愿基础上达成仲裁协议。

### （四）诉讼

诉讼是知识产权争议公力救济的主要方式。争议双方通过诉讼解决争讼，侵权者获得赔偿。知识产权诉讼类别和管辖情况如下：

1. 知识产权诉讼类别

知识产权诉讼主要包括知识产权的民事、行政和刑事诉讼，具体如下：

(1)知识产权民事诉讼

A. 知识产权侵权诉讼：包括侵犯《中华人民共和国民法总则》予以明确的民事权利，也包括《中华人民共和国反不正当竞争法》规定的不正当竞争行为。

B. 知识产权归属诉讼：又称权属纠纷，是就知识产权权利归属发生的诉讼。

C. 知识产权合同诉讼：是就知识产权的取得、转让、使用等交易行为产生的纠纷，在取得环节与权属诉讼有交叉。

(2)知识产权行政诉讼

A. 因国家知识产权行政机关的行政确权行为引起的诉讼：当事人对确权决定不服

可以向行政裁判机关(即专利复审委员会和商标评审委员会)申请复审，对该复审决定(其实质是行政裁判)不服提起的行政诉讼。

B. 因国家知识产权行政机关的具体行政行为引起的诉讼：主要是指在知识产权确权和转让、使用过程中，确权机关对当事人做出了行政决定、行政许可和行政处罚，行政相对人不服而提起的行政诉讼。

C. 因地方知识产权管理机关行政执法引起的诉讼：行政相对人对行政处罚或者调解决定不服的，可以向该行政机关所在地人民法院提起行政诉讼。

(3)知识产权刑事诉讼

《中华人民共和国刑法》分则第三章破坏社会主义市场经济秩序罪的第七节为侵犯知识产权罪，其中包括：假冒注册商标罪；销售假冒注册商标商品罪；非法制造、销售非法制造的注册商标标识罪；假冒专利罪；侵犯著作权罪；销售侵权复制品罪；侵犯商业秘密罪。同时规定，单位犯侵犯知识产权罪的，对单位判处罚金，并对其直接负责的主管人员和其他直接责任人员，依照刑法的规定处罚。

2. 知识产权案件的管辖

一般情况下，我国一审知识产权案件的管辖是我国基层人民法院和中级人民法院。2014 年以来，北京、上海、广州知识产权法院陆续揭牌成立，属中院级别，这正式开启了我国知识产权法院专业审判的新纪元。

在知识产权审判过程中，知识产权法庭作为法院的附属单元，在灵活性方面要超过法院。我国早在 2009 年就设立了珠海市中级人民法院高新区知识产权法庭，集中管辖珠海市全市范围内知识产权民事、行政和刑事诉讼案件。2017 年，最高人民法院陆续批复 10 个知识产权法庭。2017 年 1 月，最高人民法院同意南京市、苏州市、武汉市、成都市中级人民法院内设专门审判机构，并跨区域管辖部分知识产权案件。2017 年 8 月，最高人民法院同意在杭州市、宁波市、合肥市、福州市、济南市、青岛市中级人民法院内设专门审理知识产权案件的机构，并跨区域管辖部分知识产权案件。

2017 年 9 月 8 日，杭州知识产权法庭经最高人民法院批复成立，管辖区域包括杭州市、嘉兴市、湖州市、金华市、衢州市、丽水市。最高人民法院同意指定杭州市中级人民法院管辖以下知识产权案件：发生在六市辖区内有关专利、技术秘密、计算机软件、植物新品种、集成电路布图设计、涉及驰名商标认定及垄断纠纷的第一审知识产权民事案件；发生在六市辖区内，诉讼标的额为 800 万元以上的商标权、著作权、不正当竞争，技术合同纠纷的第一审知识产权民事案件；发生在六市辖区内，对县级以上地方人民政府所做的著作权、商标、专利、不正当竞争等行政行为提起诉讼的第一审知识产权行政案件；应当由杭州市中级人民法院管辖的第一审知识产权刑事案件；不服杭州市辖区内基层人民法院审理的第一审知识产权民事、刑事、行政案件的上诉案件。

同一天，宁波知识产权法庭经最高人民法院批复成立，管辖区域为宁波市、温州市、绍兴市、台州市、舟山市。最高人民法院同意指定宁波市中级人民法院管辖以下知识产权案件：发生在五市辖区内的专利、技术秘密、计算机软件、植物新品种、集成电路布图设计、涉及驰名商标认定及垄断纠纷的第一审知识产权民事案件；发生在五市辖区内，诉讼标的额为800万元以上的商标权、著作权、不正当竞争，技术合同纠纷的第一审知识产权民事案件；发生在五市辖区内，对县级以上地方人民政府所做的著作权、商标、专利、不正当竞争等行政行为提起诉讼的第一审知识产权行政案件；应当由宁波市中级人民法院管辖的第一审知识产权刑事案件；不服宁波市辖区内基层人民法院审理的第一审知识产权民事、刑事、行政案件的上诉案件。

另外，2017年8月18日，杭州互联网法院正式揭牌。杭州互联网法院集中管辖杭州市辖区内的基层人民法院有管辖权的下列涉互联网一审案件：互联网购物、服务、小额金融借款等合同纠纷；互联网著作权权属、侵权纠纷；利用互联网侵害他人人格权纠纷；互联网购物产品责任侵权纠纷；互联网域名纠纷；因互联网行政管理引发的行政纠纷；上级人民法院指定杭州互联网法院管辖其他涉互联网民事、行政案件。《杭州互联网法院诉讼平台审理规程》详细规定了在杭州互联网法院诉讼平台(www.netcourt.gov.cn)审案的细则。

文化创意企业可根据企业自身情况，选择合适的争议解决方式，选择合适的争议解决地点。浙江省辖区内的知识产权案件争议，可根据不同的争议情况选择杭州市互联网法院、杭州知识产权法院以及宁波知识产权法院进行解决。

## 拓展阅读

### 商标注册的重要信息

为了方便申请人办理商标注册申请，2016年11月1日，商标局公布第一批13个工商和市场监管部门设立商标受理窗口。截至2018年11月底，除了北京之外，商标审查协作中心还包括广州、上海、重庆、济南和郑州，全国设立了154个商标受理窗口和73个商标质权登记受理点。具体参见商标局官网《京外商标审查协作中心和地方商标受理窗口汇总表》。

2017年3月23日，财政部网站发布《关于清理规范一批行政事业性收费有关政策的通知》，自2017年4月1日起，将商标注册收费标准降低50%。2017年3月30日，商标局发布公告，根据财政部、国家发改委财税(2017)20号文件，自2017年4月1日起，商标注册收费标准降低50%，即按照之前的工商局的商标注册费用600元(限定本类10个商品。10个以上商品，每超过1个商品，每个商品加收60元)，从2017年4月1日起，商标注册只需300元(限定本类10个商品。10个以上商品，每超过1个商品，每个商品加收30元）。具体参见商标局官网。

2018年8月1日起，商标咨询电话语音平台正式启用010—63218500号码。2018年11月27日，商标网上服务系统全面上线运行，申请人可以登录系统直接办理商标业务；接收商标电子注册证以及其他商标电子文件；扫描商标注册证上的二维码可以链接到商标注册证明公示系统查询该商标，等等。这样一来申请人有了更多便利，而商标注册时间也相应缩短了很多。

常用网站：

国家知识产权局商标局 http：//sbj. saic. gov. cn/

国家版权局 http：//www. ncac. gov. cn/

中华人民共和国最高人民法院 http：//www. court. gov. cn/

主要参考法律列表：

《中华人民共和国民法总则》

《中华人民共和国合同法》

《中华人民共和国著作权法》

《中华人民共和国商标法》

《中华人民共和国反不正当竞争法》

《中华人民共和国刑法》

# 主要参考文献


(美)艾略特·艾登伯格：《4R营销》，文武译，北京，企业管理出版社，2003

(美)博妮塔·M. 科尔布：《文创产业创业学》，赵子剑译，沈阳，东北财经大学出版社，2016

(美)杰弗里·蒂蒙斯，小斯蒂芬·斯皮内利：《创业学》，周伟民，吕长春译，北京，人民邮电出版社，2005

(美)罗伯特·P. 墨杰斯等：《新技术时代的知识产权法》，齐筠等译，北京，中国政法大学出版社，2003

(英)杰里米·菲利普斯：《商标法实证分析》，马强生译，北京，中国人民大学出版社，2014

(美)阿德里安·佩恩等：《关系营销》，梁卿等译，北京，中信出版社，2002

白庆祥、李宇红：《文化创意学》，北京，中国经济出版社，2010

包启宏、沈柏锋：《中国式股权》，北京，中国铁道出版社，2017

(美)彼得·F. 德鲁克：《创新与创业精神》，张炜译，上海，上海人民出版社，2002

曹祎遐：《源于文化创意的创业行为研究与探讨》，载《甘肃社会科学》，2014(2)

陈庆德：《文化产品的价值判定与形式表达》，载《思想战线》，2007(5)

陈琼：《文化IP：在无形资产中创造文化价值》，北京，中国电影出版社，2017

陈文华：《文化创意案例教程》，上海，上海交通大学出版社，2013年

陈震红、董俊武：《创业机会的识别过程研究》，载《科技管理研究》，2005(2)

单文盛、黎蕾：《移动互联网时代短视频营销策略和价值研究》，载《长沙大学学报》，2015(4)

Steve Mulder Ziv Year：《赢在用户》，范晓燕译，北京，机械工业出版社，2007

何琦、高长春：《论创意产品的价值特征与价值构成——基于市场价值实现视角》，载《商业经济与管理》，2013(2)

胡晓娣：《社会资本对创业机会识别的影响机理研究》，载《生产力研究》，2009(20)

黄永林：《从资源到产业的文化创意》，武汉，华中师范大学出版社，2012

姜彦福、邱琼：《创业机会评价重要指标序列的实证研究》，载《科学学研究》，2004(1)

李家华：《创业基础》，北京，北京师范大学出版社，2013

李文胜、成波锦：《创业基础》，西安，西安交通大学出版社，2015

李雪灵、景涛、任月峰：《创业者信息资源的形成及对机会识别的作用》，载《情报科学》，2009(7)

林峰：《文化创意产品的营销模式研究》，福州大学硕士学位论文，2011

林嵩、姜彦福、张帏：《创业机会识别：概念、过程、影响因素和分析架构》，载《科学学与科学技术管理》，2005(6)

林嵩：《创业机会识别研究——基于过程的观点》，载《中南民族大学学报(人文社会科学版)》，2007(5)

刘昊：《阿里巴巴集团“合伙人制度”对大学生创业公司股权结构设计的启示探究》，载《中国市场》，2015(49)

刘萌芽、吉莉莉、曹雪莲：《基于定位的创业机会识别》，载《科技管理研究》，2009(3)

刘松：《我是设计师》，北京，人民邮电出版社，2012

刘万利、胡培、许昆鹏：《创业机会识别研究评述》，载《中国科技论坛》，2010(9)

罗国锋、张超卓、吴海兴：《创新创业融资》，北京，经济管理出版社，2016

南振兴、陈红英、于向阳、南茜：《文化创意产业的知识产权保护研究》，北京，知识产权出版社，2015

倪莉、丁力：《我国企业微博营销现状及分析及策略》，载《企业经济》，2013(9)

游闽键：《创意产业知识产权管理》，上海，学林出版社，2006

史澎涛：《当代文化创意产业理论与实践研究》，北京，中国水利水电出版社，2016

宋桂友：《文化产业基础》，重庆，重庆大学出版社，2010

孙德林：《互联网＋文化产业跨界融合多样化研究——基于信息化创业促进文化产业多样化发展视域》，北京，经济管理出版社，2017

孙桂生：《从0到1创新型创业实践方法》，北京，现代教育出版社，2017

汤敏：《互联网＋文化创意类产业大学生创新创业教程》，北京，科学出版社，2018

唐靖、张帏、高建：《不同创业环境下的机会认知和创业决策研究》，载《科学学研究》，2007(2)

田莉：《创意产品的需求开发和营销模式研究》，载《商业》，2013(4)

王洁霞：《网络视频营销的发展现状与趋势研究》，载《生产力研究》，2018(8)

王文革：《文化创意十五讲》，北京，中国传媒大学出版社，2013

魏光兴、谢安石：《电子商务的4S网络营销组合》，载《科技进步与对策》，2004(7)

魏鹏举：《文化创意产品的属性与特征》，载《文化月刊》，2010(8)

吴金明：《新经济时代的“4V”营销组合》，载《中国工业经济》，2001(6)

谢梅、王理：《文化创意与策划》，北京，清华大学出版社，2015

徐凤增：《创业机会识别与杠杆资源利用研究》，山东大学博士学位论文，2008

薛红志、张玉利：《公司创业研究评述——国外创业研究新进展》，载《外国经济与管理》，2003(11)

杨波、冯悦旋：《基于不确定环境的创业机会识别研究》，载《中国科技论坛》，2009(7)

易丹：《我国高校文创创意产品营销传播研究》，湘潭大学硕士学位论文，2017

于英慧：《微信营销推广策略研究》，天津财经大学硕士学位论文，2007

俞伟：《展示设计与策划》，北京，化学工业出版社，2006

张振鹏：《中国文化创意产品优秀特质及实现》，载《求实》，2012(10)

张志宏、崔爱惠、刘轶群：《大学生创新与创业训练教程》，北京，现代教育出版社，2017

赵观兵、梅强、万武：《基于环境宽松性的创业者特质对创业机会识别影响的实证研究》，载《中国科技论坛》，2010(8)

钟基立：《文创与高新产业融资》，北京，北京大学出版社，2015

周凯、徐理文：《基于5T理论视角下的企业微博营销策略及应用分析》，载《图书与情报》，2018(5)

周茂菲：《北京市文化创意产业投融资实务》，北京，北京联合出版公司，2014